财务共享实训教程

马建军　主编

于　琪　王　巍　唐增振　饶艳超　副主编

電子工業出版社
Publishing House of Electronics Industry
北京 · BEIJING

内 容 简 介

本教材共包括三章内容：第 1 章是财务共享概述篇，结合众多大型企业集团财务共享中心建设的实践经验，对财务共享中心建设过程中涉及的要素、建设方法进行阐述；第 2 章是财务共享沙盘篇，介绍浪潮财务共享中心建设沙盘的案例背景、授课指南；第 3 章是财务共享软件篇，以浪潮 GS 财务共享软件为工具，介绍企业财务共享中心建设与运营过程中信息系统的支撑与应用。教材中将财务共享沙盘和财务共享软件应用相结合，期望通过财务共享沙盘教学使学员了解财务共享中心建设的思路与方法，通过财务共享软件实验让学员了解财务共享日常业务处理流程及运营数据分析。

本教材可作为财务共享沙盘课程或浪潮GS财务共享软件应用课程的标准配套教材，面向全国高校学生、有意向学习财务共享的人员、浪潮软件的从业人员、准备实施或正在实施财务共享的企业内部培训学习使用。

图书在版编目（CIP）数据

财务共享实训教程 / 马建军主编. —北京：电子工业出版社，2017.9
ISBN 978-7-121-32443-7

I. ①财… II. ①马… III. ①企业管理－财务管理－商业服务－教材 IV. ①F275

中国版本图书馆 CIP 数据核字（2017）第 191723 号

策划编辑：石会敏
责任编辑：石会敏　　特约编辑：赵翠芝　贺云飞
印　　刷：三河市华成印务有限公司
装　　订：三河市华成印务有限公司
出版发行：电子工业出版社
　　　　　北京市海淀区万寿路 173 信箱　　邮编：100036
开　　本：787×1092　1/16　印张：14.5　字数：372 千字
版　　次：2017 年 9 月第 1 版
印　　次：2021 年 1 月第 8 次印刷
定　　价：42.00 元

凡所购买电子工业出版社图书有缺损问题，请向购买书店调换。若书店售缺，请与本社发行部联系，联系及邮购电话：(010)88254888，88258888。

质量投诉请发邮件至 zlts@phei.com.cn，盗版侵权举报请发邮件至 dbqq@phei.com.cn。

本书咨询联系方式：(010)88254537。

编　委　会

序　言

推动财务共享　做改变世界的践行者

财务共享中心从 GE、摩托罗拉等跨国企业发源以来，已逐渐成为全球企业提升财务效率，推动财务职能转型，实现集团管控精细化、服务化和智能化的管理实践和重要途径。财政部在 2014 年发布的《关于全面推进管理会计体系建设的指导意见》中，提出“建立财务共享服务中心，加快会计职能从重核算到重管理决策的拓展”，进一步加速了财务共享发展。在云计算、大数据的环境中，在企业数字化转型热潮中，财务共享作为“互联网+财务”的切入点，成为拉动业财税一体化、推动企业上云、建立企业财务大数据的重要抓手。在我与企业的沟通互动中，充分感受到了财务共享的温度和热度，“新财务 大共享”的时代正在来临。可以预见，最近 1~2 年，财务共享会呈爆炸式增长。

作为最早的财务软件厂商，浪潮见证并推动了财务信息化的进程，率先推出国内首家 C/S 大型财务管理软件，2000 年在国内第一次提出“集团财务”概念，2013 年定义“财务云”，2015 年提出管控服务型财务共享模式，并与中国交建、中国铁塔、金螳螂等共同建设了业财税一体化的财务共享中心，成为国内财务共享的示范。通过多年在集团财务和财务共享领域的实践，浪潮沉淀了一些经验和体会，也发现了普遍存在的定位不清、人才缺乏等问题，为此，浪潮专门开发了财务共享模拟沙盘和财务共享教学软件，并编撰出版《财务共享实训教程》，希望能与大家分享，为共享服务中心的建设提供借鉴，助力相关人才的培养和转型。

当前，云计算、大数据、电子发票、会计电子档案和人工智能的应用，以及管理模式的变革与创新，推动财务向智能财务转变，也进一步加速了财务共享发展。浪潮认为，**财务共享中心的建设要把财务大数据作为重要目标**。财务与大数据的融合是“互联网+”时代财务管理最重要的特征。通过建设财务共享中心，一是推动财务从核算会计向管理会计转型，进而带动整个企业的数字化转型；二是推动业财融合，加速财务向业务渗透，实现业财税一体化，财务共享对接合同、物资、项目、资金等业务系统；三是支持组织柔性化和扁平化，实现管控与服务并重，集中与分权激励结合；四是强化集团管控，提高会计信息质量，推动管控模式向精准化、可视化、智能化转变。

此外，**集团企业管理要有大共享思维**，能集中的资源都可以共享。共享是五大发展理念之一，在企业信息化建设方面，同样要以共享理念为统领。财务共享先行，人力、采购、法务、IT、研发等，都是今后共享服务中心建设的重要内容。而且，以财务大数据为核心的大财务、大共享、业财融合是未来的趋势。集团企业要结合自身的管理现状、业务需求，从财务共享开始，选择适合的模式，并明确未来的管理路线图。

共享是大趋势。《财务共享实训教程》是浪潮大量财务共享项目实践经验的结晶，它模拟展现了财务共享中心从建设到运营的全过程，不论结构设计还是内容编撰都是独一无二的，期待它的推出能让更多的中国企业在共享中心建设过程中少走弯路。浪潮将和您一起，用共享改变世界。

浪潮集团执行总裁

2017 年 7 月

推荐序

财务共享教学将明晰会计教育的目标和定位

近年来，随着经济的全球化和贸易的自由化，企业的全球化布局和经营规模不断扩大，使得企业面临的经营管理环境日趋复杂。传统分散的财务管理模式导致企业财务运作成本不断增加，集团层面财务管控力度不够和难度大增，大量财务人员忙于会计核算工作导致财务对公司战略的支持力度不够，这些问题对企业的财务管控能力和财务人员培养都提出了严峻的挑战。

财务共享是集团企业加强财务管控的重要手段，是企业实现财务战略转型的必由之路。企业建立了财务共享中心后，实现了财务会计与管理会计的分离，将财务人员明确划分为财务会计与管理会计两大类。财务会计隶属于财务共享中心，严格按标准流程和操作规范进行较基础的重复劳动；管理会计隶属于业务单位，以财务共享中心提供的财务数据为基础，为企业经营决策提供信息支持。财务共享模式下，不同的财务人员类别，需要的专业知识与核心能力将非常明确，这有助于帮助高校进一步厘清会计教育的目标和定位，设计更加满足社会用人需求的会计人才培养方案和课程体系。

重庆理工大学在云会计、财务共享领域的研究一直处于国内领先地位，目前主持了全国唯一的财务共享主题国家社会科学基金项目研究。尽管重庆理工大学于 2014 年就在国内最早为 MPAcc 会计硕士研究生开设了《云会计与财务共享》课程，但是苦于财务共享实践教学辅助工具的缺失，授课的内容重点还主要放在财务共享的理论框架和案例分析方面，这对会计专业硕士学位研究生应用能力的培养不得不说是一个遗憾。

很高兴的是，浪潮集团与上海财经大学合作，于 2016 年年底开发了财务共享中心建设模拟沙盘，浪潮集团配合沙盘同时推出了财务共享软件教学版，重庆理工大学有幸成为全国第一批将财务共享中心建设模拟沙盘和教学软件用于 MPAcc 教学和会计信息化本科教学的全日制普通高校。对于财务共享教学，在本科层面，我们基于财务共享中心建设模拟沙盘，重点培养会计信息化本科生的财务共享中心建设规划和财务流程设计与优化等核心能力；在 MPAcc 研究生层面，我们基于财务共享建设模拟沙盘和教学软件，重点培养研究生对财务共享中心的建设规划、财务流程设计与优化、内部控制设计、基于数据的管理会计应用分析等核心能力。

非常荣幸能够作为教育专家对《财务共享实训教程》一书进行推荐。本书在财务共享概述篇介绍了财务共享中心建设过程中的战略定位、蓝图设计、信息系统和运营管理等内容；在财务共享沙盘篇，基于一个具体企业案例，通过财务共享沙盘的模拟过程指导学生进行财务共享中心的规划，并完成费用报销、应收核算及收款结算、应付核算及付款结算、薪资发放等企业核心业务流程的设计；在财务共享软件篇，通过财务共享中心基础信息设置、费用报销共享业务处理、应收共享业务处理、应付共享业务处理、薪资发放共享业务处理、总账与报表业务处理、共享中心任务及质量管理、运营分析等十个实验主题，指导学生循序渐进地去完成企业财务共享中心的核心业务处理。

《财务共享实训教程》一书结构完整、内容丰富，该书结合具体的企业应用实践阐述了财务共享的理论与实务，既适合于大学本科教学，也适合会计研究生教学，对于企业财务人员也是一本很好的参考书籍。

开展财务共享教学，对于明晰中国会计本科教育的定位具有一定的引导作用，对于财务会计人才的培养定位将更加清晰，对于管理会计人才的分类培养也有一定的推动作用，希望《财务共享实训教程》一书的推出能够加快这个进程。

程　平
重庆理工大学教授 博士生导师
2017 年 7 月

前　言

随着社会环境、商业环境以及企业本身的变化，公司财务的内容发生了巨大变化，以会计核算为中心的传统财务职能已经无法适应新环境的要求。新环境要求公司财务部门承担更多的管理会计和与决策支持相关的高价值职能，财务转型已经受到越来越多的企业关注。信息技术的发展推动了财务转型这场变革，同时财务共享成为推动财务转型的利器，成为新的管理热点。财务共享通过再造财务组织和流程，帮助财务职能实现从会计核算型向价值创造型转变，是促进财务管理效率提升和企业快速发展的有力支撑。

财务共享中心从 GE、摩托罗拉等跨国企业发源以来，已逐渐成为全球企业提升财务效率、降低财务运行成本、实现高效集团财务管控和内部信息透明化的一项重要举措。财政部也在推行管理会计，并且明确提出，鼓励大型企业和企业集团充分利用专业化分工和信息技术优势，建立财务共享中心，加快会计职能从重核算到重管理决策的转变。很多集团企业已经行动起来，将财务共享作为财务转型的重要抓手。对于成本上升、创新不足、亟须转型升级的集团企业来讲，财务、采购、HCM 等可以集中的资源都成为共享服务的目标。

安永 2015 财务共享服务调查报告结果显示：财务共享中心的发展与信息化紧密相连，网络报账、影像系统、资金交易处理平台已经成为今天财务共享中心的标配工具，具备这些工具软件的操作技能是对在财务共享中心工作的财务人员的基本要求。中国境内企业财务共享中心正在从为企业自身提供服务，向第三方服务供应商转变，并呈现增长趋势。中国境内财务共享中心对于财务流程的服务外包接受度较低，少量的流程外包也仅集中于非核心财务流程。这些实务应用趋势对财务共享中心的实施和运营管理人才提出了更多的需求。

在企业财务共享中心推广实践过程中，浪潮公司深刻认识到，专业人才的相对缺乏成为企业建好、用好共享中心，提升管理价值，推动财务转型的瓶颈。总体来看，中国企业财务共享中心的建设和运营管理还任重道远。不管是理论架构还是实践应用方面，财务共享服务专业人才都相对缺乏。

本教材正是为了更好地满足财务共享专业人才培养需求而编写的，主要包括三章内容：第 1 章是财务共享概述篇，我们结合众多大型企业集团财务共享中心建设的实践经验，对财务共享中心建设过程中涉及的要素、建设方法进行阐述；第 2 章是财务共享沙盘篇，介绍了浪潮财务共享中心建设沙盘的案例背景、授课指南；第 3 章是财务共享软件篇，以浪潮 GS 财务共享软件为工具，介绍了企业财务共享中心建设与运营过程中信息系统的支撑与应用。教材中之所以将财务共享沙盘和财务共享软件应用相结合，是期望通过财务共享沙盘教学使学员了解财务共享中心建设的思路与方法，通过财务共享软件实验让学员了解财务共享日常业务处理流程及运营数据分析。

该教材中财务共享沙盘与软件应用的综合实训，主要分为三步。

第一步，采用财务共享沙盘进行仿真实训。通过小组模拟实验，应用所学理论知识，来共同讨论并设计给定案例背景下的财务共享中心的规划和建设方案。使学员能够学习到企业建设财务共享中心的主要步骤，以及建设过程中所涉及的主要内容。最后将沙盘模拟产生的分组总结报告，进行考评，发现错误或不合理之处，分析原因并总结财务共享中心建设相关的知识点。

第二步，采用模拟企业数据的方式进行软件模拟实训。在教师指导下，由学员在浪潮 GS 财务共享软件系统中完成从财务共享中心建设、业务及组织规划、共享业务处理、运营分析等内容的应用操作，使学员能够了解财务共享业务在软件中的实现流程及操作步骤。在实验操作过程中，可由教师对财务共享沙盘模拟过程中涉及的内容结合软件进行综合讲解，巩固学员所学知识，并对学员存在的问题和错误进行指正，最后进行综合总结。

第三步，学员对财务共享沙盘模拟和软件应用操作内容进行学习总结，并以小组为单位分享经验。

本教材可作为财务共享沙盘课程或浪潮 GS 财务共享软件应用课程的标准配套教材，面向全国高校学生、有意向学习财务共享的人员、浪潮软件的从业人员、准备实施或正在实施财务共享的企业内部人员，有利于财务共享业务综合应用能力的培养。

本教材力求内容完善、准确，但由于时间较为仓促，难免有不妥之处，敬请读者指正。

编　者

2017 年 7 月

目　录

第 1 章
财务共享概述篇

1.1　财务共享概述

1.1.1　财务共享的概念

财务共享服务源于共享服务的理念。共享服务是指企业将原来分散在不同业务单元进行的事务性或者需要充分发挥专业技能的活动，通过整合或合并的方式重新集中配置，并依据正式或非正式的契约(即服务水平协议)，为各单位提供服务并收取费用的服务活动。共享服务通过在一个或多个地点对人员、技术和流程的有效整合，实现组织内公共流程的标准化和精简化。其核心是流程重组、集中统一和标准化，其目的是为所有“客户”提供低成本、灵活且优质的服务。

共享服务提供的服务范围主要包含财务、人力资源、采购、信息技术、市场管理、呼叫中心等业务领域。在 2015 年德勤全球共享服务调研报告中，关于共享服务提供的服务范围调查结果显示，财务共享是目前共享服务的主要表现形式，如图 1-1 所示。

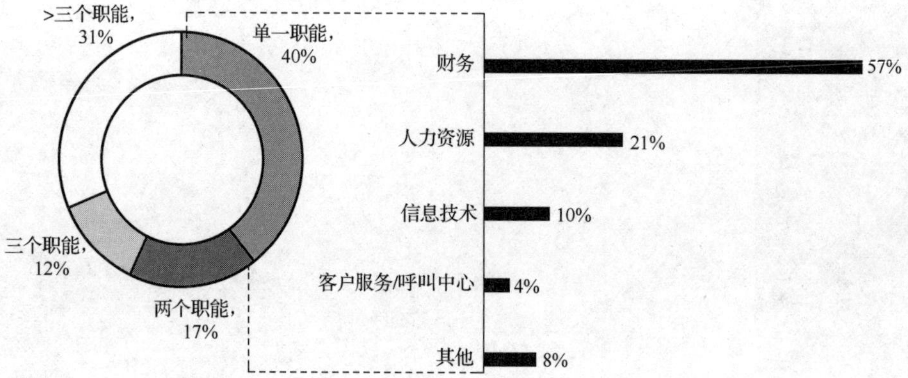

图 1-1　共享服务提供的服务范围

财务共享服务为企业提供了一种全新的财务管理模式，通过专业化分工、专业的人做专业的事，通过决策财务、共享财务、业务财务等多维度划分(如图 1-2 所示)，可将企业财务工作中近 70%的基础性事务集中到共享中心进行批量处理，推进财务人员由“账房先生”到“军事参谋”的转变。

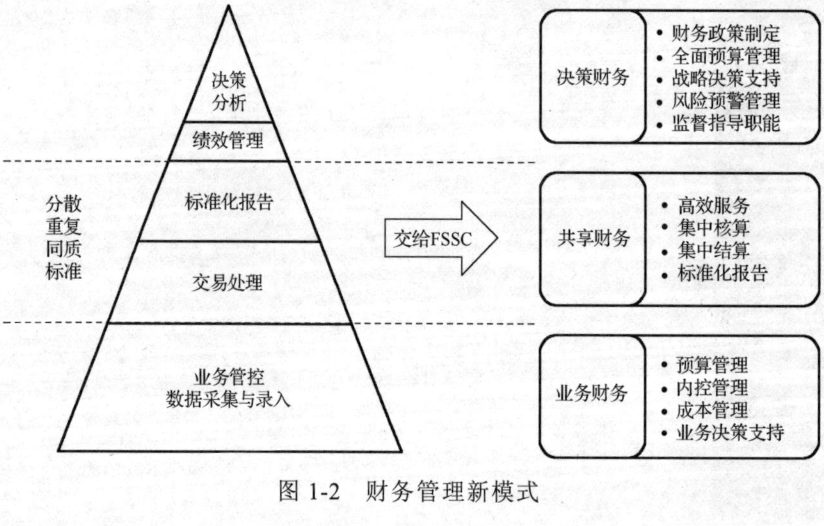

图 1-2　财务管理新模式

1．决策财务

决策财务的主要工作内容是财务发展战略制定，财务制度、政策与流程制定，预算指标设定，财务分析与控制，业绩指标计算及跟踪，投融资分析，对企业并购过程中的税务筹划、内部审计与风险管理提供专业支持等。

2．共享财务

共享财务的主要工作内容是将财务管理工作中分散的、高度重复化的、同质化的、可标准化的非核心业务纳入共享财务集中批量处理，并依托信息技术实现财务管理中核算、结算、决算及档案业务的高效率处理。

3．业务财务

业务财务的主要工作内容是负责确保所有本地业务核算的真实性、合法性，负责对口本地外部监管部门，指导业务部门按集团规章制度合理报账，并接受上级单位的监督和指导。

所谓财务共享服务，是在财务组织深度变革基础上所建立的管理模式。其依托信息化技术，将企业集团大量重复、易于实现标准化、流程化的财务业务从分散的业务部门抽出，集中到一个新的独立运营的业务单元(财务共享中心)进行流程再造、标准化、集中处理，以优化组织结构、提升业务处理效率、降低运营成本、强化决策支持、创造企业价值为目的，并以市场视角为内外部客户提供专业化、标准化服务的管理模式。

近年来，在财政部及国资委的政策引导下，基于财务会计转型及自身的实践要求，国内很多企业开始建立财务共享中心，期望通过财务共享中心高效、标准的管理服务，达成企业的战略目标。

1.1.2　财务共享的发展阶段

纵观中国企业集团多年来的财务共享应用实践，各种新兴技术的发展在不断推动和影响财务共享模式的发展和变化。依据财务共享中心建设涉及的管理成熟度及信息化水平两大核心要素，浪潮认为财务共享中心的未来发展可划分为五大阶段，分别为：核算共享、报账共享、标准财务共享、业财一体财务共享及大共享，如图 1-3 所示。

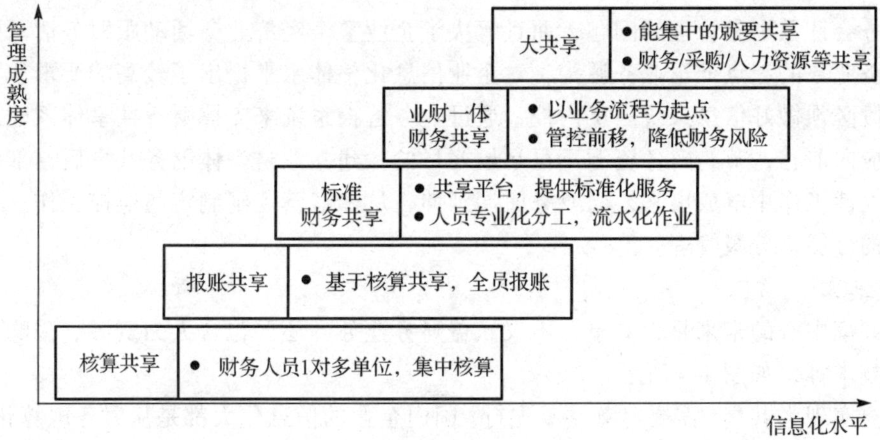

图 1-3　财务共享发展五阶段

财务共享发展的五个阶段是一个循序渐进的持续优化过程。核算共享和报账共享模式是共享的初级阶段，只是解决了财务人员成本大量投入的问题。标准财务共享模式下企业成立独立的财务共享中心，组织、人员等均发生根本性变革。业财一体财务共享模式下，财务管理实现了管控前移，降低财务风险，支撑企业精细化管理及内控落地。大共享则是将企业内部的财务、采购、人力资源等能集中的都进行共享。

1．核算共享

该阶段依托财务系统的集中核算功能，在企业实际组织架构、人员岗位及职责分工没有很大调整的前提下，通过授权管理的方式，由财务人员完成多个会计主体的财务核算工作。该阶段是企业的一种经营战略，其原有核算流程及相关标准不变，侧重于财务资源的集中管理、成本的控制及降低。

2．报账共享

该阶段是在核算共享的基础上，把前端内部员工的网上报账业务纳入进来，借助影像系统，由财务人员完成共享模式下多单位的报账稽核及核算工作。该阶段依赖的信息系统主要包含集中核算系统、网上报账系统和影像系统，实现财务人员处理多主体单位的报账稽核等财务业务。费用报销业务是多数企业建设财务共享中心的切入点，该阶段属于共享模式的初级阶段。

3．标准财务共享

该阶段的典型标志是成立独立的财务共享中心，将财务人员集中并进行专业化分工，搭建财务共享平台，以任务为驱动进行高效作业，提供标准化财务服务，实现财务职能的分离。该阶段下以财务视角对整体组织架构重新优化调整,设置专门的组织为企业提供标准化服务。组织内财务人员对应专业分组，不再区分每一个财务人员属于哪一个核算组织，而是集中到共享中心组织，通过专业化分工提升企业整体的财务业务能力。

(4) 业财一体财务共享

该阶段是在原财务共享中心的基础上，将财务管理向前延伸，通过深度的业财一体化，将以报账为起点变为以业务为起点，管控前移，降低财务风险，支撑企业精细化管理及内控落地。

该阶段财务共享的最大区别就是站在整个企业经济活动的价值链体系上思考问题，不仅解决了财务会计及财务管理的问题，而且解决了企业整个经济业务活动跟财务活动同步的问题。将经济业务的起点推至业务源头，对企业信息化整体水平提出了较高的要求。

该阶段必须做好信息系统底层内控，通过业务管控系统来支撑财务共享体系建设，同时财务视角应向前移，节约财务资源不再是最终目的。建立业财一体财务共享后，部分财务人员应从重复性工作中解放出来，向业务前端延伸，从事运营规则制定与监控工作，从而实现整个财务的分层、分级管理。

5．大共享

财务共享中心的未来是大共享，不仅涵盖财务业务，还要包含人力资源、采购、市场管理、信息技术等，如图 1-4 所示。

企业要实现大共享，需要财务共享先行。国内企业的信息化大都是从财务电算化开始的，财务管理是企业管理的生命线，几乎所有企业的管理水平和竞争能力的体现都是以财务为核心的。企业集团管理要有大共享思维，在企业信息化建设方面，应以共享理念为统领。以财务大数据为核心的新财务、大共享、业财融合是未来的发展趋势。企业集团应结合自身的管理现状、业务需求，从财务共享开始，选择适合企业的财务共享模式，并明确未来的管理路线图。

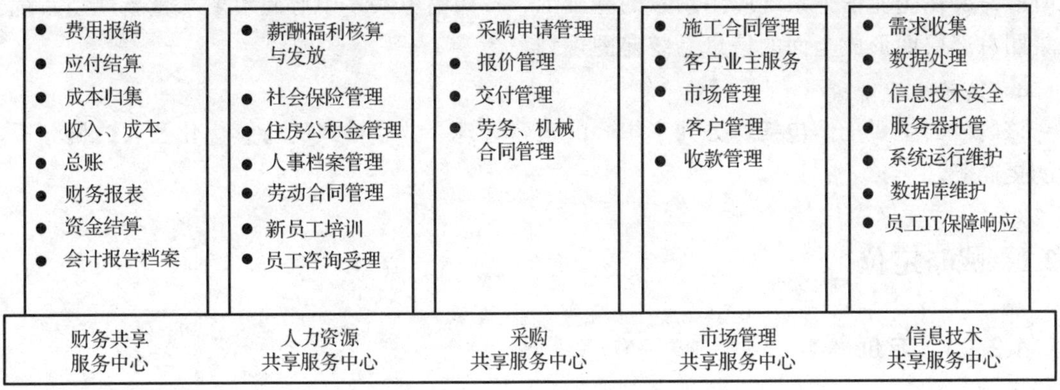

图 1-4　企业大共享管理范畴

1.2　财务共享中心建设路径

依据财务共享中心建设过程涉及的核心要素，结合大量实践经验，财务共享中心的建设路径可主要分为战略定位、蓝图设计、信息平台规划和运营优化四个阶段，如图 1-5 所示。各阶段的主要工作内容如下。

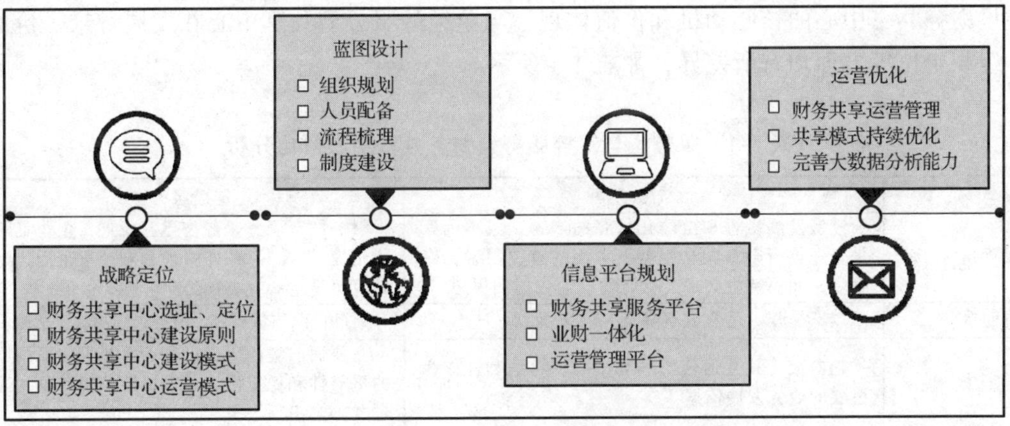

图 1-5　财务共享建设路径

1．战略定位阶段

该阶段的主要工作包括财务共享中心的定位、建设目标、建设原则、整体建设模式、运营模式规划等。

2．蓝图设计阶段

该阶段的主要工作包括组织规划、人员配置、流程梳理及制度建设等。其中流程梳理是核心，制度建设主要包含财务共享中心内流程流转所依赖的制度规范，以及共享中心运营管理制度。例如，会计交接管理办法、报账员管理办法、会计档案管理办法、标准化管理办法、质量管理办法、时效管理办法、现场管理办法、培训管理办法等内容。

3．信息平台规划阶段

该阶段的主要工作包括财务共享平台规划、业财一体平台规划、运营管理平台规划等。该阶段需要在企业信息系统应用现状的基础上，按照财务共享中心建设要求重新规划系统，在集团总部层面形成全面的信息系统蓝图规划。

4．运营优化阶段

该阶段的主要工作包括财务共享中心的运营管理、共享模式的持续优化及大数据分析能力的提高等。

1.2.1 战略定位

1.2.1.1 定位

财务共享中心发展至今已有三十多年的历史，国内最近一次共享中心建设热潮是在国资委和财政部的引导下形成的，以国有大中型企业尤其是央企为主，将共享中心的建设推向新的高度。国有企业在建设共享中心时，不再将追求成本效益因素作为第一要素，而是在加强财务管控、降低运营风险的前提下，进一步完善财务管控体系，其次才是成本效益因素。所以，国有企业在建设共享中心时，在共享中心业务选择、选址、流程标准化、规范化，以及信息系统等方面都有不同于以往的要求。

从初步的摸索尝试，到管理软件企业与客户协同推荐，再到企业的自主创新，中国本土企业财务共享服务在历经近十年发展后进入快速增长阶段。“管控服务型”财务共享成为企业建设财务共享中心的核心动机和价值体现，与单纯的服务型共享中心在发展背景、价值创造、组织定位等方面均有所差异，如表 1-1 所示。

表 1-1 服务型与管控服务型财务共享中心对比分析

战略定位	服务型	管控服务型
发展背景	经济发展缓慢和全球化扩张的产物，成本因素是企业推行财务共享服务所考虑的首要因素，泰勒主义和福特主义是其存在的理论依据和根源	财务共享服务是经济迅猛发展、企业集团规模迅速扩大、财务监管理念和手段落后，财务核算“被空心化”的结果
价值创造	效率提升、运营成本降低、服务满意	财务信息质量提升、财务风险可控、战略支撑
组织定位	趋向成为独立运营的利润中心，将盈利性作为重要的业务发展依据	主要面向集团内部进行业务扩展，强调业务的可靠性和稳定性，对于规模扩张和盈利性要求并不突出
组织发展	独立的服务机构，企业服务资源共享	集团财务部下属职能部门之一
组织考核	利润中心，依据服务水平协议(SLA)进行收费，可以向外部提供服务	成本中心，主要面向内部提供财务服务
人员来源	社会外聘，注重低成本，一般采用计件工资	部分来自内部，一般不采用计件工资
职能角色	去职能化，定位为基础性服务平台，只在服务水平协议框架内考虑其追求的主要目标：服务、效率和规模	管控模式仍立足于财务领域和职能，并在提供财务共享服务时考虑企业集团内部其他专业性财务管理要求
选址	考虑成本、地方政策支持、人力资源、人员成本、综合办公成本、城市基础 IT 设施等因素，综合考虑后选址	一般前期选址在总部所在地
信息系统	财务共享系统趋于独立系统设计，重视业务人员的操作便捷性	系统设计重视业务流程的协同性，财务共享系统是企业 ERP 的组成部分

续表

战 略 定 位	服 务 型	管控服务型
后期需集成的外部系统	差旅系统、行政办公系统	战略财务、业务财务一体、业务系统、差旅管理、税务管理等
业务流程	追求流程精简、优化，强调服务客户	注重内控细化和完善，强调对经营管理和决策的支撑
业务流程优化重点	优化、创新服务流程，降低服务成本	根据内控制度进一步强化管控力度，强调对经营管理和决策的支撑

单纯的服务型或管控型财务共享中心，都不能充分发挥财务共享中心的全部优势，因此更多的公司采用了服务与管控相结合的模式。该模式以企业战略发展为依托，在释放规模效益、节约成本的同时发挥整体管控作用，建立从基础核算、预算管控到决策分析的全方位财务管理。它可以有效提升企业的整体管理水平，为企业发展和持续管理优化提供全面支持。在 2015 年北京国家会计学院中国大型企业集团财务共享服务中心建设情况调查报告中，关于财务共享服务中心定位的调查结果显示，多数企业在建设财务共享中心时，重点考虑集团管控与会计服务并重，如图 1-6 所示。

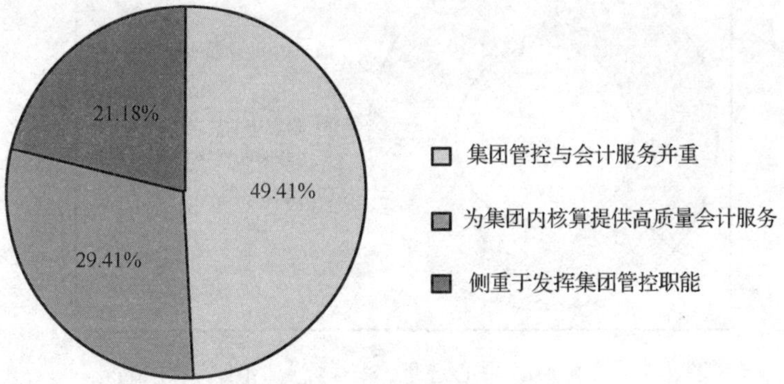

图 1-6　财务共享服务中心的定位

1.2.1.2　选址

财务共享中心可从成本、环境、人力资源及基础设施四个方面进行综合考量及评估，并最终确定建设所在地。其中，成本因素主要包含人力成本、电信成本等；环境因素主要包含政策优惠、政治环境、发展能力、城市竞争力、是否与总部或分支机构所在地一致等；人力资源因素主要包含人力专业技能、当地教育水平、服务水平、人员流动性、教育与培训有效性等；基础设施要素主要包含电信质量、自然环境、交通便利、房产价格等。现将国内部分城市选址因素进行举例说明并分析，如表 1-2 所示。

表 1-2　财务共享中心选址因素分析示例

地点/因素	成 本 因 素	环 境 因 素	人力资源因素	基础设施因素
上海	属于国内一线城市，人力、电信等运营成本较高	具有国际金融中心和英语优势；同时作为中国的特大城市，在城市竞争力、发展能力等方面拥有明显优势	教育资源丰富，教育水平较高；基于全球的财务共享中心及金融行业财务共享中心分布较多，在人力专业技能及人才招揽方面，优势明显	属于国内一线城市，交通资源丰富，交通优势明显，但同时房价水平较高

续表

地点/因素	成本因素	环境因素	人力资源因素	基础设施因素
武汉	位于中西部地区，人力成本、运营成本等与沿海地区相比较低	城市竞争力、发展能力在中西部地区拥有明显优势	教育资源丰富，教育水平较高；国内企业在此建立财务共享中心数量较多，在人力专业技能及人才招揽方面有较明显优势	位于中国中部核心地区，交通资源丰富，交通优势明显，且房价水平适中
济南	位于东部地区，人力成本、运营成本低于北上广深，而高于中西部地区	城市竞争力、发展能力及政策优惠等方面发展适中	教育资源丰富，教育水平较高	依托京沪线，交通资源丰富，交通优势较明显，且房价水平适中

在各项因素中，“是否与总部所在地一致”也是财务共享中心选址的一项重要参考依据。如果要建设管控服务型共享中心，则前期共享中心地址多与总部所在地一致，以便更好地沟通及管理。在2015年安永财务共享服务调查报告中，关于共享服务中心选址与公司总部地址关联情况的调查结果显示，现阶段多数共享中心选址与总部地址一致，如图1-7所示。

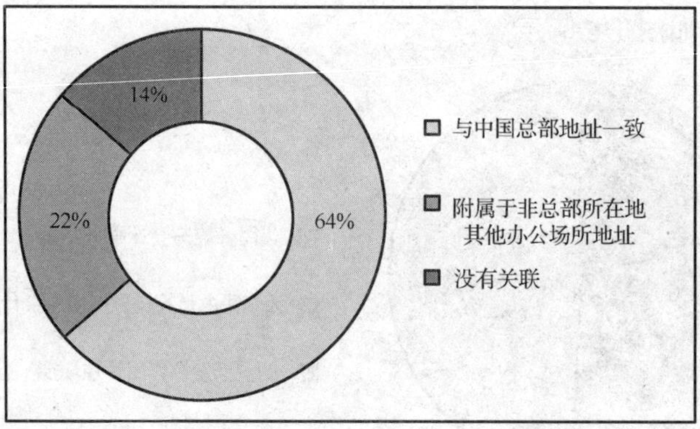

图1-7　共享服务中心选址与公司总部地址关联情况

在2017中国共享服务领域调研报告中，关于财务共享服务中心选址时最重要的影响因素调查结果显示，选址时首要考虑的三个因素为：集团总部的沟通成本和管理成本、可接受的人力成本、高素质的人力资源，如图1-8所示。

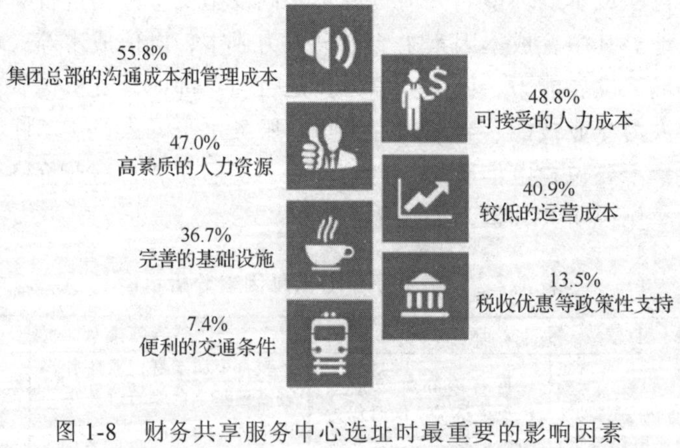

图1-8　财务共享服务中心选址时最重要的影响因素

在实际情况中，各个城市在成本、环境、人力资源及基础设施方面都会有各自的优势和不足，因此选址时需在综合考虑各种因素的基础上，根据企业实际情况最终确定共享中心选址。同时，共享中心的地址并非是一成不变的，随着外部环境及公司业务的变化，共享中心的地址可能也会随之变化。

1.2.1.3 建设原则

结合国内大多数企业集团的经验，企业建设财务共享中心主要依据以下六个原则。

1．事权不变原则

集团所属各法人主体对本单位的资产所有权和使用权不变，对资产、负债和权益的管理和使用仍由本单位负责，对收入、成本、费用的管理和审批仍由本单位负责。各法人单位会计责任主体不变，各法人单位对本单位会计信息的真实性、完整性、合法性负责。

2．标准集中与数据集中原则

保证财务共享中心成为全集团唯一的财务信息入口，实现固化业务内控点，是提高会计信息质量的基础。财务共享中心集中归集财务基础信息，实现全集团数据共享，更及时、更准确地为管理部门决策提供数据支撑。

3．核算与管理分离原则

主要指财务管理与核算会计平行管理，集团所属各法人主体及下属各单位保留财务管理机构和财务管理职能，撤销会计核算及出纳岗位，改核算单位为核算支持单位，保留财务管理核算支持岗位。在业务上由财务共享中心统一管理，完成核算支撑工作。

4．循序渐进原则

财务共享中心建设时应遵循先易后难、试点先行、稳步推进、全面实施推广等建设原则。

5．收益性提高原则

财务共享中心建设的收益性主要体现在成本、效率、质量、服务、财务转型、企业扩张等方面。

(1)降低成本是建设共享中心最原本的诉求，事实上也体现出最显著的收益。

(2)借助流程再造和信息技术手段,共享中心在提升财务运作效率和快速支持经营需求方面成效显著。

(3)通过完整的绩效控制手段和统一规范的内控，财务核算的及时性、准确性显著提高。

(4)在服务方面，通过完整的绩效控制手段和统一规范的内控，财务共享中心的服务质量可得到明显提高。

(5)在财务转型方面，财务的职责角色将逐渐向业务伙伴方向转型，共享服务对基础工作的专业支撑，使财务角色的拓展成为可能。

(6)由于共享服务显著的规模效应，共享服务可有效支撑企业的迅速扩张。

6．安全性增强原则

通过全公司统一的作业标准和流程、统一的制度与信息系统、统一的资金管控与调度，降低风险，加强管控。

1.2.1.4 建设模式

企业可根据自身发展需要，所处的发展阶段不同而选择不同的财务共享中心建设模式，每种模式都有自己的优势和不足。常见的财务共享中心建设模式有四种：集团共享中心、板块共享中心、区域共享中心和项目共享中心。现将四种建设模式进行对比分析，并简述其优缺点，如表 1-3 所示。

表 1-3 财务共享中心建设模式对比分析

建设模式	建设方案	优缺点分析
集团共享中心	在集团层面建设完全集中的财务共享中心，面向整个集团提供服务	统一运营管理体系和标准规范 利于加强管控，降低财务运营风险
板块共享中心	按照集团产业业态不同，建设为每个业态服务的多个财务共享中心	体现行业垂直管理特色 根据行业特色进行精细化管理
区域共享中心	按照所在区域建设为区域运营单元提供服务的财务共享中心	与服务单位距离较近，业务响应速度快，便于沟通交流
项目共享中心	参与特大型项目建设的多个法人单位为实现资金封闭运作、项目税务统筹规划而成立财务共享中心	项目内多家法人单位实现财务数据的标准统一 项目内资金运作和税务统一统筹

1.2.1.5 运营模式

按照财务共享中心的运营形式划分，财务共享中心主要包括四种运营模式：基本模式、市场模式、高级市场模式与独立经营模式。依据财务共享中心的发展趋势，四种模式呈现出递进关系，如图 1-9 所示。

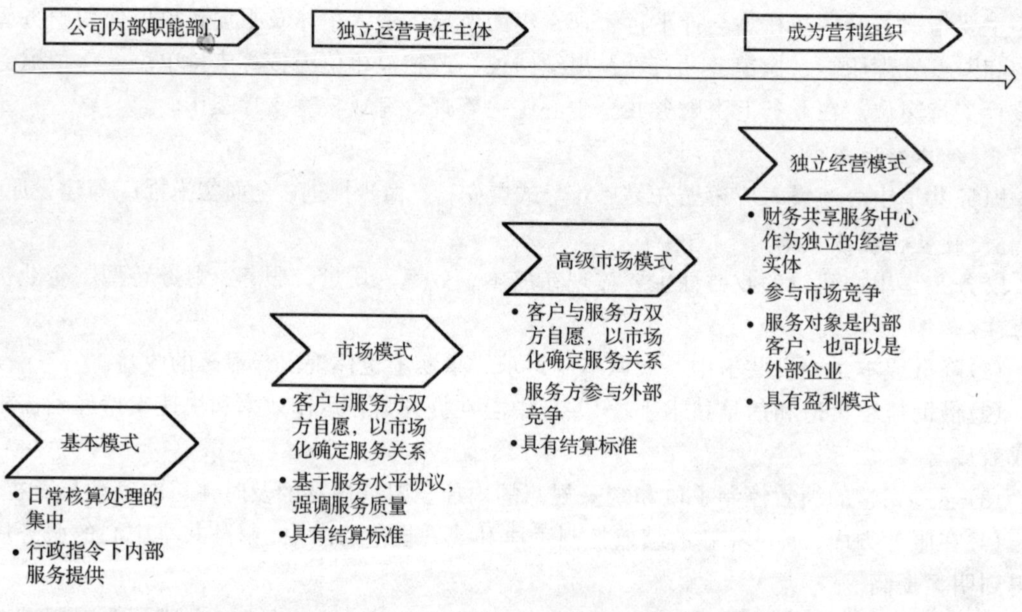

图 1-9 财务共享中心运营模式

1．基本模式

财务共享中心定位为企业内部的一个职能中心，主要为成员单位提供跨组织、跨地区的专业支持服务。例如，基础会计核算、出具财务报表、进行财务信息的数据加工等。此时财务共享中心的建立，主要通过合并和整合日常事务性会计核算处理和资金经营活动，实现规模经济并消除冗余，最终以降低成本和流程规范化、标准化为目标。这种模式下的财务共享中心主要强调标准化的流程、灵活化的组织、专业化的分工和核心化的能力。

2．市场模式

市场模式是在基本模式基础上进一步发展起来的，它摆脱了内部职能部门的定位，强调财务共享中心独立运营责任主体的定位。作为虚拟的经营单位，该模式下的服务不再是托管的，决策权由接受服务的客户全面掌握。财务共享需要不断提升自身服务质量、优化流程、加强沟通，根据确定的服务流程与标准提供服务，并提升自身服务的专业化。除此之外，财务共享中心还需要基于基础信息，提供更为专业的顾问和决策咨询服务。

3．高级市场模式

外向型特征更加明显，它使得财务共享中心面临更多的外部竞争，服务的客户存在更大的自主权，他们可以在现存的两个以上的共享服务机构中进行选择。如果他们认为内部共享服务机构的服务数量或质量难以满足需求，则可以自由更换，甚至从外部购买自己所需要的服务。高级市场模式的目的是引入竞争，向客户提供、推荐最有效率的供应商，供客户进行决策选择，最终有利于提升内部财务共享中心的服务质量。

4．独立经营模式

财务共享中心是作为独立的经营实体来运作的，其定位是外部服务提供商。它不仅向企业内部客户提供产品和服务，而且还服务于外部客户。该模式下，财务共享中心凭借其专业技能、技术及知识与第三方外部服务机构、外部咨询机构等展开完全竞争，服务收费也完全随市场而变化。该模式下的财务共享中心已经从过去的成本中心转型为利润中心。随着近些年互联网、云计算等新技术的应用，财务共享服务非核心业务的“众包”模式也逐渐被一些企业认可并采用。

在 2015 年安永财务共享服务调查报告中，关于四种常见财务共享服务中心定位模式的调查结果显示，64%的财务共享中心将自身定位为服务部门，25%定位为管理部门，50%认为自身是成本中心，22%认为是利润中心，如图 1-10 所示。可见中国境内企业财务共享中心仍然以成本中心模式为主导，并更侧重于服务定位。对于共享中心成本的分摊，约 66%的共享中心并未进行成本费用分摊，而是由总公司承担，由此可见大部分共享中心对内没有实施商业化。

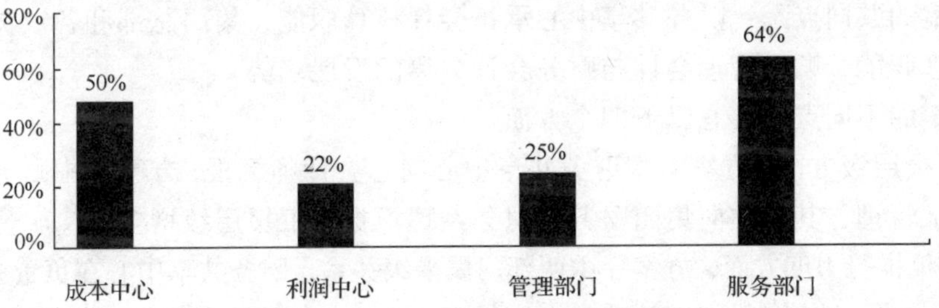

图 1-10　财务共享服务中心的实际定位

在 2015 年安永财务共享服务调查报告中，关于财务共享服务中心向外输出商业化服务情况的调查结果显示，61%的被访者没有对外输出商业化，但 6%的被访者有对外提供外包服务，8%的被访者有对外提供咨询服务，而还有 25%尽管目前尚未对外提供商业化服务，但在未来有此计划，如图 1-11 所示。可见，中国境内企业财务共享中心正在从为企业自身提供服务，向面向第三方提供商业化服务转变，并呈现增长趋势。

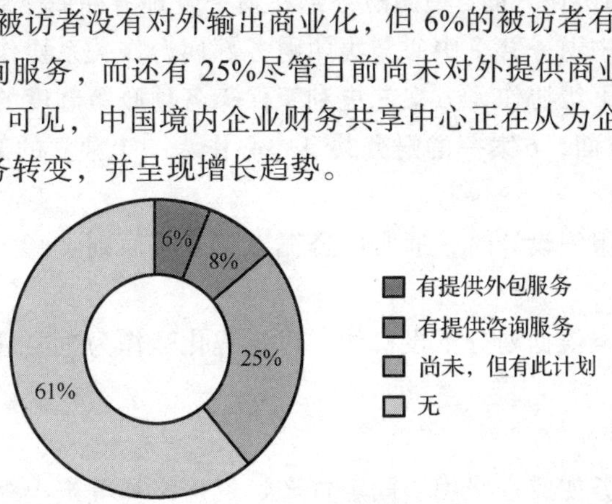

图 1-11　财务共享服务中心向外输出商业化服务情况

1.2.2　蓝图设计

1.2.2.1　组织规划

财务共享中心内部组织设立初期，在组织定位方面主要有两种方案，如图 1-12 所示。一种是行政层级上与财务部管理层级相同；另一种是下设至财务部，行政层级上隶属于财务部，此方案在财务共享中心建设初期选择较多。

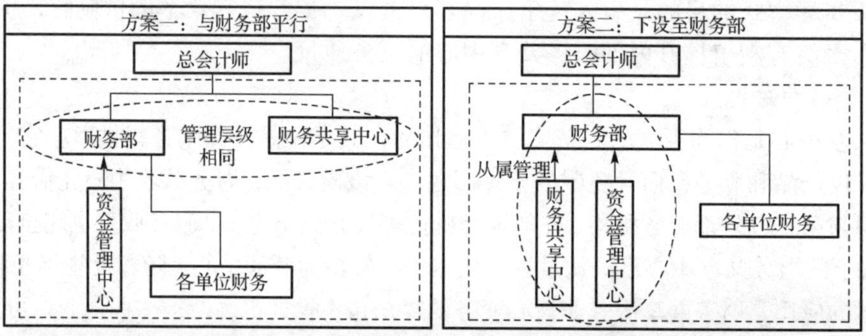

	汇报层级	政策推行力度	财务职能内部协作	管理灵活性
方案1	少	弱	弱	好
方案2	多	强	强	差

图 1-12　财务共享中心内部组织定位对比分析

两种方案的共同点是：财务共享中心承担会计核算职能，集团总部和各成员单位财务部承担财务管理职能，顺应管理会计与财务会计分离的发展趋势。

两种方案的不同点主要有以下四个方面。

(1) 在汇报层级方面，方案一中财务共享中心向总会计师汇报；方案二中财务共享中心隶属集团财务部管理，其工作向集团财务部财务经理汇报，汇报层级增多。

(2) 在政策推行力度方面，方案一中两部门属平级关系，财务共享中心在负责会计政策落地时，需跨部门协调，政策推行的难度和复杂度较高；方案二中财务共享中心和各单位财务部同属集团总部财务部指导，在会计政策向下推行时，有总体的管理和协调，会计政策推行的阻力较小。

(3) 在财务职能内部协作方面，集团财务部在财务管理方面属于政策制定层，财务共享中心属于执行层，方案一中财务共享中心与集团财务部属合作关系协作；方案二中财务共享中心与集团财务部属于上下级协作，方案二更利于保障各项政策制度的落实。

(4) 在管理灵活性方面，方案一的财务共享中心作为一个独立的部门，更易于行政管理方面的调整和变革。

财务共享中心内部组织设计时，通常应遵循以下几个原则。

1．流程化运作原则

以业务类别作为分类依据划分下设机构，以流程化运作为主要管理模式，追求核算工作效率提升和风险控制。

2．同类业务归并原则

对于同一性质的业务如成本费用、固定资产、资金结算等按小组归集，以保障该业务的统一。

3．协作高效充分原则

内部组织间能够相互提供协作和支持，并且保持这种协作关系的顺畅高效充分。

4．人员数量均衡原则

各组人员数量相对均衡。

5．管理跨度合理原则

保持合理的管理跨度，使得每个小组间、共享中心经理和组内成员之间都能保持有效的沟通。

财务共享中心内部组织划分的方法主要有按区域、按职能、混合三种方法。其中按职能是应用最广泛的一种部门划分方法。有利于确保组织的主要活动得到重视，由于遵循了专业化原则，有利于提高人员使用的效率，同时也简化了培训工作。缺点在于，容易过度局限于自己所在的部门而忽视组织的整体目标，部门间的协调比较困难，只有最高主管才能对最终成果负责。

对于财务共享中心常见的几种内部组织架构，如图 1-13、图 1-14、图 1-15 所示。

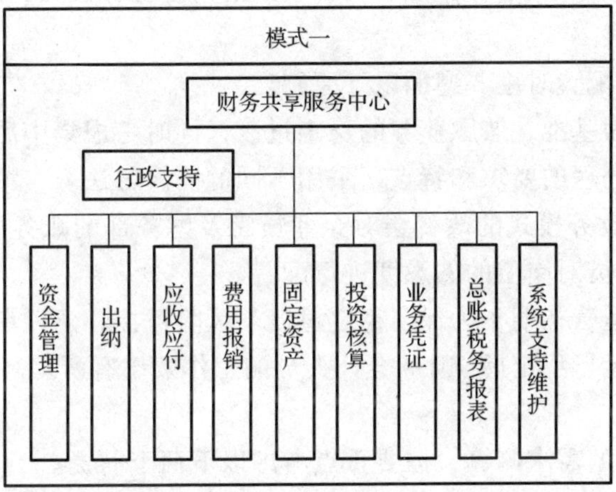

图 1-13　财务共享中心常见的内部组织结构之一

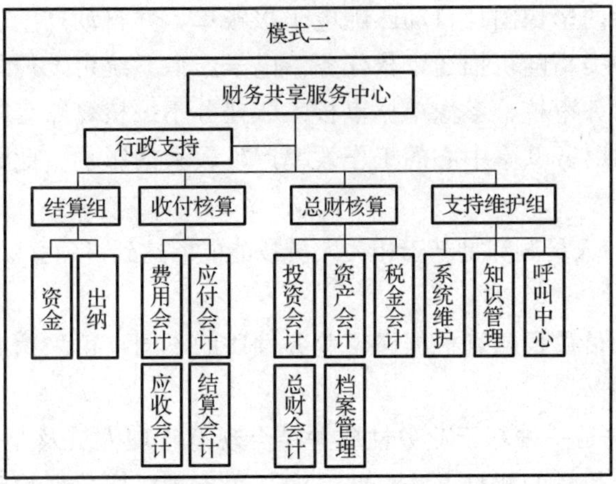

图 1-14　财务共享中心常见的内部组织结构之二

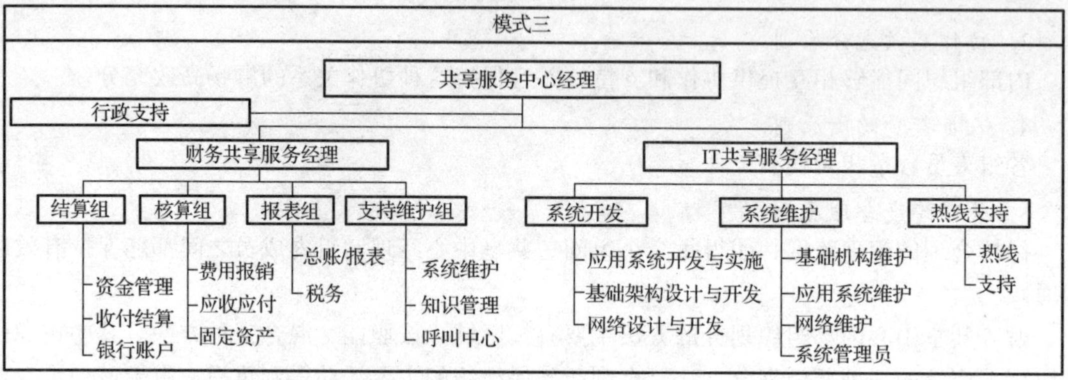

图 1-15　财务共享中心常见的内部组织结构之三

1.2.2.2　人员配置

财务共享中心需要配备优质的会计人员队伍，以保障财务共享中心的顺利运作。会计人员需要专业知识过硬、熟知政策和流程、具备较强的沟通协作能力，还要有较强的责任心才能胜任。

财务共享中心人员配置时主要遵循以下原则。

(1)以现有业务量为基准，兼顾业务的稳定过渡，同时考虑集中后的效率提升。

(2)按照各项业务处理的要求和特点，采用不同的测算方法。

(3)共享初期，因业务模式的改变会对企业员工及财务部的账务处理效率产生一定的影响，因此应尽量按照人员对岗位的熟悉度进行配置。

(4)财务共享中心运营初期，为保证稳定过渡、风险可控，建议考虑 5%的人员储备。

(5)财务共享中心运行稳定后，财务会计人员的工作效率有所提高，后期可根据人员及业务情况进行岗位调整。

对于共享中心人员的需求测算，需要重点考虑以下两个前提。

(1)信息系统前提。财务共享中心的运作，至少需要依托于电子报账系统、电子影像系统及核算系统来完成。电子报账系统用于各单位进行统一报账，可与电子影像系统和核算系统无缝对接，实现上传后的影像图片自动匹配电子报账单，并自动产生会计凭证。另外，电子报账系统还可按照业务类型随机推送审核任务。电子影像系统可上传单据影像，可供共享中心会计人员提取进行财务审核，影像单据审核入账任务不按核算账套隔离。若此类信息系统无法满足需求，则会对财务共享中心的工作效率产生较大的影响，此时就需要考虑对所需求人员数量进行扩大。

(2)人员技能前提。人员测算是基于相关人员技能能够达到可独立顺畅操作的水平，在此基础上测算人员数量。

财务共享中心的人员数量测算根据岗位业务性质的不同，可采用业务分析法、对标评测法、数据测算法等方法。

(1)业务分析法。它是一种基于业务性质并结合现有管理人员及业务人员的经验，进行分析评估后确定人员需求数量的测算方法。此方法适用于难以按数据精确测算，且无法取得对标数据的情况。适用业务分析法进行测算的岗位有：部室负责人、科室负责人、总账会计、税务会计、往来会计、报表会计等。

(2)对标评测法。对于原先没有岗位设置、无经验值参考、无法进行数据测算的岗位，为了测算人数，选取相近口径的企业进行对标，在此基础上进行人员测算的方法。适用对标评测法进行测算的岗位有：运营管理岗、服务支撑岗、信息系统管理岗等。

(3)数据测算法。在业务量和工作时效要求明确的基础上确定人员需求的方法。此方法适用于能够提取到可靠业务量，并能够对单笔业务量所用时间进行测量的岗位。适用数据测算法进行测算的岗位有：费用会计、资产会计、成本会计、物资会计、薪酬会计等。其中数据测算法下人员测算相关计算公式有如下几个。

公式 1：人员数量=月工作量/人均月工作量

公式 2：月工作量=月平均单据量*每单耗用时间

公式 3：人均月工作量=日有效工作时间*月工作时间

公式 4：日有效工作时间=日工作时间-辅助工作时间-间歇时间

其中，月平均单据量及每单耗用时间的相关信息，在企业实际工作中通过业务量调研问卷获得，本教材中根据企业实际情况选取部分数据进行计算分析。日工作时间为企业规定的法定上班时间，一般为 8 小时。辅助工作时间为完成一项任务而必须付出的时间成本。例如，计算库管员的日有效工作时间，发货、收货的时间，以及整理货物的时间为有效工作时间，而等待收货、发货的时间为辅助工作时间，中午吃饭休息的时间则为间歇时间。

财务共享中心成立初期，人员来源主要包括内部抽调和社会招聘两种方式。为了更好地做到技能与岗位的匹配，应主要采取内部抽调的方式，人员配置采取适才适岗的原则，尽力吸引各地优秀财务人员。内部抽调可以从纳入财务共享中心的单位现有财务人员进行抽调，此部分人员对于公司原有业务流程比较熟悉，可以更快地成长为财务共享中心的业务骨干。社会招聘可以考虑招聘有财务共享中心工作经验的财务人员，可以借助此部分人原有的财务共享中心工作经验，更快更稳定地实现共享中心成立之初的过渡期。

为保障财务共享中心人员配置方案的执行，需以人员到位后的集中培训与长期培训相结合的方式来提升员工的能力，确保相关工作顺利开展。集中培训主要为保证财务共享中心的工作启动运转，长期培训为保证财务共享中心的稳定运营和持续发展，根据 SLA 的 KPI 指标定性定量考核；同时通过优秀员工的选拔输出机制、整体队伍的稳定轮岗机制、末位员工的淘汰更新机制三种常态化机制，来完善共享中心人员的职业发展规划。

1.2.2.3 业务流程设计

在 2015 年北京国家会计学院中国大型企业集团财务共享服务中心建设情况调查报告中，关于财务共享服务中心取得成功的关键因素以及面对的最大阻力调查结果显示，业务流程设计作为流程再造的主要内容，已经成为影响财务共享中心建设成功的关键因素，也是财务共享中心最大的阻力，如图 1-16、图 1-17 所示。

财务共享中心业务流程设计最重要的内容是对纳入共享中心的业务实现标准化及规范化。财务会计业务需要标准化的内容有很多，例如，会计核算方法统一、会计科目核算口径统一、财务报表口径统一、数据标准化、操作规范标准化、岗位职能标准化等。在注重业务流程标准化的同时，需要考虑同质业务不同单位管理的差异性，寻找业务差异性与流程标准化的平衡点，做到两者兼顾。

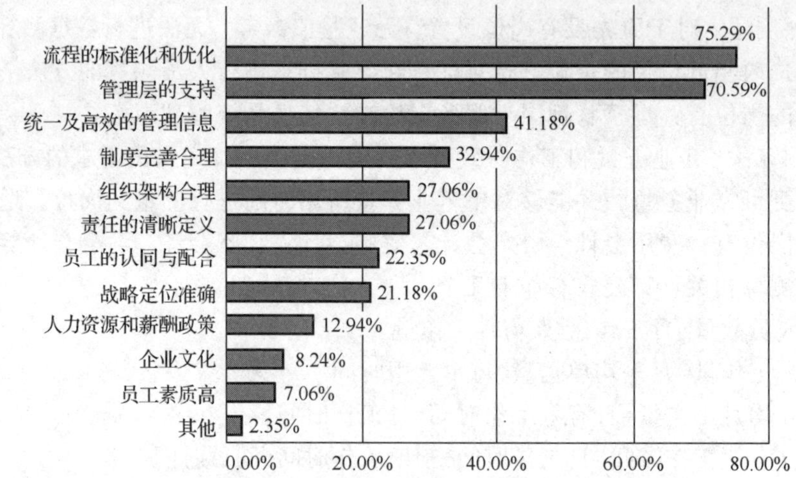

图 1-16　财务共享服务中心取得成功的关键因素

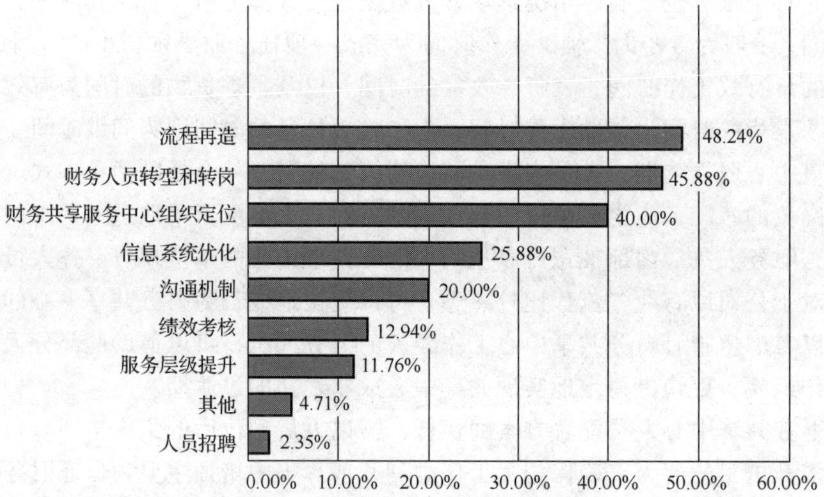

图 1-17　财务共享服务中心面对的最大阻力

流程设计应坚持“考虑同质性、兼顾特殊性”的原则，既能满足相同业务流程的流转，又能使特殊业务也纳入共享中心集中处理。例如，某建筑施工企业的核心业务是工程施工，但除核心业务之外还有房地产开发、设备租赁、物业管理等业务，针对这种各个板块业务内容及标准差异较大的情况，应按业务板块管理和设置不同的流程。

流程设计时需考虑的因素主要有成本、效率、风险、客户满意度、流程责任人等五个方面。

1．流程成本

流程成本主要指业务流程在财务共享中心运作时的作业成本和资源成本。每一项作业成本又包含作业变动成本、作业长期变动成本及作业固定成本。资源成本是指在经济活动中被利用消耗的价值，主要包含非消耗类资源成本和消耗类资源成本。

2．流程效率

流程效率主要从业务流程流转的时间或速度、队列长度等方面进行评价。

3．流程风险

流程风险主要从风险管控程度进行考虑设计。

4．流程客户满意度

流程客户满意度主要指被服务方的满意度，可从上游环节对下游环节输出内容的满意度及外部客户的满意度两个方面进行考虑设计。

5．流程责任人

流程责任人主要从节点责任人明确，以及明确节点责任人的职责与目标两个方面进行考虑设计。

流程设计因素中的成本、效率及风险在某种情况下是相互矛盾的。例如，外部结算付款时，采用手工付款方式对外付款，该种方式风险性高、错单率高且效率较低，而借助信息化手段通过网银或银企直联的方式对外付款则可大大降低付款的错单率，提升付款效率，降低资金管控风险。但是，相应的软件投入成本也会随之上升。因此，在考虑成本、风险及效率三者的平衡点时，还需要结合企业的战略目标及信息化水平综合考虑决策。

流程设计时可遵循“由总及细”的方式按层级梳理相关流程，对于不同的企业要进行详细调研，然后进行详细流程切割，把相关流程控制点进行梳理分类之后再进行整体规划。财务共享中心流程层级示例，如图 1-18 所示。

财务共享服务中心业务流程总体框架		
主流程编号	主流程名称	子流程数量
FSSC-P01	备用金及费用核算流程	4
FSSC-P02	资金结算核算流程	30
FSSC-P3	资产核算流程	13
FSSC-P04	物资核算流程	7
FSSC-P05	结算核算流程	4
FSSC-P06	薪酬核算流程	2
FSSC-P07	税金核算流程	5
FSSC-P08	收入成本流程	6
FSSC-P09	财务核算流程	14
FSSC-P10	实物单据流程	6
主流程合计		10
子流程合计		91

财务共享服务中心业务流程明细表			
FSSC-P01　备用金及费用核算流程			
二级流程编号	二级流程名称	三级流程编号	三级流程名称
FSSC-P01-01	备用金核算流程	FSSC-P01-01-01	借备用金核算流程
		FSSC-P01-01-02	还备用金核算流程
FSSC-P01-02	费用报销核算流程	FSSC-P01-02-01	差旅费报销核算流程
		FSSC-P01-02-02	其他费用报销核算流程
FSSC-P02　资金结算核算流程			
二级流程编号	二级流程名称	三级流程编号	三级流程名称
		FSSC-P02-01-01	现金收款核算流程
		FSSC-P02-01-02	建造合同收款核算流程
		FSSC-P02-01-03	资产业务收款核算流程
		FSSC-P02-01-04	物资处置收款核算流程
FSSC-P02-01	收款核算流程	FSSC-P02-01-05	保证金（押金）收款核算流程

图 1-18　财务共享中心流程层级示例

流程设计时应将企业经营中的业务流程、财务会计流程、管理流程有机融合，将计算机的“事件驱动”概念引入流程设计，建立基于业务事件驱动的财务一体化信息处理流程，打破信息孤岛，使财务数据和业务融为一体，最大限度地实现数据共享，实时控制经济业务，真正发挥会计控制职能。

流程梳理应考虑业务端到财务端的全业务流程，同时重点关注业务与财务衔接的责任分工问题。流程梳理包含输入方、输入、过程、输出及输出方。其中，输入方主要指为流程活动提供关键物料、信息等资源的个人或单位；输入主要指流程活动或其中某项活动需要的物料或信息；过程主要指有价值贡献或核心的、有增值性的动作或动作集，属于满足客户需要必须完成的活动；输出主要指流程运行过程中产生的物料或信息，其输出的内容应该能满足客户各方面需要，主要有最终输出和过程输出两类输出内容；输出方指使用流程产出的个人或单位。流程梳理完成后，在后续运营流转过程中，需结合相应的优化机制持续改进并完善。

1.2.3　信息平台设计

信息系统的有效支撑是保障财务共享中心高效运营的必要条件，合理的信息系统规划设计能有效提升共享中心的工作效率，降低企业财务风险。通常财务共享中心信息平台主要由财务共享服务系统、业务管理系统、影像扫描系统、银企互联系统等构成。业务管理系统又主要包含 CRM、供应链、资产管理、合同管理、债权债务、供应商协同、资金管理系统及差旅服务、电商第三方系统。共享服务系统主要包含财务共享系统、财务核算系统、档案管理系统等。财务共享平台的核心系统如图 1-19 所示。

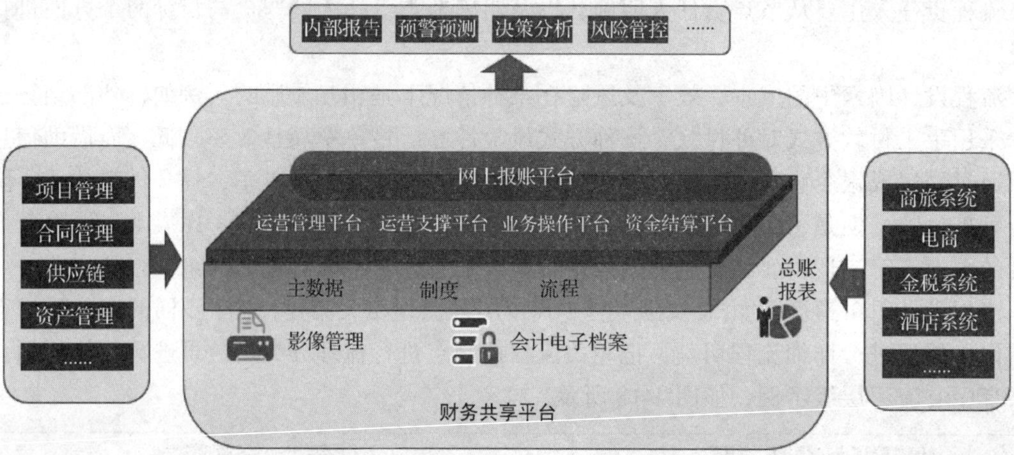

图 1-19　财务共享平台的核心系统

信息系统的构建主要可从主数据统一、历史数据处理、业务系统集成三方面考虑。

企业的主数据包括客户、供应商、员工、科目、项目等内容，主数据的统一是企业集团构建财务共享系统的重要内容。以供应商主数据为例，若供应商的名称、付款信息等内容未进行有效整理，存在一个供应商两个名称，或供应商付款信息不匹配的情况，将会直接影响财务共享中心会计核算的错单率及付款结算的支付失败率，使推动财务共享中心建设的阻力和难度加大。

在信息系统切换时需要考虑对历史数据进行处理。历史数据如果处理不好，可能导致财务处理的错误，严重时还可能会导致付错款。例如，核算规范的变化引起的历史数据处理、员工或供应商的借款或预付款初始化、报表逻辑的调整等。因此，上线切换前需提供对应系统业务数据的对接方案，以便更好地保证历史数据的延续性及准确性。

业务系统的集成主要包含系统边界的重新划分及改造、业财一体化平台的搭建两个方面。由于企业原有信息系统的建设并不是基于共享模式，业务系统为了更好地支撑业务流程，逐渐扩大了建设范围，模糊了系统边界。例如，企业的供应链系统、费用报销系统、债券债务系统，这些系统为了支撑业务需要都建设了付款模块，并都与财务核算系统对接，也正因为这样才导致系统边界模糊。共享模式下，需要重新划分系统的边界，将属于财务共享中心的业务集中纳入共享平台内，按流程定义好与各业务系统的信息流接口，同时对共享平台的周边系统进行改造，以便更好地保证财务共享中心内业务信息的全面性及真实性。通过业财一体化平台的搭建，借助异构系统工具，实现财务共享系统与各系统之间的无缝集成及衔接，减少人为干预。实现业务单据自动接入共享平台，共享平台单据自动生成财务凭证，在降低人为干预风险的同时，降低错单率，提高工作效率。但现阶段，多数企业业财一体化程度不高，信息流存在中断或人工判断干预的情况，因此构建信息系统时需加强业财的对接建设，确保企业的信息流可以随着业务流顺利延续；同时，业财一体化建设会造成系统集成难度加大，存在大量接口，也需要做好接口的定期维护和检查，确保接口稳定、准确，最好是能建立接口数据自动检测机制。

财务共享中心信息平台规划涉及的主要信息系统概述如下。

1. 网上报账系统

网上报账系统监控集团企业各项费用的支出业务，为集团企业明确梳理各项费用支出的制度及流程，为管理者准确、实时地提供费用预算执行、费用支出、报表统计等信息，实现完整的从报销到收（付）款申请与报账的流程监控。单据（包含电子影像信息）通过报账系统进行提交，由报账中心初审员进行单据审核及影像扫描。报账系统中可查询个人或部门权限内的业务单据统计信息等。

2. 运营支撑系统

运营支撑系统主要对财务共享中心的业务开展和运营进行基础信息管理，包括共享服务中心的定义、作业规则管理及共享中心服务参数定义等。

3. 运营管理系统

运营管理系统的主要功能包括作业管理、信用管理、质量管理、绩效管理，实现按业务类别自动分配任务，支持对作业任务的质量管理、绩效管理，以及对员工和组织运营 KPI 指标实时分析的绩效看板等。

4. 业务操作系统

财务共享中心的业务人员依托业务操作系统完成业务单据、凭证的审核审批，以及实物、电子档案管理。

5. 资金结算系统

资金结算系统为不同共享中心模式下的资金结算业务提供了统一的办理平台，通过参数配置，满足不同企业由于共享中心和资金中心的组织定位及分工差异形成的多种共享模式下的结算场景，实现报账、结算、线上支付的一体化管理。

6. 税务管理系统

税务管理系统主要包括税基管理、发票管理、纳税申报等核心功能。通过前端打通业务系统，可以自动获取税基数据，实现准确算税，一点出报，支撑纳税申报。后端与税控系统对接，实现销项发票的开具及进项发票的自动化认证，并且可与电子影像系统集成，通过二维码扫描、OCR 识别，提高发票登记效率。

7. 总账管理系统

总账管理系统主要用于记账凭证的编制到各种账表的生成。具体包括初始建账、凭证处理、出纳业务、账表查询、月末处理等基本账务功能。总账管理系统还支持数量核算、单一外币及多外币核算、多账簿管理、现金管理等，能够满足各单位账务核算及管理的需要。

8. 报表管理系统

报表管理系统是以货币为计量单位，综合反映企业在某一时点的财务状况以及一定时期内经营成果和现金流量的书面文件，是会计核算的最终成果，也是会计核算工作的总结。

报表管理模块是一个灵活的报表生成工具，用户可以自由定义各种财务报表、管理汇总表、统计分析表。该模块可以通过取数公式从数据库中自动获取数据，也可以在同一表格内及不同表格之间设置公式。另外，报表管理还支持制作图文混排的报表。

9. 网上报销管理

报销业务是企业常见的内部管理业务，网上报销管理系统通过内部网络或者互联网实现了报销业务的网上申报和办理，避免了手工填写和提交报销单据的排队现象。财务人员可以根据工作计划合理安排处理报销业务的时间，报销人也节省了跑审批的时间，从而极大地提高了报销人和财务部门的工作效率，降低了单位的运营成本，提高了员工的满意度。

10. 资金管理

资金管理系统包括资金计划、资金结算、票据管理、信贷管理、投融资业务、同业往来、企业现金和银企直联等功能。结合集团的资金收支预算，与其他业务系统协同，实现集团资源优化配置，提高资金使用效率，降低财务风险，节约交易成本，产生规模效益。

资金计划是资金管理系统中的一部分，主要是对资金计划进行编制、审批、控制和分析，以实现对资金头寸的有效控制。资金计划要素贯穿计划编制的整个过程，支持部门和单位作为资金计划编制主体进行计划的编报，支持明细资金计划的编报审批。

银企直联系统可帮助企业实现与多家银行直联，实现网上收、付款处理，保证账户安全，有效避免重复付款。系统自动下载银行对账单、自动核对银行账、自动生成银行账余额调节表，实时查询银行账户余额及交易明细情况等。

11. 人力资源系统

人力资源管理系统包括人事日常事务、薪酬、招聘、培训、考核，以及对组织和人员的管理，对企业人力资源管理的方方面面进行分析、规划、实施、调整，提高企业人力资源管理水平。

12. 供应商协同平台

供应商协同平台是在供应链运作过程中，面向核心企业及其供应商构建的供应业务协作平台。通过网上在线协作，可减少双方传真、邮寄成本和人工费用，有效简化订单处理流程，缩短业务处理周期，减少采购业务成本。如辅以条码技术的应用，则会减少企业方的入库工作量，降低收货的误差。另外，电子开票与电子对账的应用，会降低财务过程的成本，增加财务结算透明度，改善双方供应关系。

13. 项目管理系统

项目管理系统是对项目预算、进度、合同、采购、材料、设备、质量、安全等进行全面综合管理的业务系统，通过对项目成本、进度、资金、质量、安全等方面的控制，以及对合同、变更、结算、支付等要素的流程化管理，提高企业对项目的综合管理能力。

14. 债权债务系统

债权债务系统在建筑行业中应用较为普遍，该系统可记录债务的形成、变化、收款的全过程，管理债权债务相关信息（包括业主、项目等相关信息），实现对债权债务的管理、查询及分析等。

1.2.4 运营优化

财务共享中心的建设不是一蹴而就的，而是需要持续的运营优化，通过对共享中心业务流程、业务范围、信息系统、内部管理制度等方面逐步完善，不断形成标准化、流程化的管理制度。例如，在业务流程方面，可以通过流程执行的效率、核算发现的问题来逐步优化并完善相关业务流程，或者逐步强化风险控制点，弱化其中无效审批点；在业务范围方面，可以考虑将初期没有纳入共享中心的业务逐步纳入共享中心，逐渐形成完整、完善的财务共享中心；在信息系统方面，可以逐步完善相关系统的集成，实现端到端的业财一体管控；在管理制度方面，可以借助绩效看板、绩效考核等激发员工工作热情。

在财务共享中心内部，也需要结合日常运营情况，通过不断对业务进行监控分析、质量抽检、绩效考核、信用管理、问题追踪等，逐步优化共享中心的日常运营管理和服务质量。

财务共享中心作为财务数据的处理者，自身就是一个天然的数据中心，从最初的数据处理、数据存储逐渐向数据分析、数据利用转变，逐步形成完善的大数据分析能力，构建形成企业内部的财务共享云，为集团企业提供多维度的内部管理报告、经营预测分析、运营绩效指导、风险投资决策等，借助财务大数据分析，通过数据的对比、碰撞、多维分析，不仅能有效支持共享中心运营，更能为企业决策提供可靠的数据支撑，实现集团精细管控，更好地规避业务风险，为企业稳步成长保驾护航。

总之，财务共享中心建设完成并运转后，随着企业业务的发展和管理的不断变革，共享中心自身也会随之不断变化，因此需要持续投入一定的人力物力来优化完善。

第2章 财务共享沙盘篇

2.1 课 程 导 读

2.1.1 课程介绍

财务共享沙盘模拟实验课程是借助沙盘教具,展现出企业建设财务共享中心的主要流程,是将财务共享中心建设时考虑的主要要素、业务流程梳理、运营管理等相关内容制作成实物模型，按照一定的操作规则，模拟企业建设财务共享中心的过程。实验课程中，学员可以扮演集团财务部部长、业务专家、信息化专家等岗位角色，使其身临其境，真实体验财务共享中心的筹建及运营的主要流程。

财务共享沙盘模拟实验课程具有体验性和综合性的特征，可以充分调动学员学习的参与性和主动性，期望通过该课程可以达到如下训练目标：

(1)帮助学员更好地理解并应用财务共享理论。

(2)学会分析企业为什么要建设财务共享中心。

(3)学会分析建设财务共享中心的关键影响因素。

(4)掌握建设财务共享中心的框架和要素。

(5)掌握建设财务共享中心的路径和方法。

(6)学会制定财务共享中心的建设规划。

2.1.2 教学组织

2.1.2.1 教学准备

1．教具准备

财务共享沙盘模拟实验课程主要以沙盘教具为载体，一般包括沙盘盘面和沙盘工具，同时配合本教材中的沙盘模拟企业背景及业务流程现状等内容，完成财务共享中心建设的沙盘模拟任务。沙盘模拟需要较大的桌子用于摆放沙盘盘面及沙盘工具，以便于学员进行集中讨论制定方案和完成相关资料的填写。

2．师生准备

在财务共享沙盘模拟实验课程中，由教师对实验过程进行全程把控，教师需要根据不同的小组模拟情况给予一定的指导及评价，或示范完成部分沙盘模拟任务。因此，该课程对于教师的要求比较高，需要教师具备一定的专业理论知识，用于实验过程中的知识灌输，或用于提前对学员进行理论知识的教学，同时还需要对沙盘模拟企业背景及沙盘操作规则等内容有一定的了解。而要做到这些，就需要教师在课程开设前加强自身的知识储备，或通过适当的师资培训，来提升整体师资水平，从而保证课堂教学质量。

另外，对于学员而言，也需要具备一定的财务共享相关专业知识，同时还需对财务共享建设过程中涉及的岗位职责、实验规则等内容有一定的了解，这样才能够在模拟实验中发挥自己的作用，保证课堂学习质量。

2.1.2.2 教学计划

考虑到各院校的专业教学大纲和课程设置方面的差异，本实验课程主要区分两种不同的情形给出参考教学计划。情形一：配合财务共享理论课程开设的沙盘模拟实验课程，不需要对理论知识进行单独授课，按一学期 16 个总课时计，周学时为 2，共 8 周；情形二：单独开设财务共享沙盘模拟实验课程，可在沙盘模拟实验过程中，抽取 2 个课时对财务共享沙盘涉及的共享理论知识进行简单讲解，按一学期 18 个总课时计，周学时为 2，共 9 周。课程负责教师可以根据学校专业培养方案和学员的具体情形调整教学课时安排，见表 2-1。

表 2-1　财务共享沙盘模拟实验参考教学计划(院校计划内教学)

课 程 内 容	授 课 形 式	课时安排一 (非单独开)	课时安排二 (单独开)
实验目标、实验任务布置；沙盘教学工具介绍；学员实验分组	课堂讲授	1	1
财务共享理论概述(综合沙盘盘面要素)	课堂讲授	0	2
详细解读沙盘模拟案例公司背景资料	学员分组实验	1	1
讨论案例公司财务共享中心建设战略和规划方案，完成战略与政策规划	学员分组实验	2	2
费用报销业务梳理(可以选择由教师带领学员完成，作为其他业务的示范)	示范/学员分组实验	2	2
工资业务/应收业务/应付业务梳理	学员分组实验	2	2
讨论运营与技术规划	学员分组实验	2	2
展示并报告实验结果	学员分组报告	4	4
教师总结	课堂讲授	2	2
合计		16	18

如果是社会培训或企业内训课程，则可以参考院校教学计划按照 2～3 天的时间来安排，见表 2-2。

表 2-2　财务共享沙盘模拟实验参考教学计划(社会培训/企业内训)

<table>
<tr><th colspan="2">时间</th><th>培训内容(3 天)</th><th>培训内容(2 天)</th></tr>
<tr><td rowspan="2">第一天</td><td>上午</td><td>财务共享理论</td><td>财务共享理论</td></tr>
<tr><td>下午</td><td>财务共享典型应用</td><td>(1)实验目标、实验任务布置、沙盘教学工具介绍，完成学员分组
(2)案例背景介绍，与实验任务的相关性</td></tr>
<tr><td rowspan="2">第二天</td><td>上午</td><td>(1)实验目标、实验任务布置、沙盘教学工具介绍；完成学员分组
(2)案例背景介绍，与实验任务的相关性</td><td>学员分组实验</td></tr>
<tr><td>下午</td><td>学员分组实验</td><td>学员分组实验
展示并报告实验结果</td></tr>
<tr><td rowspan="2">第三天</td><td>上午</td><td>学员分组实验</td><td></td></tr>
<tr><td>下午</td><td>学员分组实验
展示并报告实验结果</td><td></td></tr>
</table>

2.1.2.3　教学步骤

财务共享沙盘模拟实验的总体任务是：根据给定的案例背景资料，完成财务共享中心建设规划方案。

财务共享沙盘模拟实验教学过程中，可将学员分成不同的小组，每个小组 6～8 人，小组成员分别扮演企业财务共享中心筹建小组的不同岗位角色，共同讨论确定财务共享中心建设方案。每个小组在沙盘盘面上的相应区域完成方案讨论、方案设计、展示和报告任务。

财务共享沙盘模拟实验的教学步骤如表 2-3 所示。

表 2-3 财务共享沙盘模拟实验教学步骤

序号	任务概述	主要参与者	具体任务内容
1	沙盘整体介绍	教师	(1)介绍沙盘模拟实验目标和具体实验任务要求 (2)介绍沙盘盘面及使用 (3)介绍沙盘工具箱及使用方法 (4)介绍沙盘模拟整体步骤及过程资料的填写方法
2	沙盘模拟示范	教师	可结合实际情况以费用报销业务为例，带领学员简单地进行沙盘模拟，作为示范。目的是使学员更清晰地掌握沙盘模拟的操作步骤及工具的使用方法
3	沙盘分组实验	学员	(1)仔细阅读给定案例公司的背景资料，了解案例公司的组织架构和财务体系架构 (2)分析给定案例公司的信息化建设现状 (3)分析给定案例公司的财务管理现状及期望通过财务共享中心建设达成的管理目标 (4)结合以上对案例公司背景资料的分析，确定财务共享中心建设时战略与政策规划的相关内容，具体包括财务共享中心的建设目标、建设结构、职能定位、建设策略、建设原则、选址因素、选址地点、内部组织架构划分方法；同时，需要手工描绘出建设结构和内部组织架构示意图 (5)分析给定案例公司的具体业务原有的业务流程，包括：业务流程必须遵循的制度内容、业务场景(包括业务流转对应的具体岗位、业务操作内容和实物单据)和业务流程梳理的方法 (6)分析案例公司的各项业务在管理制度或流程等方面存在的差异点，可在“业务差异分析表”中进行总结概括 (7)结合已经分析的案例公司的主要业务管理目标，确定各项业务在财务共享中心建设后需要统一的制度内容、业务场景(业务流转对应的具体岗位、业务操作内容和实物单据等)和需要纳入财务共享中心的岗位 (8)对财务共享中心所需业务人员以及运营管理人员的数量进行测算 (9)确定建设财务共享中心需要的基础环境及设备、信息系统及财务共享中心建设后需要遵循的运营管理制度
4	沙盘展示	学员	以小组为单位将沙盘模拟实验结果进行随堂展示
5	沙盘展示及点评	教师	随堂对每组学员展示的沙盘模拟实验结果进行点评、评分，作为总成绩中沙盘呈现的分数；同时，对每组学员沙盘模拟过程中存在的问题或知识点进行总结
6	总结报告	学员	课堂/课后整理并提交沙盘模拟总结报告
7	最终评分	教师	将学员提交的沙盘模拟总结报告进行评分，并结合随堂考核的沙盘呈现分数进行最终评分

2.2 沙盘简介

2.2.1 沙盘概述

财务共享沙盘是浪潮研发团队主导开发的，国内首款具有独立知识产权的财务共享沙盘产品。

该沙盘产品包括沙盘盘面、沙盘工具箱和沙盘模拟配套教材(本教材中沙盘篇内容)。沙盘模拟的企业案例是依托于浪潮自身真实的用户案例开发，从共享中心建设战略、政策、共享中心组建、人员编制测算、业务流程梳理、业务规范制定、信息系统规划等多个方面模拟企业共享中心的筹建过程。

财务共享沙盘融理论与实践于一体、集角色扮演与岗位体验于一身，可以使学员在互动与体验中完成从理论知识到财务共享中心建设技能的转化。沙盘模拟实验课程既可用于院校教学，也可以用于企业内训。在院校中，既可以配合本科和研究生财务共享理论课程教学，也可以单独开课；在企业中，既可以作为实施中的演练工具，也可以作为对财会相关人员的培训课程。通过沙盘模拟实战训练，学员可以了解财务共享中心建设咨询的重点，也可以深切体会到集团财务共享中心规划小组的工作难点，是一套极具前瞻性和知识理论性的高端教学教具。

财务共享沙盘是高等院校集团财务管理实验课中不可缺少的实践内容，为学员塑造了一个了解企业、了解共享中心建设的完整的学习环境，可全面提升学员对财务共享理论知识的理解、财务共享的建设能力，从而为社会输送更多地懂财务共享的专业人才。

2.2.2 沙盘盘面总体结构介绍

从目前大多数已经完成或正在建设财务共享中心的企业来看，建设过程中所考虑的主要要素包括：建设模式、实施策略、组织、人员、办公选址、业务范围、信息系统、运营管理等。这些要素在财务共享沙盘中均有所包含，在三个区域内进行展现，分别是：战略与政策规划中心、共享业务规划中心和运营与技术规划中心（如图 2-1 所示）。

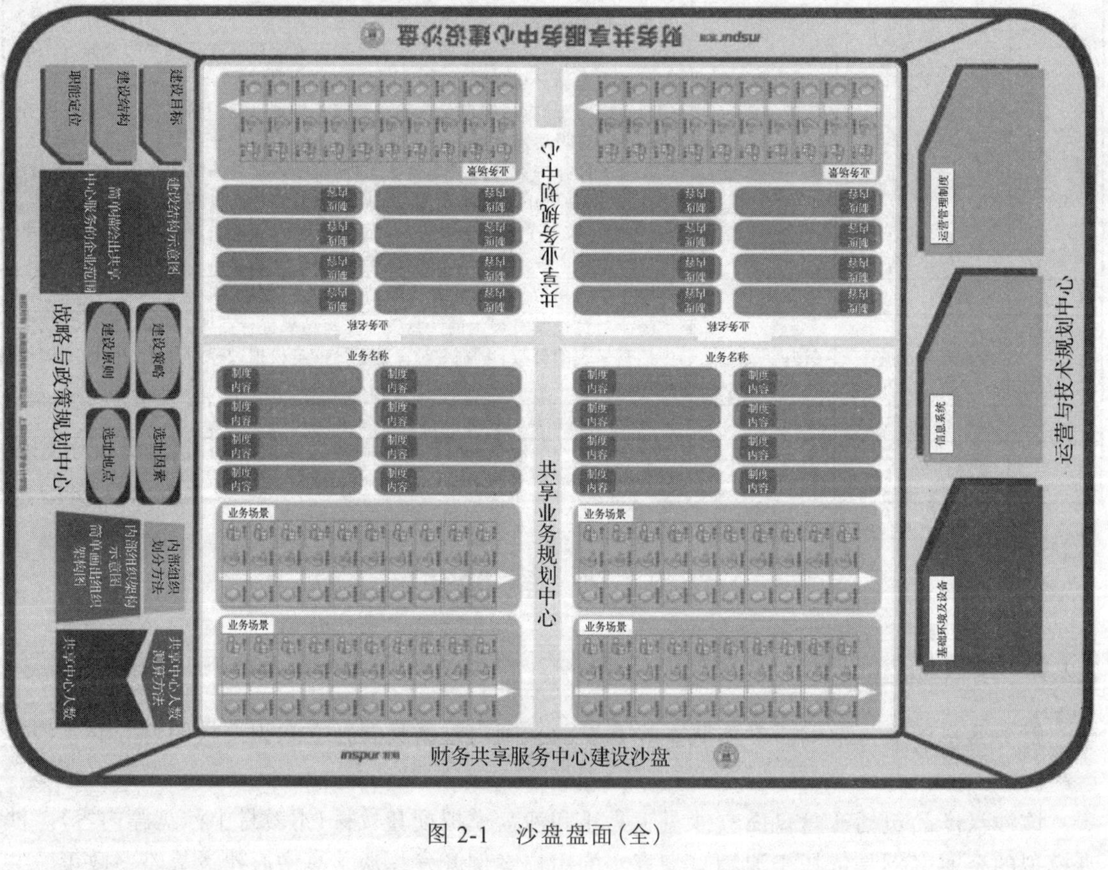

图 2-1 沙盘盘面（全）

1．战略与政策规划中心

战略与政策规划中心划分为建设目标、建设结构、职能定位、建设策略、建设原则、建设结构示意图等子区域（如图 2-2 所示）。小组成员可以在沙盘盘面的相关区域进行分析和讨论，并将最终讨论确定的方案结果进行展示。通过对该区域内容的模拟，可以对财务共享中心建设时在战略层面所需要考虑的一些重要因素和建设方法均有所了解。

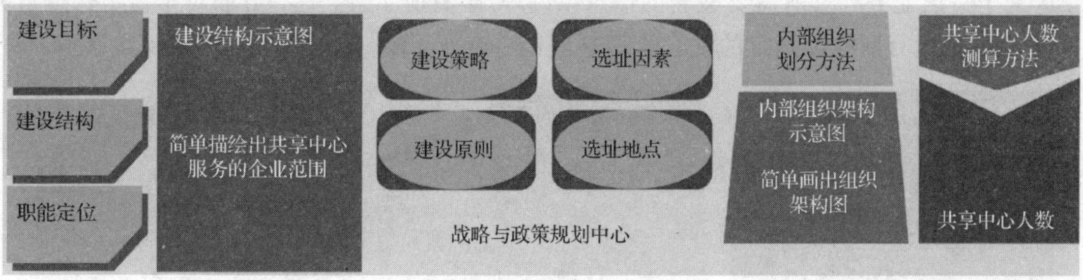

图 2-2　战略与政策规划中心(部分盘面)

2．共享业务规划中心

共享业务规划中心划分为四个业务区域，每个业务区域都包括业务场景和制度内容，其中业务场景包括业务流转对应的具体岗位、业务操作内容和实物单据(如图 2-3 所示)。小组成员可以在沙盘盘面的相关区域进行分析和讨论，并将最终讨论确定的需统一的制度内容、业务场景和需要纳入共享中心的岗位进行展示。通过对该区域内容的模拟，一方面可以对企业的实务进一步加深了解，另一方面可以对财务共享中心建设时业务流程梳理的重要内容和方法均有所了解。

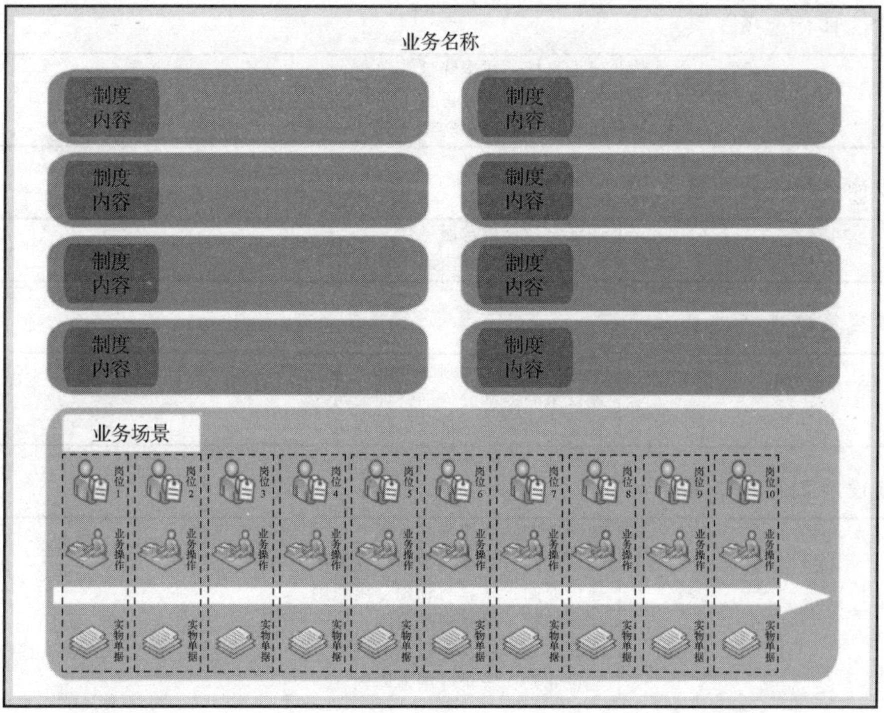

图 2-3　共享业务规划中心(部分盘面)

3．运营与技术规划中心

运营与技术规划中心划分为基础环境及设备、信息系统、运营管理制度三个子区域(如图 2-4 所示)。小组成员可以在沙盘盘面的相关区域进行分析和讨论，并将最终讨论确定的方案结果进行展示。通过对该区域内容的模拟，一方面可以对财务共享中心建设时需要考虑的配套环境、硬件设备(重点是区别于一般业务处理所需要的设备)和信息系统(重点是系统集成、区别于一般业务处理所需要配套的信息系统等)会有所了解，另一方面对于为了保障财务共享中心稳定运行而需要制定的配套管理制度也会有所了解。

图 2-4　运营与技术规划中心(部分盘面)

2.2.3　沙盘模拟工具介绍

沙盘工具箱提供的工具主要用于学员在沙盘盘面各区域讨论确定方案后，在盘面上对方案结果进行展示使用，以选项工具的形式提供给学员。各区域的选项工具都包括给定内容的选项工具和可以自行定义内容的空白选项工具。各个不同区域的选项工具用不同的颜色加以区分，学员讨论确定方案后，需将选项工具摆放至相应的区域。

1. 建设目标选项工具

建设目标	建设目标：成本降低 建设目标：风险可控 建设目标：财务转型

2. 职能定位选项工具

职能定位	职能定位：内部服务 职能定位：外部市场

3. 建设策略选项工具

建设策略	建设策略：企业独立完成 建设策略：部分借助咨询公司 建设策略：全部借助咨询公司

4. 建设原则选项工具

建设原则	建设原则：事权不变原则 建设原则：标准集中与数据集中原则 建设原则：核算与管理分离原则 建设原则：循序渐进原则 建设原则：收益性提高原则 建设原则：安全性增强原则

5. 建设结构选项工具

建设结构	建设结构：集团共享模式 建设结构：板块共享模式 建设结构：区域共享模式

6. 建设结构示意图

空白板，学员可以在上面绘制小组规划的建设结构示意图。

7. 选址因素选项工具

选址因素	选址因素：人力专业技能 选址因素：当地教育水平 选址因素：服务水平 选址因素：人力成本 选址因素：房产价格 选址因素：自然环境 选址因素：政策优惠 选址因素：交通便利 选址因素：业务规模 选址因素：电信成本 选址因素：电信质量 选址因素：未来服务对象范围 选址因素：提供服务流程范围

8. 地点选项工具

地点	地点：上海 地点：武汉 地点：长沙 地点：杭州 地点：济南

9. 内部组织结构划分方法选项工具

内部组织结构划分方法	内部组织结构划分方法：按职能 内部组织结构划分方法：按区域 内部组织结构划分方法：混合

10. 内部组织架构示意图

空白板，学员可以在上面绘制小组规划的内部组织架构示意图。

11. 共享中心人数测算方法

共享中心人数测算方法	共享中心人数测算方法：业务分析法 共享中心人数测算方法：数据测算法 共享中心人数测算方法：对标评测法

12. 共享中心人数

空白板，学员根据选定的人数测算方法在上面书写计算过程和测算结果。

13. 业务名称选项工具

业务名称	费用报销业务 工资业务 应收核算及收款结算业务 应收核算流程 收款结算流程 应付核算及付款结算业务 应付核算流程 付款结算流程

14. 费用报销业务制度内容选项工具

制度内容	报销业务范围：车船费 报销业务范围：乘机费 报销业务范围：差旅补助 报销业务范围：市内交通费 报销业务范围：住宿费
	报销填报时间：出差返回后10个工作日内 报销填报时间：出差返回后尽快报销
	报销住宿标准：200元/人·天 报销住宿标准：250元/人·天 报销住宿标准：300元/人·天 报销住宿标准：350元/人·天 报销住宿标准：400元/人·天 报销住宿标准：450元/人·天 报销住宿标准：500元/人·天 报销住宿标准：一类地区 报销住宿标准：二类地区 报销住宿标准：三类地区 报销住宿标准：特别地区 报销住宿标准：省会地区 报销住宿标准：其他地区
	报销出差补助：200元/人·天 报销出差补助：150元/人·天 报销出差补助：120元/人·天 报销出差补助：100元/人·天 报销出差补助：80元/人·天 报销出差补助：一类地区 报销出差补助：二类地区 报销出差补助：三类地区
	报销出差借款：额度8000元 报销出差借款：额度5000元 报销出差借款：额度4000元 报销出差借款：额度3000元 报销出差借款：借款未还者不许再借 报销出差借款：返回后15个工作日内办理还款 报销出差借款：报销需先冲销借款 报销出差借款：逾期未还从工资扣除
	报销支付时间：每周二支付 报销支付时间：未规定时间
	报销支付银行：中国建设银行 报销支付银行：中国工商银行 报销支付银行：招商银行

15. 费用报销业务场景选项工具

报销岗位	报销岗位：费用报账岗
	报销岗位：单据初审岗
	报销岗位：部门经理审批岗
	报销岗位：项目经理审批岗
	报销岗位：财务主管审批岗
	报销岗位：费用稽核岗
	报销岗位：出纳岗
	报销岗位：费用核算岗
	报销岗位：档案管理岗

续表

报销操作	报销操作：差旅费报账
	报销操作：超标准申请报账
	报销操作：单据初审
	报销操作：差旅费报账审批
	报销操作：超标准申请审批
	报销操作：报账稽核
	报销操作：报销支付
	报销操作：凭证生成
	报销操作：档案归档
报销单据	报销单据：火车票等
	报销单据：差旅费报账单
	报销单据：超标准申请报账单
	报销单据：报销凭证

16. 应收核算及收款结算业务制度内容选项工具

制度内容	应收入账依据：业主验工计量单 应收入账依据：业主转账通知书 应收入账依据：相关合同协议书 应收入账依据：销售发票
	应收入账要求：必须暂估入账 应收入账要求：不允许暂估入账
	应收信用等级：集团统一信用等级 应收信用等级：各公司分别管理 应收信用资料：集团统一管理 应收信用资料：各公司分别管理 应收授信策略：集团统一授信 应收授信策略：各公司分别授信
	应收收款账户：各公司分别开设账户 应收收款账户：集团统一账户
	应收收款方式：现金 应收收款方式：汇票 应收收款方式：支票 应收收款方式：金额超 10 000 元，需转账
	应收收款人员：业务员可直接收款 应收收款人员：必须由出纳收款
	应收账龄区间：1 个月以内 应收账龄区间：1 ~ 3 月 应收账龄区间：3 ~ 6 月 应收账龄区间：6 ~ 12 月 应收账龄区间：1 ~ 3 年 应收账龄区间：3 ~ 5 年 应收账龄区间：5 年以上 应收坏账比例：5% 应收坏账比例：8% 应收坏账比例：20% 应收坏账比例：50% 应收坏账比例：80% 应收坏账比例：100%
	应收结账日期：每月 25 日 应收结账日期：每月 27 日

17. 应收核算及收款结算业务场景选项工具

应收岗位	应收岗位：应收报账岗
	应收岗位：单据初审岗
	应收岗位：应收稽核岗
	应收岗位：应收核算岗
	应收岗位：发票报账岗
	应收岗位：应收稽核岗
	应收岗位：债权管理岗
	应收岗位：档案归档岗
	应收岗位：出纳岗
	应收岗位：收款审核岗
	应收岗位：收款报账岗
	应收岗位：收款稽核岗
	应收岗位：收款核算岗
应收操作	应收操作：应收报账
	应收操作：单据初审
	应收操作：报账稽核
	应收操作：凭证生成
	应收操作：发票报账
	应收操作：债权确认
	应收操作：档案归档
	应收操作：收款信息登记
	应收操作：项目部财务负责人审批
	应收操作：收款报账
	应收操作：债权核销
应收单据	应收单据：业主验工计量单
	应收单据：业主转账通知书
	应收单据：相关合同协议书
	应收单据：对下计价单
	应收单据：应收报账单
	应收单据：销售发票
	应收单据：发票报账单
	应收单据：暂估凭证
	应收单据：冲销凭证
	应收单据：银行回单
	应收单据：收款登记审批单
	应收单据：收款报账单
	应收单据：收款凭证

18. 应付核算及付款结算业务制度内容选项工具

制度内容	应付对账日期：每月 20 日 应付对账日期：每月 23 日 应付对账方式：线下人工对账 应付对账方式：供应商协同平台自助对账
	应付入账步骤：必须先挂应付再付款两步入账 应付入账步骤：不必先挂应付再付款两步入账

续表

	应付入账要求：三单匹配 应付暂估入账：依据收货单 应付暂估入账：依据暂估债务 应付账款入账：依据发票 应付账款入账：依据已确认债务
	应付付款账户：中国建设银行 应付付款账户：中国工商银行
	应付付款流程：按债务情况编制资金计划 应付付款流程：按资金计划编制付款申请 应付付款流程：按债务情况编制付款申请
	应付付款时间：每月 15 日付款，遇节假日顺延 应付付款时间：按实际情况付款
	应付付款方式：通过银企直联对外付款 应付付款方式：现金付款 应付付款方式：网银付款 应付付款方式：小于 5000 元，允许现金付款 应付付款方式：大于 5000 元，通过网银转账
	应付结账日期：每月 25 日 应付结账日期：每月 27 日

19. 应付核算及付款结算业务场景选项工具

应付岗位	应付岗位：采购对账岗
	应付岗位：采购收货岗
	应付岗位：收货审批岗
	应付岗位：采购报账岗
	应付岗位：单据初审岗
	应付岗位：采购稽核岗
	应付岗位：债务管理岗
	应付岗位：会计核算岗
	应付岗位：档案归档岗
	应付岗位：计划编制岗
	应付岗位：资金计划审批岗
	应付岗位：采购支付报账岗
	应付岗位：内控审批岗
	应付岗位：对外支付稽核岗
	应付岗位：出纳岗
应付操作	应付操作：线下对账
	应付操作：供应商协同平台自助对账
	应付操作：采购收货
	应付操作：仓储主管审批
	应付操作：采购报账
	应付操作：单据初审
	应付操作：报账稽核
	应付操作：债务确认
	应付操作：凭证生成
	应付操作：档案归档
	应付操作：资金计划编制
	应付操作：公司资金计划管理岗审批

续表

	应付操作：采购支付报账
	应付操作：单据初审
	应付操作：项目部财务负责人审批
	应付操作：支付报账稽核
	应付操作：项目经理审批
	应付操作：业务结算
	应付操作：线下付款
	应付操作：网银付款
	应付操作：银企直联付款
	应付操作：付款信息确认
	应付操作：债务核销
应付单据	应付单据：供应商对账单
	应付单据：采购订单
	应付单据：采购收货单
	应付单据：采购合同
	应付单据：采购发票
	应付单据：采购凭证
	应付单据：采购报账单
	应付单据：资金计划审批单
	应付单据：采购支付报账单
	应付单据：银行回单
	应付单据：付款凭证

20. 工资业务制度内容选项工具

制度内容	工资发放对象：正式职工 工资发放对象：临时用工 工资发放对象：退休返聘职工
	工资项目范围：统一 工资项目含义：统一
	工资计算公式：统一公式 工资计算公式：不统一公式
	工资考勤管理：IC 一卡通 工资考勤管理：微信移动签到 工资考勤管理：指纹考勤 工资考勤统计：薪资核算员统计 工资考勤统计：各部门独立统计
	工资发放日期：每月 5 日 工资发放日期：每月 6 日 工资发放日期：每月 10 日 工资发放日期：每月 11 日 工资发放日期：遇节假日则假日后第一天发放 工资发放日期：遇节假日则假日前一天发放
	工资发放银行：中国建设银行 工资发放银行：中国工商银行 工资发放银行：招商银行

21. 工资业务场景选项工具

工资岗位	工资岗位：薪资管理岗
	工资岗位：业务审批岗
	工资岗位：薪资报账岗
	工资岗位：单据初审岗
	工资岗位：内控审批岗
	工资岗位：薪资稽核岗
	工资岗位：出纳岗
	工资岗位：薪资核算岗
	工资岗位：档案管理岗
工资操作	工资操作：工资明细表、发放表等统计
	工资操作：相关领导业务审批
	工资操作：工资计提报账
	工资操作：工资发放报账
	工资操作：单据初审
	工资操作：相关领导内控审批
	工资操作：报账稽核
	工资操作：工资发放
	工资操作：凭证生成
	工资操作：档案归档
工资单据	工资单据：考勤表、绩效考核表等
	工资单据：工资明细表、发放表等
	工资单据：薪资计提、发放报账单
	工资单据：薪资计提、发放凭证

22. 基础环境及设备选项工具

基础环境及设备	基础环境：330 平方米办公大厅
	基础环境：500 平方米办公大厅
	基础环境：会议室
	基础环境：休息室
	基础环境：茶水间
	基础环境：档案室
	基础环境：绩效看板
	基础环境：经理办公室
	办公设备：高速扫描仪
	办公设备：打印机
	办公设备：双屏电脑显示器
	办公设备：固定电话
	办公设备：扫码枪
	办公设备：复印机
	办公设备：凭证装订机
	办公设备：碎纸机
	办公设备：电脑主机

23. 信息系统选项工具

信息系统	信息系统：项目管理系统
	信息系统：财务核算系统
	信息系统：资金结算系统
	信息系统：债权债务系统
	信息系统：供应商协同系统
	信息系统：工资管理系统
	信息系统：银企直联系统
	信息系统：网上报销系统
	信息系统：工作流系统
	信息系统：影像扫描系统
	信息系统：共享服务系统
	信息系统：档案管理系统
	信息系统：异构系统集成

24. 运营管理制度选项工具

运营管理制度	运营管理制度：FSSC 标准化管理办法
	运营管理制度：FSSC 服务管理办法
	运营管理制度：FSSC 时效管理办法
	运营管理制度：FSSC 组织管理办法
	运营管理制度：FSSC 质量管理办法
	运营管理制度：FSSC 现场管理办法
	运营管理制度：FSSC 培训管理办法

2.3 沙盘模拟企业背景概述

2.3.1 S 集团简介

2.3.1.1 S 集团背景介绍

S 集团有限公司成立于 1999 年，是国内最具实力、最具规模的大型建设集团之一。2015 年，公司营业收入达 412 亿元，连续 9 年入选中国 500 强企业。

公司业务涵盖工程施工、设计、装备制造、资本运营、房地产开发等领域。其中，建筑工程承包是公司的核心及传统业务，业务种类覆盖铁路、公路、城市交通、水利水电、房屋建筑、桥梁等多个领域。目前，公司已经从以施工承包为主发展成为集科研、规划、设计、施工、监理能力为一体的较为完善的行业产业链，并且具备为业主提供一站式服务能力的大型建筑工程综合承包商。

公司旗下子公司众多，通过各地子公司为全国各省、自治区、直辖市提供建筑工程承包及其他服务，并在非洲、亚洲、南美洲等海外国家及地区参与基础设施建设。S 集团总部设立在中国上海，下辖 10 个全资子公司，集团现有正式员工约 19 000 人。

当前，S 集团财务组织结构为“集团—公司—项目部(独立核算的非法人实体)”三层级管理结构，项目部下设财务部、人事部、行政部等相关部门。S 集团财务部是负责公司资产管理、财务风险管理、资金管理、融资管理、财务分析、会计核算、税务管理、报表编制等工作的职能部门，同时负责指导子公司的财务管理工作。子公司实行独立核算，财务部内部一般设置会计核算、报表编报、资金管理、税务管理等岗位。

从S集团自身业务特征来看，具有项目核算单位较小、业务单一、成本类业务笔数少但费用和支付类业务笔数多的典型特征。

2.3.1.2 S集团子公司简介

S集团共有10个全资子公司，其中公司A、公司B、公司C、公司D、公司E分布在国内，主要经营范围是工程设计和施工，其他5个子公司分布在海外。由于地域及准则等因素的差异性，在初期建设财务共享中心时，暂不考虑海外公司。现将国内5个子公司概况介绍如下。

公司A总部位于上海市，在建工程项目110余个，施工队伍分布在全国及南非等海外地区。公司A员工总数约3000人，从事财务岗位的工作人员约360人，收入49亿元，利润2.53亿元。

公司B总部位于杭州市，在建工程项目90余个，施工队伍分布在全国及南美等海外地区。公司B员工总数约1800人，从事财务岗位的工作人员约287人，收入32亿元，利润1.44亿元。

公司C总部位于武汉市，在建工程项目70余个，施工队伍分布在全国及欧洲等海外地区。公司C员工总数约2200人，从事财务岗位的工作人员约230人，收入29亿元，利润1.02亿元。武汉市教育资源丰富、人力成本相对较低。

公司D总部位于济南市，在建工程项目60余个，施工队伍分布在全国及欧洲等海外地区。公司D员工总数约1560人，从事财务岗位的工作人员约200人，收入17.9亿元，利润0.72亿元。

公司E总部位于长沙市，在建工程项目50余个，施工队伍分布在全国各地。公司E员工总数约950人，从事财务岗位的工作人员约170人，收入9.7亿元，利润0.22亿元。

2.3.1.3 S集团组织架构示意图

S集团的组织架构如图2-5所示。

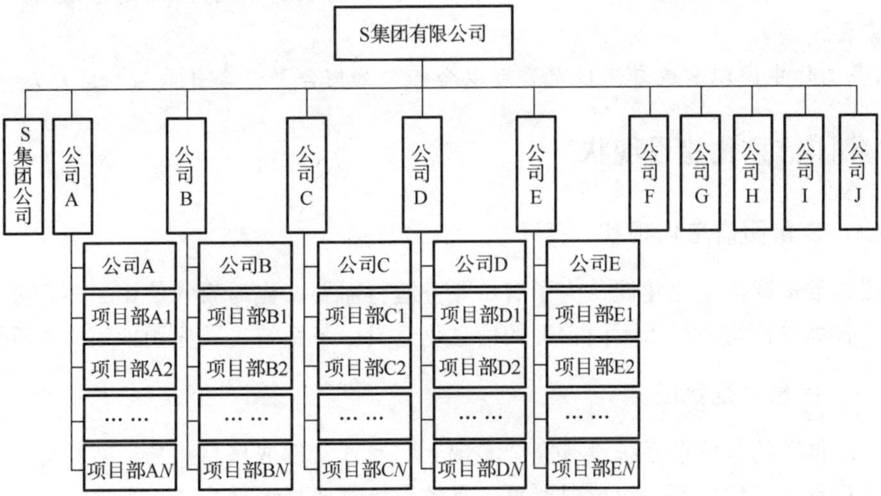

图2-5 S集团组织架构图

2.3.1.4 S 集团财务体系架构示意图

S 集团财务体系架构如图 2-6 所示。

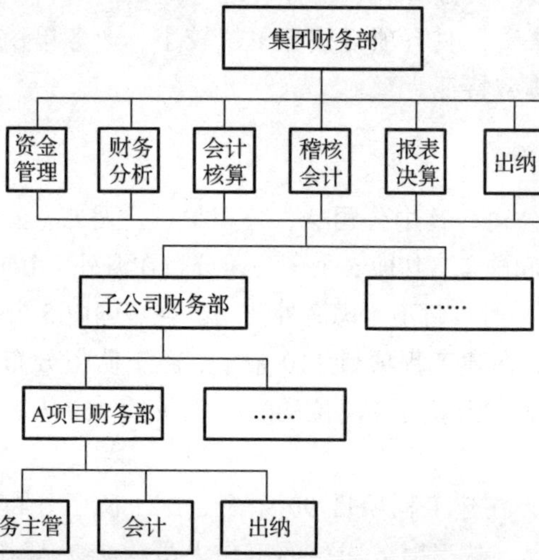

图 2-6 S 集团财务体系架构图

思考题

(1)企业规模与财务管理存在什么关系？财务管理如何更好地支撑集团的发展？

(2)不同的集团在财务管理方面为什么存在差异？这些差异是否可以统一？如何统一？

(3)不同层级的财务部门如何配合工作？如出现分歧，如何处理最为合适？

(4)在集团内，效益好的企业与效益差的企业如何平衡发展？

(5)大型企业集团存在哪些组织架构模式？各自的特点是什么？请分别列举行业代表。

(6)企业发展的不同阶段与组织架构之间的关系是怎样的？举例说明通过调整企业组织架构加快企业发展的案例。

(7)财务部门在企业中的主要作用是什么？在企业发展的不同阶段，财务组织如何适应企业发展的需要？

(8)财务工作中的职责或者岗位是否可以合并？如何合并？合并前后的区别是什么？

2.3.2 S 集团信息化建设现状

2.3.2.1 S 集团信息化现状

S 集团非常重视信息化建设，为了满足业务运行需要，先后投入使用了多个业务系统。集团总部、各级单位均进行了不同程度的信息化建设。各系统主要应用如表 2-4 所示。

2.3.2.2 信息系统集成

当前，S 集团的各信息系统没有完全实现互联互通，形成信息孤岛；数据标准不一致，导致信息多口录入、信息不一致情况严重，具体系统集成情况如表 2-5 所示。

表 2-4　S 集团系统应用情况

单位名称 / 信息系统	公司 A	公司 B	公司 C	公司 D	公司 E
总账管理	财务凭证生成、复核、记账，实现财务信息集中管理	财务凭证生成、复核、记账，实现财务信息集中管理	财务凭证生成、复核、记账，实现财务信息集中管理	财务凭证生成、复核、记账，实现财务信息集中管理	财务凭证生成、复核、记账，实现财务信息集中管理
报表管理	企业财务报表生成	企业财务报表生成	企业财务报表生成	企业财务报表生成	企业财务报表生成
网上报销系统	实现企业对公、对私业务的费用报销	实现企业对公、对私业务的费用报销	实现企业对公、对私业务的费用报销	实现企业对公、对私业务的费用报销	实现企业对公、对私业务的费用报销
资金管理	管理集团账户体系、结算、信贷融资、票据、利息、内部网银、资金预算与计划	——	管理集团账户体系、结算、信贷融资、票据、利息、内部网银、资金预算与计划	管理集团账户体系、结算、信贷融资、票据、利息、内部网银、资金预算与计划	——
银企直联	实现企业内部资金系统与商业银行网银系统的链接	——	实现企业内部资金系统与商业银行网银系统的链接	实现企业内部资金系统与商业银行网银系统的链接	——
人力资源系统	管理人员档案信息、合同信息、培训信息、薪资等	管理人员档案信息、合同信息、培训信息、薪资等	管理人员档案信息、合同信息、培训信息、薪资等	管理人员档案信息、合同信息、培训信息、薪资等	管理人员档案信息、合同信息、培训信息、薪资等
供应商协同平台	实现供应商自助对账、开票管理、提供结算自助查询等功能	——	实现供应商自助对账、开票管理、提供结算自助查询等功能	实现供应商自助对账、开票管理、提供结算自助查询等功能	——
项目管理系统	管理项目现场材料收发情况	管理项目现场材料收发情况	管理项目现场材料收发情况	管理项目现场材料收发情况	管理项目现场材料收发情况
债权债务系统	记录债权债务的形成、变化、收款等过程	记录债权债务的形成、变化、收款等过程	记录债权债务的形成、变化、收款等过程	记录债权债务的形成、变化、收款等过程	记录债权债务的形成、变化、收款等过程

表 2-5　S 集团系统集成情况

	公司 A	公司 B	公司 C	公司 D	公司 E
各系统集成情况	所有系统实现集成	实现债权债务系统与总账管理系统之间的集成	实现项目管理系统、债权债务系统与总账管理系统之间的集成	实现项目管理系统、债权债务系统、资金系统与总账管理系统之间的集成	实现债权债务系统与总账管理系统之间的集成

思考题

(1)信息化对企业管理有哪些帮助？管理信息化建设的难点是什么？

(2)财务管理信息化一般包含哪些内容？哪一块业务信息化最难？

(3)异构系统间的信息通信如何处理？

2.3.3　S 集团财务管理现状及需求

2.3.3.1　财务管理现状

1. 财务管理信息化程度不高

建筑行业由于其独特的生产经营模式而带来地域广泛、财务主体不唯一等问题。财务信息化建设需要克服网络、复杂的管理层级等多种问题。建筑施工类项目多有因地处深山、远离城镇而导致的互联网覆盖难度大、网络设备维护难度大等特点。有些海外项目无法在当地搭建信息系统，也无法连接到国内的网络环境，使得许多管理需求无法得到信息化的有效支撑。

2. 管控难度大

S 集团的核算单位遍布全国各地，管理地域跨度大、管理层级多，增加了管理难度和风险，公司总部、子公司难以及时、准确地掌握基层单位的财务状况和经营成果，会计信息质量水平不一，使得管控风险较高、财务资源闲置。

另外，基于建筑企业的特色，S 集团项目部是最小的管理单元，常常与总部不在一个地区，数量多、分布广且流动性大，由于受到机制、手段、距离的制约，企业管理层对项目财务监管的难度相对较大。总部虽然制定了详细的规章制度，也实行了财务委派制和过程审计，但是仍然存在管理层面无法了解的情况。部分项目出现超权限范围审批、超制度规定采购、超工程清单计价、超合同条件付款等现象，甚至存在少数项目经理独揽财权，项目财务总监监管乏力的情况。

3. 资金集中程度不高

因为属地结算、业主监管等原因，S 集团存在银行账户数量众多、资金相对分散、资金集中难度大的问题。整个集团的银行账户数量超过 5000 个，分布在全国各地。资金集中、远程监控是一个很大的难题，仅银企直联一项工作就要花费大量的成本和人力。总部只能通过邮寄银行对账单、定期检查、事后审计等方式进行远程监管，无法有效地提高资金集中度，规避项目资金风险。

4. 财务人员紧缺

随着 S 集团的经营规模迅速扩张，各专业的人力资源非常紧缺。项目数量快速增加，各地财务部的财务人员均出现短缺现象。许多新入职的财务人员迅速走上了财务主管的岗位，由于缺乏社会阅历及岗位经验积累，财务风险意识较差，导致部分项目出现会计基础工作薄弱、企业制度执行不力、财务质量不高、内控把关不严、资产与账目不符等现象。

2.3.3.2 企业发展的内在要求

S 集团从所处行业财务管理存在的普遍问题及企业自身背景出发，做出了实施财务共享的战略选择。这既是企业“做大做强”的自身需求，也与国资委“管理提升”活动、风险内控体系建设的要求相契合，是企业补齐管理短板、加快转型升级、实现健康持续发展的必由之路。

在企业快速扩张的情况下，通过财务共享中心的建立，可以由共享中心集中处理记账、支付、报表等基础性工作，一方面可以减少派驻项目部财务人员的数量，节约成本；另一方面可以加强项目现场管控能力，降低企业经营风险。

根据 S 企业集团自身管理情况，集团董事会决定将差旅费报销、应收与应付、工资发放等几类业务纳入本次共享中心建设中。从而实现：

(1)统一及完善整个集团各类业务的相关制度，实现对该类业务的事前和事后控制；

(2)建立整个集团统一的财务核算流程，实现整个集团对各类业务核算的规范化、标准化；

(3)实现各类业务财务核算集中处理，降低人力成本；

(4)提高各类业务财务处理的效率及质量，提升员工满意度。

2.3.3.3 主要业务管理目标

S集团期望通过财务共享中心的建设，对诸多业务中的差旅费报销、应收核算及收款结算、应付核算及付款结算和工资四类业务实现如下精细化管理目标。

1．费用报销业务

(1)制度方面

① 实现差旅费与交通费精细化管理，统一差旅费用报销范围。

② 统一差旅费报销核算涉及的相关科目设置。

③ 加强差旅费管控，严控费用执行。

④ 加强出差借款管理，根据“还款优先费用报销”原则进行账务处理。

⑤ 在差旅费报销时，一定程度上降低通过银行支付的手续费。

⑥ 依据权责发生制原则，保障每个月差旅费开支账务处理的真实性。

⑦ 提高员工对差旅费报销的满意程度。

(2)流程方面

① 统一差旅费报销审批流程及相关要求。

② 统一差旅费报销过程中的表单样式，便于统一采购纸张，节约成本。

③ 降低因原始单据稽核不通过，需要重新报销的返工率。

④ 在不降低报销效率的前提下，提升相关领导对差旅费报销相关实物单据的监控程度。

⑤ 提高会计档案保管效率，降低档案保管成本。

⑥ 通过财务共享中心中差旅费报销业务相关岗位及角色的规划,达到资源的合理及优化配置。

⑦ 将差旅费报销流程中部分业务环节纳入共享中心，实现业务集中处理，在效率、成本及风险管控等方面得到一定程度的优化提升。

2．应收核算及收款结算业务

(1)制度方面

① 集团范围内整合及统一与财务核算相关的基础数据,确保集团范围内财务核算基础数据的准确性和唯一性，保证后期财务数据统计口径保持一致。

② 集团范围内统一应收核算结账时点，实现流程流转的标准化及规范化。

③ 集团范围内按权责发生制原则规范应收工程款入账依据,保障各会计期间核算内容准确无误。

④ 集团范围内应收核算及结算等财务凭证通过系统自动生成，提升入账效率，减少人工干预，降低错单风险。

⑤ 集团范围内统一收款方式及收款流程，尽量规避现金收款，规范收款业务，优化收款流程。

⑥ 建立集团统一的信用评估体系，统一管理信用政策及信用档案，强化对应收工程款的事前控制。

⑦ 建立集团统一的坏账政策，统一账龄分析方法，合理设置计提比例，客观真实地反映应收工程款实际情况。

(2)流程方面

① 细化应收入账业务内容及步骤，合理区分应收入账及暂估应收入账业务，实现集团范围内应收核算处理的规范化及标准化。

② 规范债权确认及债权核销的管理，实现集团范围内债权业务处理的规范化及标准化。

③ 明确各个流程环节责任分工，明确业务经办人员、财务稽核人员及出纳人员的职责分工及目标，降低责任风险。

④ 提高会计档案保管效率，降低档案保管成本。

⑤ 通过财务共享中心中应收与收款业务相关岗位及角色的规划，达到资源的合理及优化配置。

⑥ 将应收与收款业务流程中部分业务环节纳入共享中心，实现业务集中处理，在效率、成本及风险管控等方面得到一定程度的优化提升。

3．应付核算及付款结算业务

(1)制度方面

① 集团范围内整合及统一与财务核算相关的基础数据，确保集团范围内财务核算基础数据的准确性和唯一性，保证后期财务数据统计口径保持一致。

② 集团范围内统一核算及结算环节各时点，实现流程流转的标准化及规范化。

③ 规范集团范围内的付款方式，控制并减少现金付款业务。

④ 集团范围内应付核算及结算等财务凭证通过系统自动生成，提升入账效率，减少人工干预，降低错单风险。

⑤ 集团范围内的对外付款信息实现系统内的流转及控制，减少人工干预，降低错单风险，降低资金管控风险。

(2)流程方面

① 规范发票入账及发票暂估业务的管理，实现集团范围内发票核算处理的规范化及标准化。

② 规范应付及结算业务核算步骤，清晰区分入账及结算业务的核算环节，降低往来对账的难度，依据权责发生制原则，对实际发生的采购业务及时入账，保障各会计期间核算内容准确无误。

③ 规范债务确认、暂估债务及债务核销的管理，实现集团范围内债务业务处理的规范化及标准化。

④ 规范公司对各项目部的资金控制，降低企业资金付款风险。

⑤ 加强应付与付款业务报账环节的内部控制，降低业务风险及账务处理的错误率，提升报账业务质量及报账效率。

⑥ 明确各个流程环节责任分工，明确业务经办人员、财务稽核人员及出纳人员的职责分工及目标，降低责任风险。

⑦ 提高会计档案保管效率，降低档案保管成本。

⑧ 通过财务共享中心中应付与付款业务相关岗位及角色的规划，达到资源的合理及优化配置。

⑨ 将应付与付款业务流程中部分业务环节纳入共享中心，实现业务集中处理，在效率、成本及风险管控等方面得到一定程度的优化提升。

4．工资业务

(1)制度方面

① 实现工资费用计提精细化管理，统一工资核算涉及的相关科目设置。

② 统一工资发放人员类别。

③ 统一工资包含内容及每项工资内容对应的管理要求。

④ 加强考勤管理，实现工资发放与考勤记录紧密关联。

⑤ 在工资发放时，一定程度上降低银行代发的手续费。

⑥ 提高员工对工资发放的满意程度。

(2)流程方面

① 统一工资发放审批流程及相关要求。

② 统一工资发放过程中使用的表单样式，便于统一采购纸张，节约成本。

③ 加强工资费用管控，严控费用执行。

④ 加强工资相关信息的保密性，保证薪资资料不泄露。

⑤ 在不降低工资发放效率的前提下，提升相关领导对工资发放相关实物单据的监控程度。

⑥ 提高会计档案保管效率，降低档案保管成本。

⑦ 通过财务共享中心中工资业务相关岗位及角色的规划，达到资源的合理配置。

⑧ 将工资业务流程中部分业务环节纳入共享中心，实现业务集中处理，在效率、成本及风险管控等方面得到一定程度的优化提升。

思考题

(1)企业发展与财务组织体系建设的关系如何处理？

(2)大型集团在财务管理方面的制度差异如何影响整体运营与管理？

(3)财务人员的主要职责有哪些？如何才能充分发挥财务人员在企业发展中的作用？

2.4 沙盘模拟企业业务流程概述

S 集团各下属子公司的差旅费报销、应收核算及收款结算、应付核算及付款结算和工资四类业务的业务流程现状概述如下。

2.4.1 费用报销业务流程

2.4.1.1 管理制度

依据公司 A、B、C、D、E 的差旅费管理规定，部分管理制度要求如下。

1．报销范围

公司 A：

差旅费报销范围中包括所有员工因公异地出差、学习培训等发生的市内交通费、乘机费、车船费、住宿费、出差补助等费用，其中市内交通费包括出租车打车费、地铁费、机场巴士费、公交车费等。

差旅费报销在账务处理时，均使用“差旅交通费”一个科目进行核算，未进行细化。

公司 B、C、D、E：

差旅费报销范围中不包括员工因公出差而辅助发生的市内交通费，交通费报销流程单独执行。

差旅费报销在账务处理时，均使用“差旅费”科目进行核算，而辅助发生的市内交通费则使用“交通费”科目进行核算，从而实现费用精细化管理。

2．填报时间

公司 A：

为了真实反映每个月的差旅费开支情况，要求员工在出差返回 10 个工作日内办理报销手续。

公司 B、C、D、E：

要求员工在出差返回后尽快办理报销手续，但是没有明确的时间规定。

3．住宿标准

公司 A、C、D、E：

按照一类、二类、三类地区分类设定不同的住宿标准，员工应在此标准限额内进行报销，具体的地区分类及住宿标准如表 2-6 所示。

表 2-6　公司 A、C、D、E 地区分类及住宿标准

<table>
<tr><th>公司</th><th>一类地区</th><th>二类地区</th><th>三类地区</th><th>地区分类说明</th></tr>
<tr><td>公司 A</td><td>500 元/人·天</td><td>400 元/人·天</td><td>300 元/人·天</td><td rowspan="4">一类地区：北京、上海、广州、深圳、厦门、杭州、苏州、南京
二类地区：非一类地区的各省会城市、直辖市(天津、重庆)及计划单列市(大连、青岛、宁波)
三类地区：其他地区</td></tr>
<tr><td>公司 C</td><td>400 元/人·天</td><td>300 元/人·天</td><td>200 元/人·天</td></tr>
<tr><td>公司 D</td><td>350 元/人·天</td><td>300 元/人·天</td><td>250 元/人·天</td></tr>
<tr><td>公司 E</td><td>300 元/人·天</td><td>250 元/人·天</td><td>200 元/人·天</td></tr>
</table>

公司 B：

按照特别地区、省会城市、其他地区分类设定不同的住宿标准，具体的地区分类及住宿标准如表 2-7 所示。

表 2-7　公司 B 地区分类及住宿标准

公司	特别地区	省会城市	其他地区	地区分类说明
公司 B	400 元/人·天	350 元/人·天	250 元/人·天	特别地区：北京、上海、广州、深圳、厦门、杭州、苏州、南京、天津、重庆、大连、青岛、宁波 省会城市：指各省会城市 其他地区：指上述两类以外的地区

4．出差补助

A、B、C、D、E 五个公司按照出发时间、到达时间、出差地区等不同内容设定不同的出差补助标准，员工应在此标准限额内进行报销，具体的出差补助标准如表 2-8 所示。

表 2-8　出差补助标准

<table>
<tr><th>公司</th><th>补助标准</th><th>出差补助说明</th></tr>
<tr><td>公司 A</td><td>不得超过标准限额 200 元/人·天</td><td>在不超过 200 元/人 · 天限额下，公司 A 各下属单位可根据自身情况，自行规定出差补助标准</td></tr>
<tr><td>公司 B</td><td>100 元/人·天</td><td>12:00 以后从常驻地出发（或 12:00 以前返抵常驻地）以半天计算，12:00 以前从常驻地出发（或 12:00 以后返抵常驻地）以一天计算</td></tr>
<tr><td>公司 C</td><td>一类地区：150 元/人·天
二类地区：100 元/人·天
三类地区：80 元/人·天</td><td rowspan="2">一类地区：北京、上海、广州、深圳、厦门、杭州、苏州、南京。
二类地区：非一类地区的各省会城市、直辖市（天津、重庆）及计划单列市（大连、青岛、宁波）
三类地区：其他地区
12:00 以后从常驻地出发（或 12:00 以前返抵常驻地）以半天计算，12:00 以前从常驻地出发（或 12:00 以后返抵常驻地）以一天计算</td></tr>
<tr><td>公司 D</td><td>一类地区：120 元/人·天
二类地区：100 元/人·天
三类地区：80 元/人·天</td></tr>
<tr><td>公司 E</td><td>80 元/人·天</td><td>出发和到达当天均按整天计算</td></tr>
</table>

5．出差借款

A、B、C、D、E 五个公司员工因公出差而发生个人借款时，相关要求如下：

公司 A：

借款额度上限为 8000 元/次，借款未还者原则上不得再次借款，出差返回 15 个工作日内需办理还款手续，逾期未还者从工资中扣回，差旅费报销与还款执行不同的结算流程，报销时不得直接冲销借款。

公司 B：

借款额度上限为 5000 元/次，借款未还者原则上不得再次借款，在差旅费报销时需先冲销借款，再将多余的款项进行报销。

公司 C：

借款额度上限为 4000 元/次，借款未还者原则上不得再次借款，在差旅费报销时需先冲销借款，再将多余的款项进行报销。

公司 D、E：

借款额度上限为 3000 元/次，借款未还者原则上不得再次借款，在差旅费报销时需先冲销借款，再将多余的款项进行报销。

6．支付时间

公司 A：

出纳人员在每周二针对所有审批与稽核都通过的差旅费报销单据进行统一结算支付。

公司 B、C、D、E：

未规定具体的支付时间，可由出纳人员每天针对所有审批与稽核都通过的差旅费报销单据进行实时结算支付。

7．支付银行

公司 A：中国建设银行

公司 B：中国建设银行

公司 C：招商银行

公司 D：招商银行

公司 E：中国工商银行

2.4.1.2 流程图

A、B、C、D、E 五个公司各单位员工的差旅费报销及核算的整体流程有所不同，公司 A 差旅费报销业务流程，如图 2-7 所示；公司 B 差旅费报销业务流程图，如图 2-8 所示；公司 C、D、E 差旅费报销业务流程图，如图 2-9 所示。

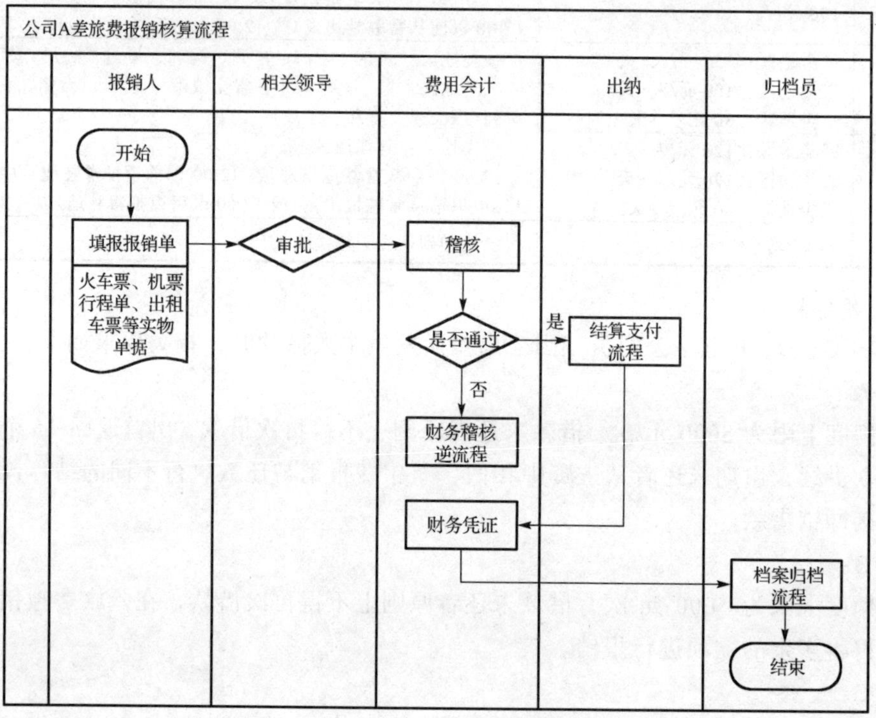

图 2-7　公司 A 差旅费报销流程图

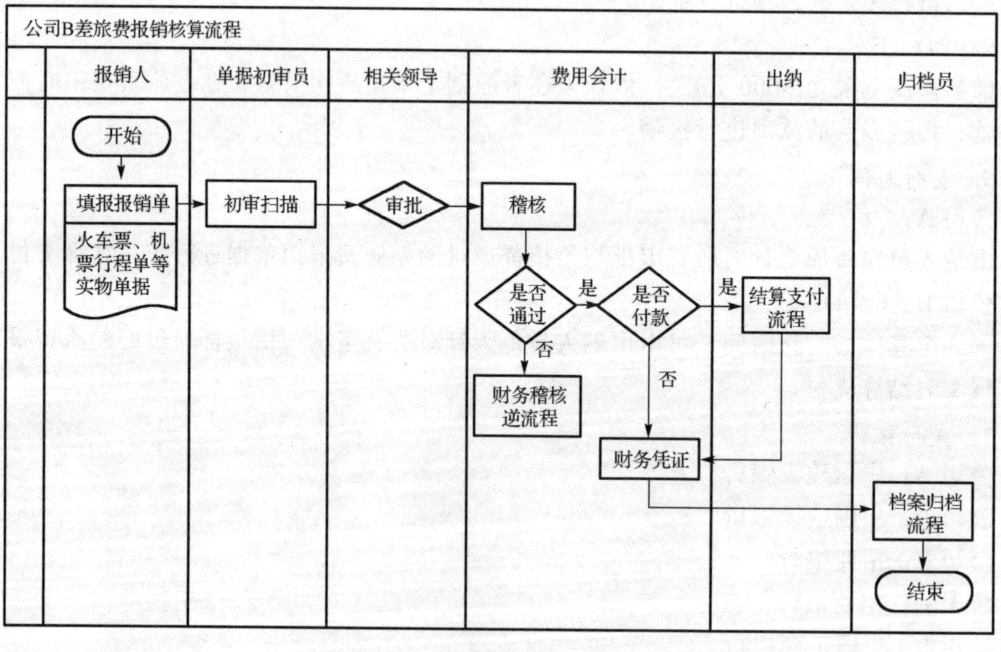

图 2-8　公司 B 差旅费报销流程图

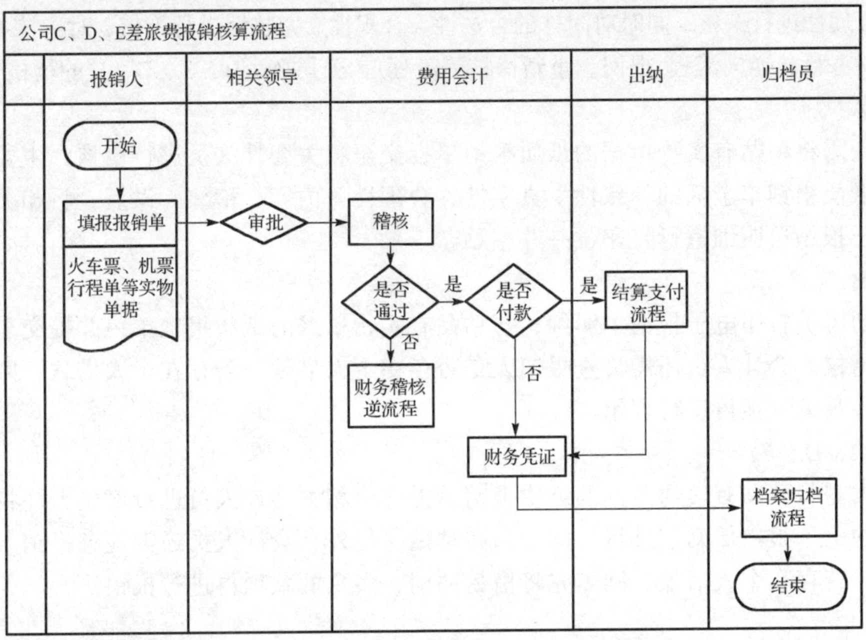

图 2-9　公司 C、D、E 差旅费报销流程图

1．填报报销单

(1)填写电子报销单

报销人在网上报销系统中需填写差旅费报销单，包括出差起止时间、起止地点、交通方式、车船费金额、住宿费金额、交通费金额等信息。若存在超公司标准报销差旅费时，公司 B、C 各单位要求员工必须在网上报销系统填制“超标准报销申请单”，需项目经理网上审批通过。公司 A、D、E 对超标准报销未进行特殊管理，实报实销。

(2)填写纸质报销单

填写电子报销单的同时，需将车票、住宿发票等实物单据粘贴至纸质报销单上，并由报销人本人签字。

2．审批

公司 A、B、C、D、E 员工差旅费报销需经相关领导审批，对业务发生的真实性、合理性、必要性进行审核，各公司的审批要求如下所述。

公司 A、D、E：

所有差旅费均需经过部门经理、项目经理二级网上审批。

公司 B：

报销人需将粘贴有实物单据的纸质报销单提交至单据初审员，由单据初审员进行初审并扫描单据上传到网上报销系统中，然后再依次经过部门经理、项目经理二级审批，可同时对电子报销单和实物单据进行审核。超标准报销申请单还需经过项目经理一级审批。

公司 C：

所有差旅费均需经过部门经理、项目经理二级网上审批。超标准报销申请单还需经过项目经理一级审批。

3．稽核

会计人员需对领导审批后的相关单据进行稽核，对电子报销单和纸质报销数据的一致性、真实性、合理性进行稽核；同时对附件的合法性、合规性、完整性进行稽核，对稽核不通过的报销单执行财务稽核逆向流程(退回、重新稽核等流程)，公司 A、B、C、D、E 的稽核要求如下。

公司 A：

报销人需将粘贴有实物单据的纸质报销单提交至相关会计人员进行稽核，主要稽核电子报销单与纸质报销单金额的一致性、真实性、合理性等内容。稽核无误后，将相关领导审批通过的电子报销单明细进行打印，一并粘贴。

公司 B：

单据初审员打印电子报销单明细，与粘贴有实物单据的纸质报销单一并提交至相关会计人员进行稽核。会计人员还需检查报销人是否存在个人借款，若存在个人借款，则需先将借款冲销，多余的款项再进行报销。

公司 C、D、E：

报销人需将粘贴有实物单据的纸质报销单提交至相关会计人员进行稽核，并将相关领导审批通过的电子报销单明细进行打印，一并粘贴。另外，会计人员还需检查报销人是否存在个人借款，若存在个人借款，则需先将借款冲销，多余的款项再进行报销。

4. 结算支付

公司 A：

出纳人员直接将稽核无误的报销单执行结算支付，完成报销人的差旅费报销流程。

公司 B、C、D、E：

会计人员稽核报销人存在借款时，在冲销借款后仍有多余的待报销金额，再由出纳人员执行结算支付。

5. 财务凭证

公司 A：

相关会计人员将已结算支付的差旅费报销业务，在总账系统中生成相应的财务凭证，会计分录如下：

借：管理费用——差旅交通费——XX 部门

　　贷：银行存款

公司 B、C、D、E：

报销人存在借款时，在冲销借款后无多余的款项需要报销的，则直接在总账系统中生成冲销个人借款业务的财务凭证，分录如下：

借：管理费用——差旅费

　　贷：其他应收款——个人业务借款

若冲销借款后仍有多余的款项，则需在总账系统中生成冲销借款和结算支付的财务凭证，分录如下：

借：管理费用——差旅费

　　贷：其他应收款——个人业务借款

　　　　银行存款

6. 会计档案归档

归档员对以上流程涉及的所有相关单据、凭证进行归档管理，具体的管理要求如下。

公司 A、B、C、D：

差旅费报销涉及的实物及电子档案均由各单位独立保管，规定财务部门可临时保管一年，再移交档案管理部进行独立保管。

公司 E：

下属单位快递实物单据至 E 公司总部进行统一管理。

2.4.1.3　流程描述

公司 A、B、C、D、E 员工差旅费报销及核算过程中涉及的输入单据、输出单据及需要关注的重点内容如表 2-9 所示。

表 2-9　差旅费报销流程描述

步骤		责任人	输入	输出	关注点
编号	名称				
01	填报	报销人	火车票、机票行程单、出租车票等实物单据	电子报销单	报销时点 超公司标准报销的处理 报销单的样式
02	初审扫描	单据初审员	粘贴有实物单据的纸质报销单	上传影像系统的实物单据信息	是否进行单据初审
03	审批	部门经理、项目经理	电子报销单、超标准报销申请单	审批通过的电子报销单、超标准报销申请单	审批流程 原始实物单据的流转、查看
04	稽核	会计人员	审批通过的电子报销单、实物单据、超标准报销申请单、个人借款明细表	审核通过的电子报销单、实物单据、超标准报销申请单	稽核流程 稽核内容
05	结算支付流程	出纳	审核通过的电子报销单	付款成功信息	结算支付的情况 支付的时点
06	财务凭证	会计人员	付款成功信息	差旅费报销财务凭证	凭证分录内容
07	会计档案归档流程	归档员	电子报销单、会计凭证及实物单据	整理成册的会计档案	档案管理模式

2.4.1.4　单据样式

差旅费报销过程中涉及的主要单据及样式，详见具体图示。

(1) 单据一：公司 A 差旅费电子报销单样式，如图 2-10 所示。

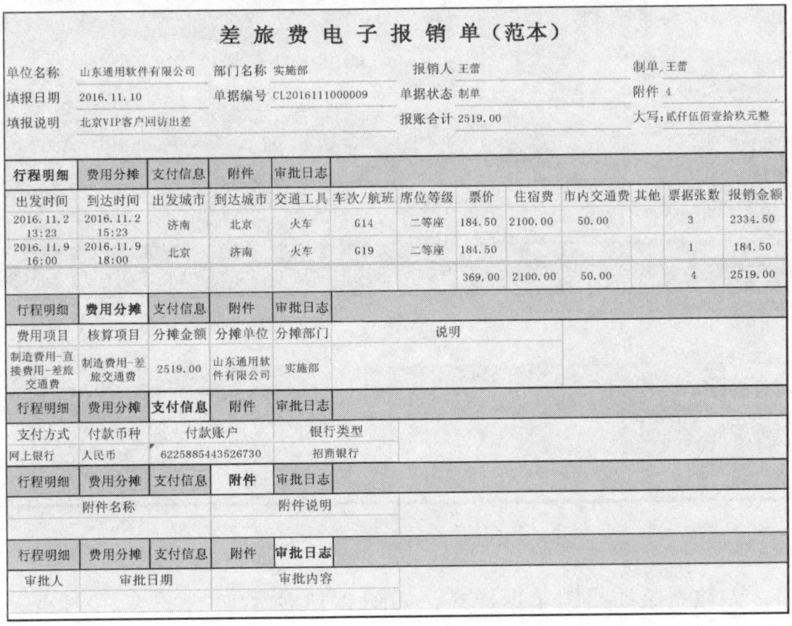
差旅费电子报销单（范本）

单位名称　山东通用软件有限公司　部门名称　实施部　报销人　王蕾　制单　王蕾
填报日期　2016.11.10　单据编号　CL2016111000009　单据状态　制单　附件　4
填报说明　北京VIP客户回访出差　报账合计　2519.00　大写：贰仟伍佰壹拾玖元整

行程明细　费用分摊　支付信息　附件　审批日志

出发时间	到达时间	出发城市	到达城市	交通工具	车次/航班	席位等级	票价	住宿费	市内交通费	其他	票据张数	报销金额
2016.11.2 13:23	2016.11.2 15:23	济南	北京	火车	G14	二等座	184.50	2100.00	50.00		3	2334.50
2016.11.9 16:00	2016.11.9 18:00	北京	济南	火车	G19	二等座	184.50				1	184.50
							369.00	2100.00	50.00		4	2519.00

行程明细　费用分摊　支付信息　附件　审批日志

费用项目	核算项目	分摊金额	分摊单位	分摊部门	说明
制造费用-直接费用-差旅交通费	制造费用-差旅交通费	2519.00	山东通用软件有限公司	实施部	

行程明细　费用分摊　支付信息　附件　审批日志

支付方式	付款币种	付款账户	银行类型
网上银行	人民币	6225885443526730	招商银行

行程明细　费用分摊　支付信息　附件　审批日志

附件名称	附件说明

行程明细　费用分摊　支付信息　附件　审批日志

审批人	审批日期	审批内容

图 2-10　公司 A 差旅费电子报销单样式

(2)单据二：公司 B、C、D、E 差旅费电子报销单样式，如图 2-11 所示。

差 旅 费 电 子 报 销 单

单位名称		部门名称		报销人		制单人	
填报日期		单据编号		单据状态		附件张数	
填报说明				报账合计		大写金额	

行程明细 | 费用分摊 | 支付信息 | 附件 | 审批日志

出发城市	出发时间	车次/航班	到达城市	到达时间	交通工具	车船/机票费	其他费用	票据张数	住宿费	发票号码	报销金额

行程明细 | **费用分摊** | 支付信息 | 附件 | 审批日志

费用类型	费用项目	核算项目	分摊金额	分摊单位	分摊部门	说明

行程明细 | 费用分摊 | **支付信息** | 附件 | 审批日志

收款人	付款货币	付款金额	支付方式	收款账号	开户银行	银行类型

行程明细 | 费用分摊 | 支付信息 | **附件** | 审批日志

附件名称	附件说明

行程明细 | 费用分摊 | 支付信息 | 附件 | **审批日志**

审批人	审批日期	审批内容

图 2-11　公司 B、C、D、E 差旅费电子报销单样式

(3)单据三：超标准报销申请单样式，如图 2-12 所示。

超 标 准 报 销 申 请 单（范本）

单位名称	山东通用软件有限公司	部门名称	实施部	申请人	王蕾	制单人	王蕾
单据日期	2016.11.10	单据编号	TS2016111000008	单据状态	制单	附件张数	1
申请说明	北京VIP客户回访出差，住宿超额申请。			申请金额	2100.00	大写金额	贰仟壹佰元

附件 | 审批日志

附件名称	附件说明
住宿发票	

附件 | **审批日志**

审批人	审批日期	审批内容

图 2-12　超标准报销申请单样式

(4)单据四：差旅费纸质报销单据样式，如图 2-13 所示。

差旅费报销单据（范本）

结算日期：2016年11月10日　　　　　　　　　　结算部门：实施部

结算人 姓名：　王蕾	项目	张数	金额	借款情况
	车船费	2	369	原借款数￥
出差事由：北京VIP客户回访出差	交通费	1	50	交回款数￥
出差天数：7	住宿费	1	2100	补付款数￥
同行人数：0	其他费用			
备 注	报销 合计￥2519.00	报销金额（大写）：贰仟伍佰壹拾玖元		

单位负责人：　　　　部门经理：　　　　稽核：　　　　报销人：王蕾

图 2-13　差旅费纸质报销单据样式

思考题

(1)哪些行业的企业差旅费用支出较多？请列举说明。

(2)差旅费报销业务是否适合纳入财务共享范围？

(3)差旅费报销制度是否可以在集团内进行统一？

(4)差旅费报销业务在财务共享建设时应如何加强管控，以降低成本与风险、提高效率？

(5)差旅费报销与员工利益切身相关，如何能提高员工满意度？

2.4.2　应收核算及收款结算业务流程

2.4.2.1　管理制度

本制度中应收工程款主要是指 S 集团国内各项目部根据建造合同，分阶段对已完工的工程项目向建设单位收取工程款的业务。其中，建设单位是指建设工程项目的投资主体或投资者，也称为业主单位或项目业主，后文中相关“业主”概念参考此描述。

依据 S 集团的应收工程款管理规定，部分管理制度有以下几点。

1．应收入账

公司 C、D：

各项目部在应收入账时，依据业主验工计量单、业主转账通知书、相关合同协议书等实物单据，对已完工项目及时确认应收工程款，并进行入账处理。

公司 A、B、E：

各项目部应收入账时，按开具的销售发票及时确认应收工程款，并进行入账处理。

2．信用管理

在信用管理方面，公司 B、C、E 各项目部由于管理方式不同，并未形成各公司层面统一的信用管理制度，主要由各项目部根据自身业务的实际情况分别进行管理。公司 A、D 则采用统一的管理制度，部分要求如下。

(1)信用等级

所有拟与各项目部产生赊销交易的业主均需要进行信用等级评定。业主信用等级分为 5 个等级：一类、二类、三类、四类、五类，具体含义如下。

一类：为优秀业主，指规模较大，信誉良好，经营情况、财务状况均较好的业主。

二类：为良好业主，指有一定规模，与公司有长期业务往来，信誉较好的业主。

三类：为中等业主，指付款情况良好，经济实力较好，信誉较好，但与公司业务往来不多的业主。

四类：为一般业主，指经营情况、付款情况一般，与公司有一定业务往来的业主。

五类：为较差业主，指有不良付款记录、信誉较差的业主。

(2)信用资料

在管理业主信用档案时，需要收集不同的信用资料，具体要求如下。

所有业主必须提交的资料：业主公司简介、章程、验资报告、产品资质证明、银行开户信息及相关保证文件。

第四、五类业主需额外提供的资料：公司土地证、房产证复印件，公司前一年度审计报告及近期财务报表、银行评级证明、所有的银行账户信息。

(3)授信策略

各项目部应根据业主的信用等级实施区别授信，确定不同的授信策略，原则上合作时间不满一年的业主不授予信用额度，具体的授信策略如表 2-10 所示。

表 2-10　公司 A、D 授信策略

信用等级	信用额度	回款期限	抵押/担保
一类	700 万以上	不超过 60 天	无
二类	500 ~ 700 万	不超过 30 天	无
三类	100 ~ 500 万	不超过 20 天	无
四类	50 ~ 100 万	不超过 10 天	与信用额度相同的抵押、担保
五类	不给予授信		

(4)业主信用有效期

各项目部应根据不同的信用等级，规定不同的信用有效期，具体要求如表 2-11 所示。

表 2-11　公司 A、D 信用有效期

信 用 等 级	信用有效期
一类	≤6 个月
二类	≤6 个月
三类	≤3 个月
四类	≤3 个月
五类	不给予授信

3．收款管理

S 集团各项目部收款账户由各项目部自行管理，所有现金、支票、汇票等货币资金原则上由各项目部出纳人员负责统一收款。特殊情况下，业务人员根据各项目部授权向业主收取的现金，应及时将现金交付给项目财务部指定的出纳收款人员。

各项目部收取业主各种款项，单次收款金额超过 10 000 元时，应通过转账方式汇入各项目部指定的账户。

任何部门或个人均不得将收到的现金存放在部门或由个人保管(最迟次日必须存银行或转交公司财务部)。

任何部门或个人不得从收到的公款中坐支现金(即不允许从收到的公款中直接支付任何形式或名目的费用)。

4．坏账政策

S 集团各项目部对应收款项均采用账龄分析法来提取坏账准备金。公司 A、B、C、D、E 各项目部的坏账政策分别如下所述。

公司 A、C：

规定各项目部在分析账龄时，以工程项目及业主维度每月进行账龄分析，账龄分析表样式如表 2-12 所示。

表 2-12　公司 A、C 账龄分析表样式

项　目	1 个月以内	1～3 月	3～6 月	6～12 月	1～3 年	3～5 年	5 年以上
XX 工程项目+XX 单位	应收金额	应收金额	应收金额	应收金额	应收金额	应收金额	应收金额
计提比例	—	—	—	5%	20%	50%	100%

根据账龄分析表定期对应收账款进行检查，按账龄区间及计提比例对应收款项初步确认坏账损失金额，同时结合信用期限、债务人的信誉和当时的经营状况等因素，确定各项应收账款项的可收回性，计提相应的坏账准备。

计提坏账后，应结合各项目部信用政策及信用档案的业主数据，对已经实际形成坏账的应收账款及时进行坏账处理并冲减，同时根据坏账情况及时调整各业主的信用等级及信用额度。

公司 B、D、E：

各项目部在分析账龄时，以业主维度按年进行账龄分析，1 年以内应收账款计提坏账比例 5%，1 ~ 2 年的应收账款计提坏账比例为 8%，2 ~ 3 年的应收账款计提坏账比例为 20%，3 年以上的应收账款计提坏账比例为 80%。

5. 结账日期

公司 B、C：各项目部的结账日期为每月 27 日。

公司 A、D、E：各项目部的结账日期为每月 25 日。

2.4.2.2　流程图

公司 C、D 应收对上计价及结算业务流程如图 2-14 所示。

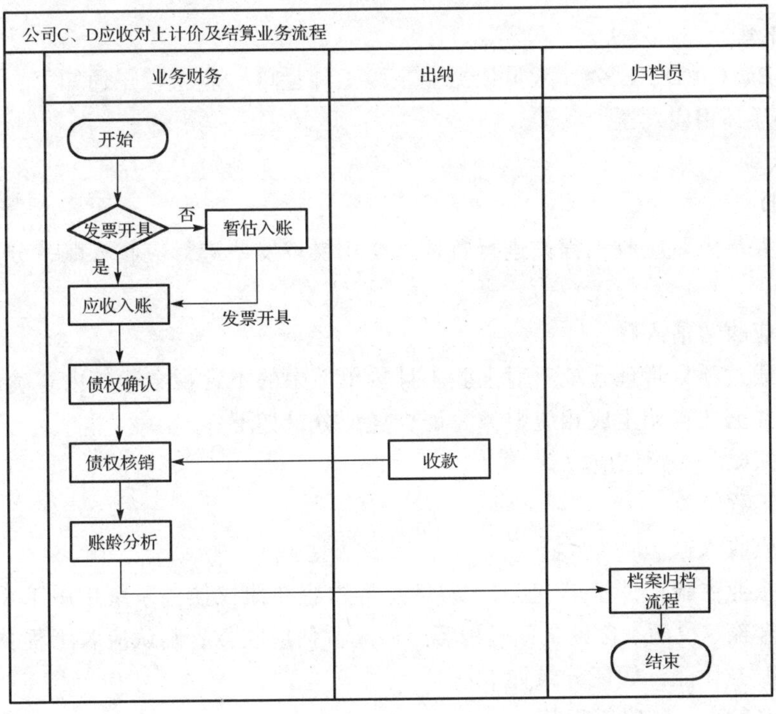

图 2-14　公司 C、D 应收对上计价及结算业务流程图

公司 A、B、E 应收对上计价及结算业务流程如图 2-15 所示。

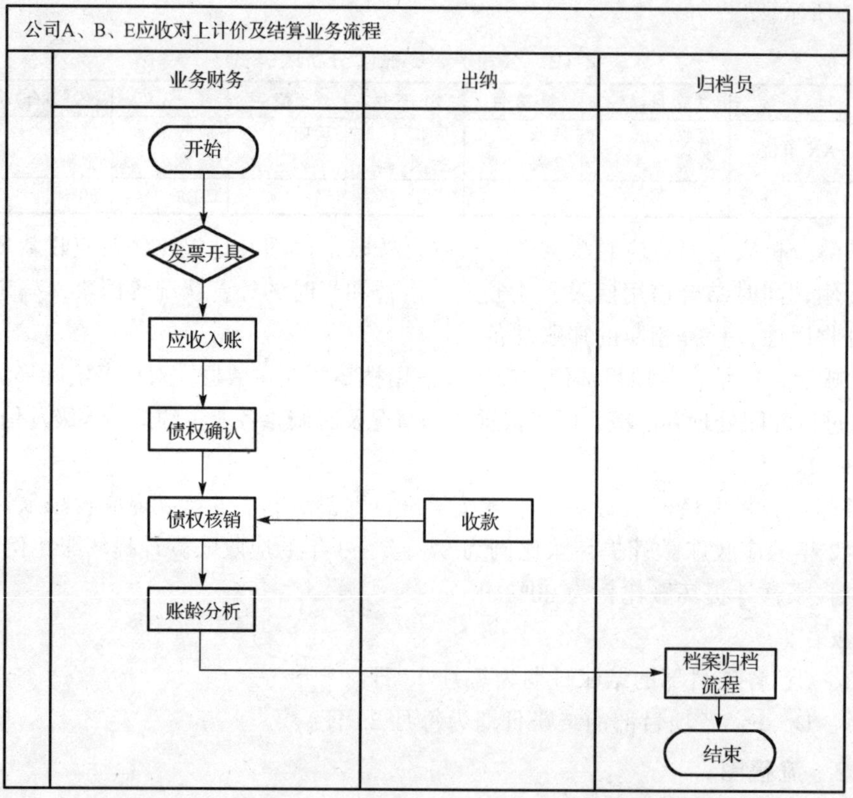

图 2-15　公司 A、B、E 应收对上计价及结算业务流程图

1．发票开具

公司 A、B、C、D、E 会计人员依据业主验工计量单、业主转账通知书、相关合同协议书等实物单据开具相应发票。

2．应收入账

公司 C、D：

要求会计人员先对应收工程款进行暂估入账，再按发票进行应收入账，分两步完成。具体流程如下。

第 1 步：应收暂估入账。

会计人员通过项目管理系统“对上验工计价单”中的不含税金额等内容确认工程结算、暂估应收款，并据此自动生成相应财务凭证，凭证分录如下：

借：应收账款——暂估应收款

　　贷：工程结算

第 2 步：应收入账。

会计人员按业主验工计量单、业主发票信息等内容在债权债务系统中手工登记债权信息，并依据不含税金额、税额、含税金额等内容，冲减暂估应收款；确认应收工程款及销项税额，自动生成相应财务凭证，凭证分录如下：

借：应收账款——应收工程款

贷：应收账款——暂估应收款

应交税费——应交增值税——销项税额

公司 A、B、E：

要求当月已验收完工项目必须当月开具相关发票，并由会计人员按业主验工计量单、业主发票信息等内容在债权债务系统中手工登记债权信息，并依据不含税金额、税额、含税金额等内容自动生成相应财务凭证，凭证分录如下：

借：应收账款——应收工程款

贷：工程结算

应交税费——应交增值税——销项税额

3．债权确认

公司 A、B、C、D、E 各项目部在债权确认环节，由会计人员按业主验工计量单、业主发票信息等内容在债权债务系统中手工登记债权信息。

4．收款

公司 A、C、D：

出纳人员依据收款详细信息，若有电子回单，则在资金管理系统内引入回单自动登记收款；若无电子回单，则在资金系统内手工登记收款，并由会计人员在系统中自动生成收款凭证，凭证分录如下：

借：银行存款

贷：应收账款——应收工程款

公司 B、E：

出纳人员依据收款详细信息，通过 Excel 手工登记收款单据，由会计人员手工制作收款凭证，凭证分录如下：

借：银行存款

贷：应收账款——应收工程款

5．债权核销

公司 A、D：

会计人员根据资金系统内收款信息自动核销业主债权信息，并生成相关业主的账龄分析。

公司 B、C、E：

会计人员根据收款单据等信息，对业主债权情况人工核销，并生成相关业主的账龄分析。

6．账龄分析

公司 A、C：会计人员依据更新后的债权信息按月出具各自的账龄分析表。

公司 B、D、E：会计人员依据更新后的债权信息按年出具各自的账龄分析表。

7．会计档案归档

S 集团各项目部对以上流程涉及的票据、凭证进行归档管理。

2.4.2.3 流程描述

S 集团应收与收款业务核算过程中涉及的输入单据、输出单据及需要关注的重点内容如表 2-13 所示。

表 2-13　应收与收款业务流程描述

步骤		责任人	输　入	输　出	关 注 点
编号	名称				
01	发票开具	会计人员	业主验工计量单、业主转账通知书、相关合同协议书等实物单据	销售发票	——
02	应收入账	会计人员	业主验工计量单、业主转账通知书、相关合同协议书、销售发票等实物单据	应收暂估入账、应收入账	应收入账是否分两步 凭证生成方式
03	债权确认	会计人员	业主验工计量单、销售发票等	更新债权信息	——
04	收款	项目出纳	收款信息或银行回单	收款单	收款单据登记方式 凭证生成方式
05	债权核销	会计人员	收款单、债权信息	更新的债权信息	债权核销的方式
06	账龄分析	会计人员	更新的债权信息	账龄分析表	坏账分析的维度 坏账计提周期 信用政策
07	会计档案归档流程	归档员	会计凭证及实物单据	整理成册的会计档案	档案管理模式 结账日期

2.4.2.4　单据样式

应收与收款业务过程中涉及的主要单据及样式，详见如下图示。

(1)单据一：工程承包合同登记单样式，如图 2-16 所示。

工 程 承 包 合 同 登 记 单(范本)

合同编号:	MCNCSK-CXJG-SG	编制日期:	2016/3/2	工程类别:	铁路
编制人:	王金虎	工程名称:	新建京华至十堰铁路三峡至十堰段	发包人:	京华城际铁路有限责任公司
发包方企业性质:	国有企业	承包人:	华十铁路9标项目经理部	项目名称:	新建京华至十堰铁路三峡至十堰段HSSG-4标段
合同总造价:	5,738,764,432.00	合同分类:	工程承包合同	签约日期:	2016/3/1
总造价大写:	伍拾柒亿柒仟叁佰捌拾肆万肆仟肆佰叁拾贰元整			合同订立年份:	2015年
合同开工日期:	2016/4/1	合同竣工日期:	2019/12/30	工期:	1365天
类型:	工程承包合同	合同计价形式:	固定总价	承包模式:	C
争议解决方式:	调解、诉讼	工程款支付方式:	有预付款	地域:	京华

附件

清单名称	清单类型	编制日期	清单合价	备注
新建京华至十堰铁路三峡至十堰段HSSG-4标复核清单	复核清单	2016/2/2	5,738,764,589.00	
新建京华至十堰铁路三峡至十堰段HSSG-4标工程量清单	中标清单	2016/2/1	5,738,764,432.00	

图 2-16　工程承包合同登记单样式

(2)单据二：业主验工计量单样式，如图 2-17 所示。

CB29 **业主验工计量单**

（承包[2016] 计量01号）

合同名称：XX工程

（九标段：XX工程） 合同编号：MCNCSK-CXJG-SG

致：XX监理公司

我方按施工合同约定，在XX年XX月XX日至2016年11月8日共完成了35个工序/单元工程的施工，其工程质量已经检验合格，并对工程量进行了计量测量。现提交测量结果，请贵方核准。

承 包 人：XX公司

XX公司XX项目经理部

项目经理：

日 期：2016年11月8日

序号	项目名称	合同价号	单价（元）	单位	申报工程量	监理核准工程量	备注
1	**第一部分 建筑工程**	一					
2	**大坝工程**	（一）					
3	**坝顶工程**	（二）					
4	**上游坝坡整治**	1					
5	弃土挖运1km	2	14.4	m^3	3224.6		
6	弃土挖运50m（运至围堰）	3	12.61	m^2	1814.4		
7	坝坡粘土斜墙填筑机械压实（利用溢洪道弃土运200m）	4	16.7	m^3	1219.8		
8	**下游坝坡整治**	1					
9	坝坡表层土清除（运1km）	2	13.63	m^3	3521.14		
10	坝坡整平蛙夯夯实（利用溢洪道弃方运200m）	3	6.87	m^3	727.4		
11							
12							
13							
14							
15							
	附件：计量测量资料						

（核准意见）

监理机构：XX监理公司监理部

监理工程师：

日 期： 年 月 日

说明：本表一式4份，由承包人填写。监理机构核签后，承包人2份，监理机构、发包人各1份，作为当月已完工程量汇总表的附件使用。

图 2-17 业主验工计量单样式

(3) 单据三：支付申请书样式，如图 2-18 所示。

CB31　　　　　　**工程价款月支付申请书**

（承包[2016] 11月付09-001号）

合同名称：XX项目
（九标段：XX工程）　　　　　　　　合同编号：MCNCSK-CXJG-SG

致：XX监理公司XX监理部 现申请支付 2016 年8 月工程价款金额共计（大写）壹佰叁拾万叁仟玖佰捌拾伍元肆角柒分(小写 303 985.47元)，请贵方审核。 附表： 1、工程价款月支付汇总表。 2、已完工程量汇总表。 3、合同单价项目月支付明细表。 承 包 人：XX公司 项目部 项目经理： 日　　期：2016年11月8日
审核后，监理机构将另行签发月付款证书。 监理机构：XX监理公司XX监理部 签 收 人： 日　　期：2016年　　月　　日

说明：本申请书及附表一式 4 份，由承包人填写。监理机构审签后，作为支付证书的附件报送发包人批准。

图 2-18　支付申请书样式

(4)单据四：业主转账通知书样式，如图 2-19 所示。

CB32　　　　　　**业主转账通知书**

（监理[2016]11月付9-001号）

合同名称：XX项目
（九标段：XX工程）　　　　　　　　合同编号：MCNCSK-CXJG-SG

致：XX发包方项目办公室 经审核XX公司XX项目部工程价款月支付申请书（承包[2016]11月付9-001号），本月应支付给承包人的工程价款金额共计为（大写）壹佰叁拾万叁仟玖佰捌拾伍元肆角柒分，(小写 1 303 985.47元)。 根据施工合同约定，请贵方在收到此证书后的 14 天之内完成审批，将上述工程价款支付给承包人。 附件：1.月支付审核汇总表。 监理机构：XX监理公司XX监理部 项目部 总监理工程师： 日　　期：2016年11月8日

说明：本证书一式 4 份，由监理机构填写。发包人、监理机构各1份，承包人2份。办理结算时使用。

图 2-19　业主转账通知书样式

(5)单据五：对上验工计价报表样式，如图 2-20 所示。

对 上 验 工 计 价 报 表

单位名称：XX项目　　　　编制日期：　　　　单位：元

序号	工程项目内容及费用名称	计量单位	建设单位批复计价情况										
			工程数量			中标单价/变更单价	合同价	本期完成		本年完成		开累完成	
			中标清单	变更清单	合计			数量	合价	数量	合价	数量	合价
1													
2													
3													

图 2-20　对上验工计价报表样式

(6)单据六：建筑行业统一销售发票样式，如图 2-21 所示。

建 筑 业 统 一 发 票（自开范本）

发票联

开票日期：　　　　发票代码：

发票号码：

机打代码 机打代码 机器号码		税控码			
付款方姓名		身份证/组织机构代码/纳税人识别号		是否为总包人	
收款方姓名		身份证/组织机构代码/纳税人识别号		是否为总包人	
工程项目名称	工程项目编号	结算项目	金额（元）	完税凭证号码(代扣代缴)	
合计金额（元）（大写）					
备注：			主管税务机关及代码		

开票人：　　　　开票单位签章：

图 2-21　建筑行业统一销售发票样式

(7)单据七：收款单样式，如图 2-22 所示。

收 款 单（范本）

基本信息					
单据编号	SK201601102364	业务单位	XX项目部	部门名称	财务部
经办人	王金虎	申请日期	20161101	单据状态	制单
业务信息					
业务类型	业主资金往来	是否有合同	有	结算方式	电汇
收款日期	20161103	收款账号	622700234982331	户名	建设银行京华分行
收款金额	387 230.00	币种	人民币	汇率	1
收款金额大写	叁拾捌万柒仟贰佰叁拾元	本币金额	387 230.00	本币金额大写	叁拾捌万柒仟贰佰叁拾元
款项性质	应收账款	工程项目	XX项目部	合同编号	KGSQ-SEWQVEE
摘要	收业主结算款	附件张数	5	备注	
付款单位	京华城际铁路有限公司	付款账号	622500984443881	开户行	招商银行京华分行

图 2-22　收款单样式

思考题

(1)集团各项目部应用的信息系统有哪些？在风险、效率、成本方面有何区别？

(2)应收与收款业务的整体流程是什么？建设共享中心时，需规划几个流程才能满足整个集团应收与收款业务的需要？若存在不一致的情况，可否进行统一？

(3)应收与收款业务中涉及哪些业务环节？哪些业务环节可纳入共享中心统一处理？依据及目的是什么？

(4)应收与收款业务中涉及的部门或岗位有哪些？哪些部门或岗位可纳入共享中心统一处理？依据及目的是什么？

(5)集团各项目部在应收入账环节有何不同？哪种方式更规范、合理？如何统一？

(6)财务共享中心的建设，如何平衡风险、效率及成本之间的关系？

2.4.3 应付核算及付款结算业务流程

2.4.3.1 管理制度

S集团国内各项目部涉及的应付与付款业务内容基本都是一致的，主要包括以下几项：

(1)在项目建设过程中劳务供应商提供劳务服务产生的应付业务、预付业务及结算办理业务；

(2)在项目建设过程中分包供应商提供的专业工程服务产生的应付业务、预付业务及结算办理业务，且分包供应商因管理方式和核算内容不同，又可分为内部分包供应商及外部分包供应商；

(3)在项目建设过程中机械供应商提供的机械设备服务产生的应付业务、预付业务及结算办理业务；

(4)在项目建设过程中因材料采购产生的应付业务、预付业务及结算办理业务，该材料采购的来源主要包括外部供应商供货、业主供货、内部调拨等；

(5)在项目建设过程中外部单位提供的设计服务、技术支持服务等产生的应付业务、预付业务及结算办理业务。

(6)在项目建设过程中，业主、项目部、分包商之间各类往来业务产生的应付业务、预付业务及核销业务。

本制度中的应付与付款业务，以与外部供应商的材料采购为例进行流程梳理及分析。S集团各国内项目部在日常采购时，根据采购计划提出采购申请，并通过询报价或招投标方式确认供应商并签订合同，由供应商按合同约定进行后续货物派送，物资部则按实际到货情况进行入库核算管理。该业务主要由物资部、采购部等部门通过项目管理系统进行相关控制和管理。依据公司A、B、C、D、E的应付管理规定，部分管理制度要求如下所述。

1. 对账管理

为了保证项目部与供应商双方实物与账目相符，S集团要求各项目部每月至少应与供应商完成一次对账工作。每次对账时，由供应商提供账期内供货的名称、品种、规格、数量、单价、金额等对账单信息，各项目部提供账期内手续齐全的订单、采购收货单、合同、发票等对账单信息，由供应商或项目部财务人员完成对账。

账期是指供应商供货后，直至各项目部与供应商对账的这段时间。

公司C、D：各项目部对账日期为每月23日，账期为上月23日至本月22日。

公司A、B、E：各项目部对账日期为每月20日，账期为上月20日至本月19日。

2．入账管理

公司A、B、C、D：根据发票是否到达，分别进行入账管理，具体内容如下所述。

(1)验收入库，发票已收到。

物资管理人员收到供应商货物并验收入库后，且已收到发票，由会计人员按发票相关内容进行应付入账。

会计人员在进行应付入账处理时，必须对采购订单、采购收货单及供应商发票信息进行审核校对(即“三单匹配”要求)，如果信息一致，则进行记账或执行结算支付流程。

(2)验收入库，发票尚未收到。

物资管理人员收到供应商货物并验收入库后，若发票尚未收到，由会计人员按要求依据采购收货单相关内容进行暂估入账处理。

待后续收到发票时，需要对暂估入账进行红冲，然后按发票相关内容进行应付入账。会计人员在进行应付入账处理时，同样需要检查三单匹配的情况。

公司E：根据发票是否到达，分别进行入账处理，具体内容如下所述。

(1)验收入库，发票已收到。

物资管理人员收到供应商货物并验收入库后，且已收到发票，则由会计人员检查三单匹配后，依据确认的债务信息进行应付入账处理。

(2)验收入库，发票尚未收到。

各项目部物资管理人员收到供应商货物并验收入库后，若发票尚未收到，则按要求依据暂估债务相关内容进行暂估入账处理。

待后续收到发票时，需要对暂估债务进行红冲，然后依据确认的债务信息进行应付入账，入账时同样需要检查三单匹配的情况。

3．付款管理

(1)付款账户。

公司B、C：各项目部银行支付账户开户行为中国建设银行。

公司A、D、E：各项目部银行支付账户开户行为中国工商银行。

(2)付款流程。

公司C、D：每月月初应按上月的债务到期情况、合同约定付款条件及实际完工情况，由业务人员编制资金计划，经相关领导审批通过后，由出纳人员依据资金计划填写付款申请单，再经相关领导审批通过后，对供应商进行支付。

公司A、B、E：由业务人员依据供应商债务情况，填写付款申请单，经相关领导审批后，对供应商进行支付。

(3)付款时间。

公司C、D：每月15日付款，如遇节假日则顺延。

公司A、B、E：未明确规定付款时间。

(4)付款方式。

公司 C、D：使用自有账户通过银企直联的方式对外付款。

公司 A、B、E：付款方式有现金及网银转账两种方式，对于单次支付款项小于 5000 元的支付业务允许采用现金方式进行付款；单次支付款项大于 5000 元的支付业务必须通过网银转账方式进行付款。

4．结账日期

公司 A、E：结账日期为每月 27 日。

公司 B、C、E：结账日期为每月 25 日。

2.4.3.2　流程图

公司 C、D 材料采购应付及付款业务流程如图 2-23 所示。

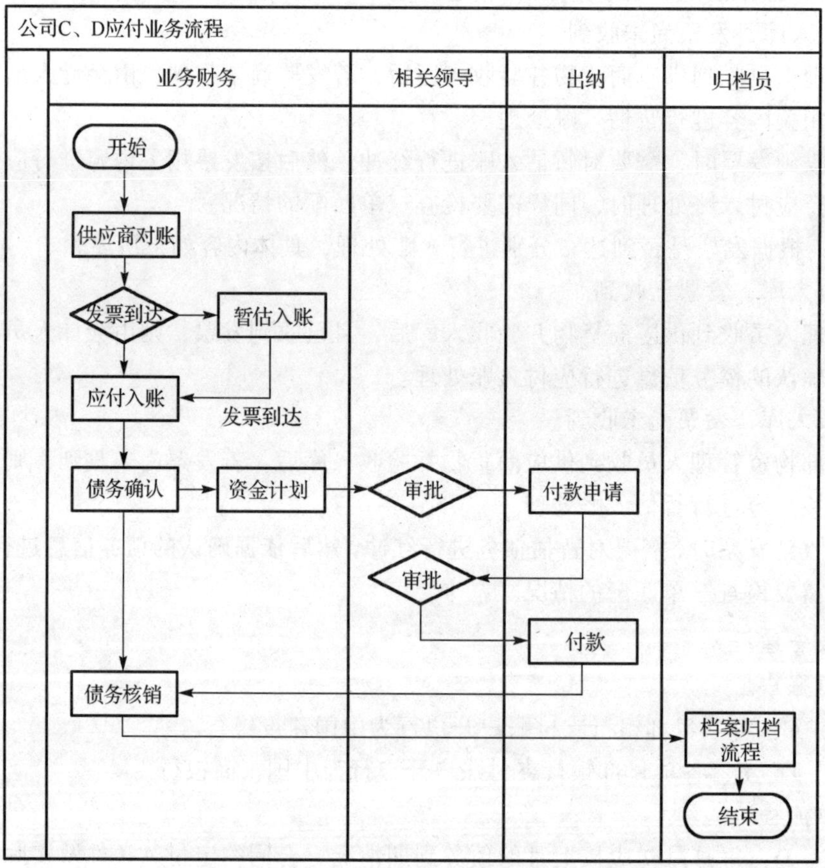

图 2-23　公司 C、D 材料采购应付及付款业务流程图

公司 A、B、E 材料采购应付及付款业务流程如图 2-24 所示。

1．供应商对账

公司 A、C、D：各供应商通过供应商协同平台，对与各项目部发生的往来业务进行对账，对账单信息可通过供应商协同平台自助查询及核对，核对完成后，各供应商通过供应商协同平台填写对账单并提交开票申请，纸质发票通过邮寄或其他方式送达各项目部，各项目部财务人员收到采购发票后与协同平台中开票申请进行核对，并通过登录国税系统人工进行发票认证。

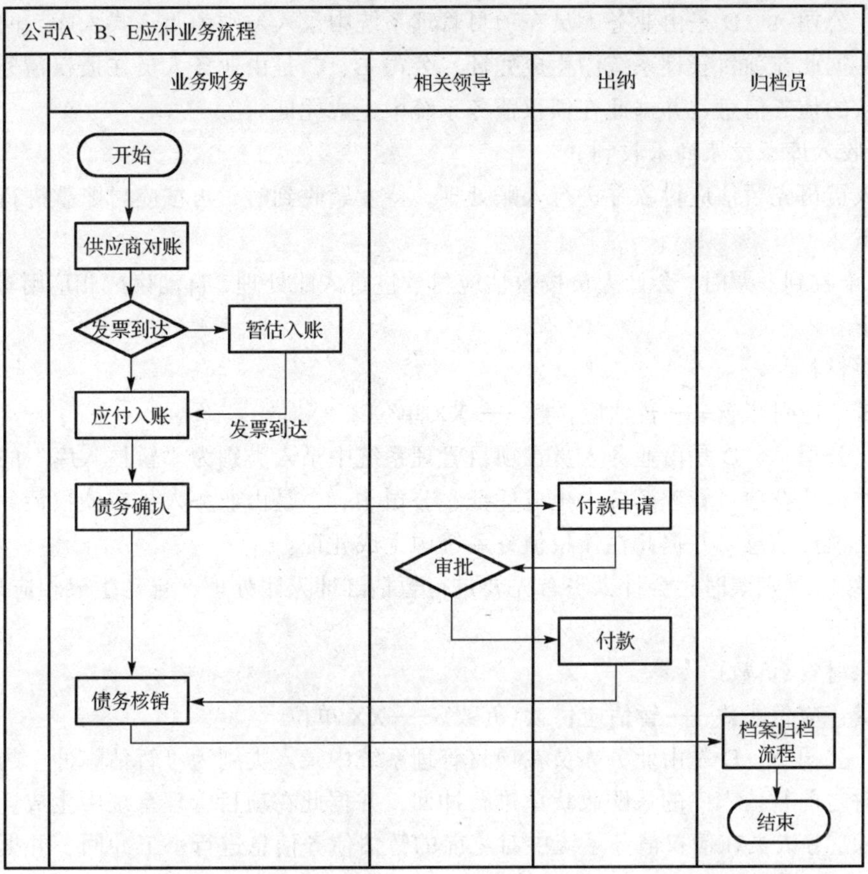

图 2-24　公司 A、B、E 材料采购应付及付款业务流程图

公司 B、E：在账期内，各供应商将加盖公章后的相关对账单，以邮寄或传真方式发送至各项目部。各项目部根据采购合同、采购订单、采购收货单及采购发票等信息与供应商进行对账，对账完成后供应商开具相应的发票，各项目部收到供应商纸质发票后，通过登录国税系统人工进行发票认证。

2. 应付入账

公司 A、B、C、D：为了清晰地反映与供应商之间的债务关系和便于进行往来对账，无论当月是否对供应商付款，在账务处理时各项目部均要求先进行应付入账处理，再进行结算支付，分两步生成不同的财务凭证。本节内容中包含的财务凭证仅与应付入账有关，不包括结算支付的财务凭证。

根据发票是否到达，分别进行入账处理，具体内容如下所述。

(1)验收入库，发票已收到。

由会计人员依据发票中的不含税金额、含税金额、税额等内容确认原材料、应付账款和进项税额，自动生成相应财务凭证，凭证分录如下。

借：原材料

　　应交税费——应交增值税——进项税额

　　贷：应付账款——XX 单位

其中，公司 A、D 是由业务人员在项目管理系统中录入类别为“正式入库”的“采购收货单”，并据此在项目管理系统中生成凭证；公司 B、C 是由业务人员在债权债务系统中手工登记确认的债务信息，并据此在债权债务系统中生成凭证。

(2)验收入库，发票尚未收到。

会计人员可先暂估应付款并进行入账处理，待发票收到时，再按应付账款进行入账，具体要求如下。

① 尚未收到发票时。会计人员按暂估应付款进行入账处理，自动生成相应财务凭证，凭证分录如下。

借：原材料

　　贷：应付账款——暂估应付款——XX 单位

其中，公司 A、D 是由业务人员在项目管理系统中录入类别为“暂估入库”的“采购收货单”，并据此在项目管理系统中生成凭证；公司 B、C 是由业务人员在债权债务系统中手工登记暂估债务信息，并据此在债权债务系统中生成凭证。

② 后续收到发票时。会计人员首先要进行暂估红冲入账处理，自动生成相应财务凭证，凭证分录如下。

借：原材料(负数)

　　贷：应付账款——暂估应付款(负数)——XX 单位

其中，公司 A、D 是由业务人员在项目管理系统中录入类别为“暂估红冲”的“采购收货单”，对之前暂估入库的采购收货单进行冲回，并据此在项目管理系统中生成凭证；公司 B、C 是由业务人员在债权债务系统中对之前的暂估债务信息进行手工冲回，并据此在债权债务系统中生成凭证。

暂估红冲入账后，再依据发票中的相关数据，确认原材料、应付账款和进项税额，自动生成相应财务凭证，凭证分录如下。

借：原材料

　　应交税费——应交增值税——进项税额

　　贷：应付账款——XX 单位

其中，公司 A、D 是由业务人员在项目管理系统中录入类别为“正式入库”的“采购收货单”，并据此在项目管理系统中生成凭证；公司 B、C 是由业务人员在债权债务系统中手工登记确认的债务信息，并据此在债权债务系统中生成凭证。

公司 E：针对当月未付款的材料采购业务，由会计人员进行应付入账处理，生成相应财务凭证；针对当月付款的材料采购业务，不必按“先应付入账再结算支付”两步进行入账，只需在结算支付时直接生成相应凭证即可，此处不予描述。

根据发票是否到达，分别进行入账处理，具体内容如下所述。

(1)验收入库，发票已收到。

由会计人员依据发票中的不含税金额、含税金额、税额等内容确认原材料、应付账款和进项税额，自动生成相应财务凭证，凭证分录如下。

借：原材料

　　应交税费——应交增值税——进项税额

　　贷：应付账款——XX 单位

该凭证是由业务人员在债权债务系统中手工登记确认的债务信息，并据此在债权债务系统中生成。

(2)验收入库，发票尚未收到。

会计人员可先暂估应付款并进行入账处理，待发票收到时，再按应付账款进行入账，具体要求如下。

① 尚未收到发票时。会计人员按暂估应付款进行入账处理，自动生成相应财务凭证，凭证分录如下。

借：原材料

　　贷：应付账款——暂估应付款——XX 单位

该凭证是由业务人员在债权债务系统中手工登记暂估债务信息，并据此在债权债务系统中生成。

② 后续收到发票时。会计人员首先要进行暂估红冲入账处理，自动生成相应财务凭证，凭证分录如下。

借：原材料(负数)

　　贷：应付账款——暂估应付款(负数)——XX 单位

该凭证是由业务人员在债权债务系统中对之前的暂估债务信息进行手工冲回，并据此在债权债务系统中生成。

暂估红冲入账后，再依据发票中的相关数据，确认原材料、应付账款和进项税额，自动生成相应财务凭证，凭证分录如下。

借：原材料

　　应交税费——应交增值税——进项税额

　　贷：应付账款——XX 单位

该凭证是由业务人员在债权债务系统中手工登记确认的债务信息，并据此在债权债务系统中生成。

3．债务确认

S 集团各项目部若存在供应商预付款，则优先核销与供应商的预付款，然后再进行债务的确认。

公司 A、D：各项目部依据对账单信息、正式入库的采购收货单信息自动更新供应商债务信息，并由业务人员进行检查确认。对于发票未到暂估入库的情况，不更新债务。

公司 B、C：对于发票已到的情况，由业务人员在债务系统中手工登记债务信息；对于发票未到暂估入库的情况，依据对账单信息、采购收货单信息，在债权债务系统中手工登记暂估债务信息；收到发票时，先在债务系统中进行暂估债务冲回，然后再重新确认债务信息。

公司 E：针对当月未付款的业务，区分发票已到、发票未到、后续收到等情况，在债权债务系统中手工登记相关债务信息；当月已付款的业务，不登记债务信息。

4．结算支付

公司 C、D：由业务人员在资金管理系统中编制资金计划，经财务主管、项目经理、公司资金管理岗在系统内三级审批后，再由项目部出纳人员在资金管理系统内依据资金计划填写付款申请，并经财务主管、项目经理系统内两级审批后，由出纳人员在规定时间内对供应商进行支付。支付成功后依据银行回单信息，由会计人员在资金系统中自动生成相应的财务凭证，凭证分录如下。

借：应付账款——XX 单位

　　贷：银行存款

公司 A、B：由业务人员手工填写纸质付款申请单，经财务主管、项目经理两级审批后，由出纳人员对供应商进行支付。支付成功后依据付款成功信息，由会计人员手工制作相应财务凭证，凭证分录如下。

借：应付账款——XX 单位

　　贷：银行存款

公司 E：针对当月未付款的材料采购业务，依据供应商催款的紧急程度进行结算支付。由业务人员手工填写纸质付款申请单，经财务主管、项目经理两级审批后，由出纳人员通过网银转账或现金方式付款，付款成功后依据付款成功信息，由会计人员手工制作相应财务凭证，凭证分录如下。

借：应付账款——XX 单位

　　贷：银行存款

针对当月付款的材料采购业务，由业务人员手工填写纸质付款申请单，经财务主管、项目经理两级审批后，由出纳人员通过网银转账或现金方式付款，付款成功后依据付款成功信息，由会计人员手工制作相应财务凭证，凭证分录如下。

借：原材料

　　应交税费——应交增值税——进项税额

　　贷：银行存款/库存现金

5．债务核销

公司 A、D：各项目部根据资金系统内付款信息自动匹配债务信息，经人工核销后，生成相关供应商的账龄分析。

公司 B、C、E：各项目部根据付款成功等信息，人工匹配各供应商债务情况后核销，并生成相关供应商的账龄分析。

6．会计档案归档

S 集团各项目部对以上流程涉及的票据、凭证进行整理归档。

2.4.3.3 流程描述

S 集团各项目部采购业务核算过程中涉及的输入单据、输出单据及需要关注的重点内容如表 2-14 所示。

表 2-14 应付与付款业务流程描述

步骤		责任人	输入	输出	关注点
编号	名称				
01	采购对账	会计人员	采购合同、采购订单、采购收货单、采购发票	采购对账单	三单是否匹配 与供应商对账的周期及方式 发票获取及认证方式

续表

步骤		责任人	输入	输出	关注点
编号	名称				
02	应付入账	会计人员	采购订单、采购收货款、采购发票、采购对账单	暂估应付入账、暂估红冲、应付入账	应付入账是否分两步 凭证制单方式 凭证制单的错单率
03	债务确认	业务人员	采购收货单、发票、采购合同、采购对账单等实物单据	债务确认单据、暂估债务单据、暂估债务冲销单据	是否包含暂估债务等 债务确认录入方式
04	资金计划	业务人员	依据更新后债务及各单位资金付款管理办法	资金计划审批单	各单位或项目部是否采用资金计划审批单
05	付款申请	业务人员	资金计划审批单、发票、采购对账单、采购收货单、采购合同等相关实物单据	付款申请审批单	各单位或项目部是否采用付款申请审批单 付款申请是否采用纸质单据
06	支付结算	出纳	付款申请审批单	付款成功信息	付款账户 付款方式 付款时间
07	债务核销	会计人员	依据付款信息按供应商核销相关债务	更新债权债务信息	债务核销方式
08	会计档案归档流程	会计人员	会计凭证及实物单据	整理成册的会计档案	各单位各自保管

2.4.3.4 单据样式

应付与付款业务过程中涉及的主要单据及样式，详见下面的图示。

(1)单据一：采购合同登记单样式，如图 2-25 所示。

采 购 合 同 登 记 单（范本）

基本信息							
单位名称	XX公司XX项目部	合同编号	KG-0001-SC	合同分类	物资采购	合同名称	水泥采购合同
供应商名称	东广建材集团	签订部门	采购部	签订人员	王金华	交货地点	京华铁路4标段
合同计价形	固定总价	合同金额	555 000.00	签订日期	2016/1/20	开始日期	2016/2/1
结束日期	2016/12/20	制单日期	2016/1/25	制单人	张生生	备注	京华铁路4标段一期工程水泥采购

合同标的

编号	名称	规格型号	计量单位	数量	含税单价	含税金额	结算部门
10000022	普通硅酸盐水泥	PO32.5袋装	吨	450	500	225 000.00	采购部
20000012	螺纹钢	HRB235一级(6)	吨	300	1 100.00	330 000.00	采购部

付款节点

付款内容	收付比例(%)	原币计划收付金额	本币计划收付金额	备注
预付账款	30	166 500.00	166 500.00	
应付账款	60	333 000.00	333 000.00	
应付质保金	10	55 500.00	55 500.00	

图 2-25　采购合同登记单样式

(2)单据二：采购订单样式，如图 2-26 所示。

订购单号： DD-20151202-0008

采 购 订 单（范本）

订购日期： 2016年11月2日

采购方： XX公司XX项目部　　**供货方：** XX公司

联系人： 王金虎　　**联系人：** 张全友

电　话：　　**电　话：**

传　真：　　**传　真：**

序号	物品名称	规格型号	单位	数量	单价	金额	备注
1	螺纹钢	HRB235一级(6)	吨	1000	¥4 000.000	¥4 000 000.00	
2							
3							
4							
总金额：肆佰万元整				**金额合计：4000000**			

说明：

一、交货期限： 2015年12月26日

二、交货方式： 供货方送货　　**交货地址：** 京华铁路项目部

三、是否开票： 是　　**发票类别：** 增值税专用发票　　税率： 17%

四、支付方式： 银行转账　　**付款约定：**

五、合同编号：

六、所属项目：

七、其他约定：

采购方：
（盖 章） XX公司XX项目部

日　期：

供货方：
（盖 章） XX公司

日　期：

图 2-26　采购订单样式

(3)单据三：采购收货单样式，如图 2-27 所示。

采 购 收 货 单（范本）

单据编号：	CG201601122XS	**编制日期：**	2016/11/8	**编制人：**	王金虎
库房：	项目部仓库	**材料类别：**	水泥	**供应商：**	东广建材集团
合同：	HT0983-XM-001	**采购权限：**	项目自采	**收料单位：**	XX项目部
备注：					
物料编号	**物料名称**	**规格型号**	**单位**	**数量**	**金额**
10000022	普通硅酸盐水泥	P032.5袋装	吨	300	1500
20000012	螺纹钢	HRB235一级(6)	吨	400	1 200 000

图 2-27　采购收货单样式

(4)单据四：供应商对账单样式，如图 2-28 所示。

供 应 商 对 账 单（范本）

TO:	东广建材集团	**抄送：**	采购部
收件人：	财务部	**传真：**	0595-85108888
电话：	010-45329871	**账期：**	9月
FORM:	XX公司XX项目部财务部	**传真：**	0595-85108731
电话：	0595-85104251	**单位：**	元

公司XX项目部账目余						**东广公司账面余额**		
若贵公司账面余额与我公司账目余额不符，请说明原因								
原因：								
期间	款项性质	项目名称	采购数量	到货情况	付款情况	发票开具	方向	余额
7月	应付	螺纹钢采购	100吨	验收入库	未付	未开	贷方	400 000.00
8月	预付	螺纹钢采购	50吨	未到货	已付	未开	借方	200 000.00

图 2-28　供应商对账单样式

(5)单据五：采购发票样式，如图 2-29 所示。

XX增值税专用发票（范本）

发 票 联　　　　开票日期：

购货单位	名　　　称：山东省凯达包装有限公司 纳税人识别号：142703949388479 地 址、电 话：济南市万锦幸福庄053185118943 开户行及账号：建行山大路支行6217003487732365247				密码区	*********************	
货物或应税劳务名称	规格型号	单位	数量	单价	金额	税率	税额
工业纸板	810*1100	吨	3.5	2442.002593	8547.01	17%	1452.99
合　　计					￥8547.01		￥1452.99
价税合计（大写）	壹万元整				（小写）　￥10 000.00		
销货单位	名　　　称： 纳税人识别号： 地 址、电 话： 开户行及账号：				备注		

收款人：　　　　复核：　　　　开票人：　　　　销货单位：（章）

图 2-29　采购发票样式

(6)单据六：资金计划编制样式，如图 2-30 所示。

资 金 计 划 编 制（范本）

编制单位：XX公司　　　　部门：合约部　　　　方案：付款计划方计划周期：2016/10/7--2016/11/6

计划编号	合同编号	对方单位	对方单位性质	收支项目	款项性质	币种	汇率	用途	付款金额
JH0001	KG-0001-SC	东广建材集团	外部单位	付款	支付货款	人民币	1	采购水泥付款	201 229.00
JH0002	KY-0004-CS	蓝海钢材集团	外部单位	付款	支付货款	人民币	1	采购钢材付款	13 984 292.00
JH0003	LW-0009-FY	东南劳务公司	外部单位	协作施工支出	劳务费	人民币	1	支付劳务费	354 019.00

图 2-30　资金计划编制样式

(7)单据七：采购付款申请单样式，如图 2-31 所示。

采 购 付 款 申 请 单（范本）

单据编号	FK20161101213	付款单位	XX公司XX项目部	资金计划	JH0001	支付速度	正常
付款金额	317 531.00	付款金额大写	叁拾壹万柒仟伍佰叁拾壹	合同编号	KG-0001-SC	期望支付日期	2016年11月25日
摘要（付款原因）				债务余额	784 321.00	累计付款金额	358 632.00
收款单位	东广建材集团			收款账号	6225332489741156		
户名	东广建材集团XX公司			开户行	招商银行京华分行		
省份	山东省	城市	济南市	附件张数	3		
制单人	王金虎	制单日期	2016年11月7日	结算方式	银企直联		

图 2-31　采购付款申请单样式

(8)单据八：付款登记单样式，如图 2-32 所示。

付 款 登 记 单（范本）

单据编号	FK201611231	付款单位	XX公司XX项目部	结算方式	银企直联	付款日期	2016年11月14日
付款金额合计	317 531.00	扣款金额大写	叁拾壹万柒仟伍佰叁拾壹	付款账号	622700234982331	款项性质	应付账款
资金计划	JH0001	制单人	王金华	制单日期	2016年11月14日	摘要	付水泥款
合同收款人	东广建材集团XX公司	收款账户	622533248974115	户名	东广建材集团XX公司	城市	济南

图 2-32　付款登记单样式

思考题

(1)项目部应该使用哪些信息系统？在风险、效率、成本方面有何区别？

(2)应付与付款业务的整体流程是什么？建设共享中心时，需规划多少个应付流程才能满足整个集团应付与付款业务的需要？若存在成员单位不一致的情况，可否进行统一管理？

(3)应付与付款业务中涉及哪些环节？哪些业务环节可纳入共享中心统一处理？依据及目的是什么？

(4)应付与付款业务中涉及的部门或岗位有哪些？哪些部门或岗位可纳入共享中心？依据及目的是什么？

(5)各项目部的应付入账环节有何不同？哪种方式更规范、合理？如何统一？

(6)各项目部在结算支付环节有何不同？从效率、错单率、风险成本等角度讨论。

2.4.4 工资业务流程

2.4.4.1 管理制度

本制度中，工资业务主要包括工资的计提分配和工资发放两类业务，不包括代扣社会保险费、奖金发放等业务。依据公司 A、B、C、D、E 的工资管理规定，部分管理制度要求如下所述。

1．发放对象

公司 A：包括正式职工、临时用工、退休返聘职工三类。

公司 B、C、D、E：包括正式职工、临时用工两类。

公司 A、B、C、D、E 的正式职工与临时用工的人员划分是一致的。

2．包含内容

不同类型的职工在发放工资时考虑的工资项目是不同的，具体如下。

(1)公司 A

正式职工：工资项目包括岗位工资、绩效工资、午餐补贴、设备补贴、过节费、节日加班费、事假扣款、旷工扣款、迟到扣款、病假扣款、个人所得税、养老保险、医疗保险、失业保险、工伤保险、生育保险、住房公积金、借款扣回、其他扣款。其中借款扣回项目是指职工存在个人借款，按公司规定逾期未还时需在工资发放时进行扣除。

临时用工：工资项目包括岗位工资、计时工资、节日加班费、高温补贴、事假扣款、旷工扣款、养老保险、失业保险、工伤保险、病假扣款、其他扣款。

退休返聘职工：工资项目包括岗位工资、绩效工资、午餐补贴、设备补贴、过节费、节日加班费、事假扣款、旷工扣款、迟到扣款、病假扣款、个人所得税、借款扣回、其他扣款。

(2)公司 B、C、D、E

正式职工：工资项目包括岗位工资、绩效工资、午餐补贴、工龄工资、加班费、租房补贴、交通补贴、事假扣款、旷工扣款、迟到扣款、个人所得税、养老保险、医疗保险、失业保险、工伤保险、生育保险、住房公积金、其他扣款。其中事假扣款是包括事假和病假导致的合计扣款，加班费包括节日加班费和日常工作加班费。

临时用工：工资项目包括岗位工资、计时工资、节日加班费、高温补贴、事假扣款、旷工扣款、养老保险、失业保险、工伤保险、病假扣款、其他扣款。

3. 计算公式

公司 A—正式职工：

应发合计=岗位工资+绩效工资+午餐补贴+设备补贴+过节费+节日加班费

扣款合计=事假扣款+旷工扣款+迟到扣款+病假扣款+个人所得税+养老保险+医疗保险+失业保险+工伤保险+生育保险+住房公积金+借款扣回+其他扣款

实发合计=应发合计-扣款合计

公司 A—临时用工：

实发合计=岗位工资+计时工资+节日加班费+高温补贴–事假扣款–旷工扣款–养老保险–失业保险–工伤保险–病假扣款–其他扣款

公司 A—退休返聘职工：

实发合计=岗位工资+绩效工资+午餐补贴+设备补贴+过节费+节日加班费–事假扣款–旷工扣款–迟到扣款–病假扣款–个人所得税–借款扣回–其他扣款

公司 B、C、D、E—正式职工：

实发合计=岗位工资+绩效工资+午餐补贴+工龄工资+加班费+租房补贴+交通补贴–事假扣款–旷工扣款–迟到扣款–个人所得税–养老保险–医疗保险–失业保险–工伤保险–生育保险–住房公积金–其他扣款

公司 B、C、D、E—临时用工：

实发合计公式与公司 A 临时用工的一致

4. 考勤管理

公司 A、B、C、D：实行 IC 一卡通，同时配合微信移动签到平台进行考勤管理，由人力资源部薪资核算员直接从考勤系统对员工的考勤情况进行汇总统计，并用于工资表中的旷工扣款或迟到扣款的计算。

公司 E：实行指纹打卡考勤管理，由各部门独立对员工的考勤情况进行汇总统计，并将考勤数据上报至薪资核算员，用于工资表中的旷工扣款或迟到扣款的计算。

5. 发放日期

公司 A：每月 11 日为工资发放时间，如遇节假日则工资在节假日后第一天发放。

公司 B：每月 10 日为工资发放时间，如遇节假日则工资在节假日后第一天发放。

公司 C：每月 10 日为工资发放时间，如遇节假日则工资在节假日后第一天发放。

公司 D：每月 5 日为工资发放时间，如遇节假日则工资在节假日前一天提前发放。

公司 E：每月 6 日为工资发放时间，如遇节假日则工资在节假日前一天提前发放。

6. 发放银行

公司 A：中国建设银行。

公司 B：中国建设银行。

公司 C：中国工商银行。

公司 D：招商银行。

公司 E：中国建设银行。

2.4.4.2 流程图

公司 A、B、C、D、E 各单位员工工资计提及发放整体流程如图 2-33 所示。

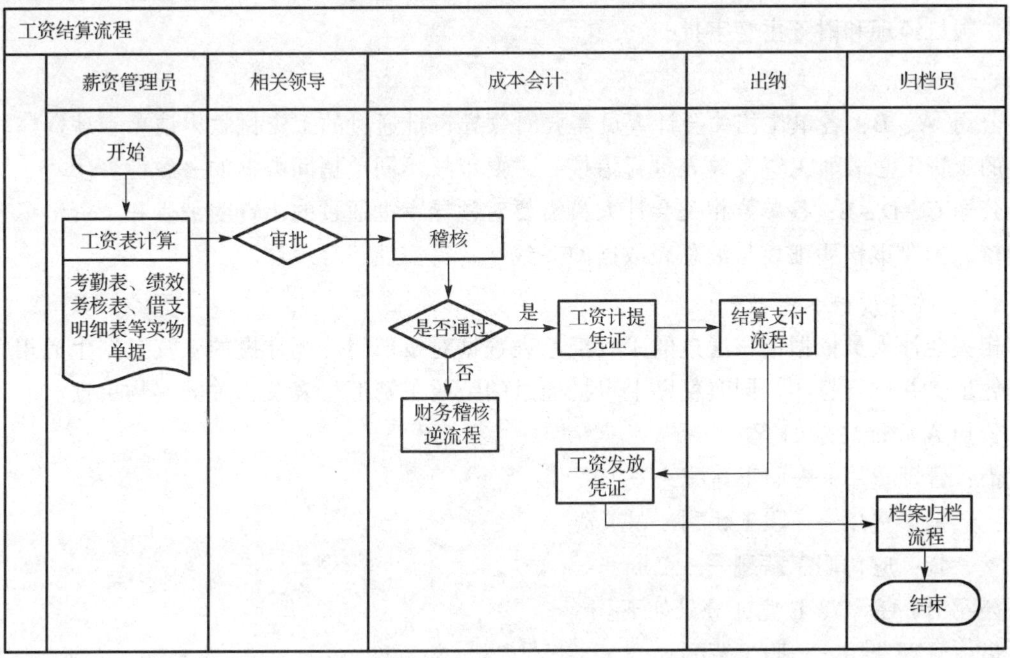

图 2-33　工资计提及发放流程图

1．工资表计算

(1)录入并计算工资明细表。

公司 A、B、C、D、E 各单位薪资核算员依据汇总的考勤表、绩效考核表、个人借款明细表等信息，在薪资管理系统中录入该单位所有员工的部分工资数据，并通过系统自动计算，将员工的所有工资明细数据列示出来，包括基本工资、岗位工资、请假扣款、借款扣回、应发合计、实发合计等。在录入工资明细表时，公司 A、B、C、D 的考勤表均是由人力资源部薪资核算员直接从考勤系统导出后作为工资明细表录入的依据，而公司 E 的考勤表则是由各部门独立对员工的考勤情况进行汇总统计后，上报给薪资核算员的，其中部分数据可能存在人为调整的情况。

(2)工资汇总表。

录入并计算工资明细表后，各单位薪资核算员均可在薪资管理系统中将工资汇总数据查询或打印出来，主要用于会计人员工资计提财务凭证制作的依据。

(3)工资发放表。

录入并计算工资明细表后，各单位薪资核算员均可在薪资管理系统中将工资发放表查询或打印出来，主要用于出纳人员进行工资的发放。

2．审批

公司 A、B：各单位薪资核算员需要根据工资明细表或工资汇总表数据填写纸质付款申请单，依次提交人力资源部经理、项目经理、财务主管审批，对工资数据的真实性、合理性进行审核。

公司 C、D：各单位薪资核算员需要将电子工资明细表和工资汇总表在薪资管理系统中依次提交人力资源部经理和项目经理审批后，再打印提交财务主管审批。

公司 E：各单位薪资核算员则是将工资明细表和工资汇总表打印后依次提交人力资源部经理、项目经理和财务主管审批。

3．稽核

公司 A、B：各单位相关会计人员需要对领导审批通过的工资付款申请单和薪资核算员提供的工资汇总表、工资发放表进行稽核，主要审核不同单据间数据的一致性。

公司 C、D、E：各单位相关会计人员需要对领导审批通过的工资明细表和工资汇总表进行稽核，主要审核明细表与汇总表数据的一致性、真实性、合理性。

4．工资计提财务凭证

相关会计人员依据稽核通过的工资汇总表数据对按部门分配计提的工资数据生成相应的财务凭证，并进行打印，同时粘贴上审批通过的纸质工资汇总表及相关的实物单据。

公司 A 凭证分录如下。

借：管理费用——职工薪酬——工资

　　销售费用——职工薪酬——工资

　　贷：应付职工薪酬——工资

公司 B、C、D、E 凭证分录如下。

借：管理费用——职工薪酬

　　销售费用——职工薪酬

　　贷：应付职工薪酬——工资

5．结算支付

公司 A、B：各单位的出纳人员依据稽核通过的工资付款申请单和工资发放表的明细数据对每个员工的工资进行结算支付，完成员工的工资发放流程。为了遵守公司员工工资保密原则，要求薪资核算员提供给出纳的工资发放表中不允许包含工资明细数据，仅包含实发金额。

公司 C、D、E：各单位的出纳人员依据稽核通过的工资明细表对每个员工的工资进行结算支付。

6．工资发放财务凭证

相关会计人员将已结算支付的工资业务在总账系统中生成相应的财务凭证，并进行打印，同时粘贴上稽核通过的工资汇总表、工资明细表等相关的实物单据。

公司 A 凭证分录如下。

借：应付职工薪酬——工资

　　贷：银行存款

　　其他应收款——个人业务借款

公司 B、C、D、E 凭证分录如下。

借：应付职工薪酬——工资

　　贷：银行存款

7．发放工资条

工资发放完毕，薪资核算员将每个员工当月工资条发送至员工邮箱中。其中公司 A、B、C 以薪资管理系统中的工资条表格进行发放，公司 D、E 以在邮件中罗列工资项目数据的方式发送工资条。

8．会计档案归档

归档员对以上流程涉及的所有相关单据、凭证进行归档管理。公司 A、B、C、D、E 工资发放涉及的实物及电子档案均由各单位独立保管，规定财务部门可临时保管一年，再移交档案管理部进行独立保管。

2.4.4.3 流程描述

公司 A、B、C、D、E 工资发放过程中涉及的输入单据、输出单据及需要关注的重点内容如表 2-15 所示。

表 2-15 工资计提及发放流程描述

步骤		责任人	输入	输出	关注点
编号	名称				
01	工资表计算	薪资核算员	考勤表、绩效考核表、个人借款明细表等	工资明细表、工资汇总表、工资发放表、工资付款申请单	考勤表数据的来源 个人借款逾期未还的处理方式
02	审批	人力资源部经理/项目经理/财务主管/公司总经理	工资付款申请单、电子(打印版)工资明细表、工资汇总表	审批通过的工资付款申请单、电子(打印版)工资明细表、工资汇总表	审批流程 审批的单据种类及形式
03	稽核	财务稽核会计	工资付款申请单、电子(打印版)工资明细表、工资汇总表、工资发放表	审核通过的工资付款申请单、电子(打印版)工资明细表、工资汇总表、工资发放表	稽核涉及的单据
04	工资计提财务凭证	会计人员	审批通过的工资汇总表	工资计提财务凭证	凭证分录内容
05	工资发放支付流程	出纳	审批通过的工资发放表	付款成功信息	不同的发放银行
06	工资发放财务凭证	会计人员	付款成功信息	工资发放财务凭证	凭证分录内容
07	发放工资条	薪资核算员	工资明细表	工资条	工资条样式
08	会计档案归档流程	归档员	电子报账单、会计凭证及实物单据	整理成册的会计档案	档案管理模式

2.4.4.4 单据样式

工资发放过程中涉及的主要单据及样式，详见下面的图示。

(1)单据一：考勤统计表样式，如图 2-34 所示。

2016年<u>　6　　</u>月　　员工考勤统计表（范本）

基本信息					1	2	3	…	30	31	考勤分析													
序号	员工编号	姓名	部门	状态	三	四	五	…	四	五	出勤	事假	病假	婚假	产假	陪产假	丧假	年假	迟到	早退	出差	未刷卡	共计	备注
1	102394	王斐	实施部	在职	1	事	1		1	1	21	1	0	0	0	0	0	0	0	0	0	0	22	
2	329045	刘强	财务部	在职	1	婚	婚		1	1	12	0	0	10	0	0	0	0	0	0	0	0	22	
3	390287	赵亮	采购部	在职	1	1	1		1	1	22	0	0	0	0	0	0	0	0	0	0	0	22	
4																								
5																								
6																								
7																								
8																								
9																								
10																								
11																								
12																								
…																								

说明　一、考勤记录（不要合并单元格）

1．员工正常出勤在考勤表中记录为“1”。

2．员工如有休假按以下记录：

——事假，请记录为“事”；
——病假，请记录为“病”；
——婚假，请记录为“婚”；
——产假，请记录为“产”；
——陪产假，请记录为“陪”。
——丧假，请记录为“丧”；
——年假，请记录为“年”；
——迟到，请记录为“迟”；
——早退，请记录为“早”；
——出差，请记录为“差”；
——未刷卡，请记录为“未”。

二、状态栏的选择分为“在职”、“离职”、“调出”（指本月从本部门调出的人员状态标记为调出）、“调入”（指本月从其他部门调入的人员状态标记为调入）。

三、部门指一级部门，无须填写二级部门。

四、新入职人员以人力部门发布的报到通知时间为准。

图 2-34　员工考勤统计表样式

（2）单据二：月度绩效考评表样式，如图 2-35 所示。

XX单位 11 月绩效考评表（范本）

序号	年度KPI	工作任务	完成标志	完成时间	权重（%）	完成情况	自评分	上级打分
1	客户回访	完成北京VIP客户回访	回访任务单客户确认	2016-11-30	30	按时完成	98	95
2	销售额达成	完成本月合同新签、续签工作	新签及续签率不低于目标值	2016-11-30	60	按目标达成	100	98
3	其他	领导交办的其他工作	按时完成	2016-11-30	10	按时完成	100	95
合　　计							99.4	97.3

绩效系数说明：
95分及以上：月度绩效系数为1.3。
85～95分：月度绩效系数为1。
75～85分：月度绩效系数为0.7。
75分以下：不合格，无绩效。

图 2-35　月度绩效考评表样式

（3）单据三：公司 A 正式职工工资明细表样式，如图 2-36 所示。

（4）单据四：公司 B、C、D、E 正式职工工资明细表样式，如图 2-37 所示。

（5）单据五：公司 A、B、C、D、E 临时用工工资明细表样式，如图 2-38 所示。

（6）单据六：公司 A 退休返聘职工工资明细表样式，如图 2-39 所示。

工资明细表（范本）

人员姓名	身份证号	工号	发薪期间	发薪日期	岗位工资	绩效工资	午餐补贴	设备补贴	过节费	节日加班费	应发合计	事假扣款	旷工扣款	迟到扣款	病假扣款	个人所得税	养老保险	医疗保险	失业保险	工伤保险	生育保险	住房公积金	借款扣回	其他扣款	扣款合计	实发合计
刘玲	****	****	10月	11.12	5500	300	200	140			6140					67.51	418.24	104.56	26.14			365.96				5157.59
张亮	****	****	10月	11.12	7000	700	200	100			8000					248.81	430.15	110.23	30.68			390.87				6789.26

图 2-36　公司 A 正式职工工资明细表样式

工资明细表

人员姓名	身份证号	工号	所属部门	发薪期间	岗位工资	绩效工资	午餐补贴	工龄工资	过节费	加班费	租房补贴	交通补贴	事假扣款	旷工扣款	迟到扣款	个人所得税	养老保险	医疗保险	失业保险	工伤保险	生育保险	住房公积金	借款扣回	其他扣款	实发合计

图 2-37 公司 B、C、D、E 正式职工工资明细表样式

工资明细表

人员姓名	身份证号	工号	发薪期间	发薪日期	岗位工资	计时工资	节日加班费	高温补贴	事假扣款	旷工扣款	病假扣款	养老保险	失业保险	工伤保险	其他扣款	实发合计

图 2-38　公司 A、B、C、D、E 临时用工工资明细表样式

工资明细表

人员姓名	身份证号	工号	发薪期间	发薪日期	岗位工资	绩效工资	午餐补贴	设备补贴	过节费	节日加班费	事假扣款	旷工扣款	迟到扣款	病假扣款	个人所得税	借款扣回	其他扣款	实发合计

图 2-39　公司 A 退休返聘职工工资明细表样式

(7) 单据七：工资汇总表样式，如图 2-40 所示。

工 资 汇 总 表（范本）

部门名称	应付工资	养老保险	医疗保险	失业保险	工伤保险	生育保险	住房公积金	实发合计
采购部	74 000	5096.72	1274.18	318.54			4459.63	62 850.93
销售部	87 200	5974.86	1493.71	373.43			5228.00	74 130.00
财务部	65 900	4647.11	1161.78	290.44			3971.48	55 829.19
合计	227 100.00	15 718.68	3929.67	982.42	0.00	0.00	13 659.11	19 2810.12

图 2-40　工资汇总表样式

(8) 单据八：工资发放表样式，如图 2-41 所示。

工 资 发 放 表（范本）

人员姓名	身份证号	工号	发薪期间	银行账号	开户行	实发合计
刘玲	220524***	201017	10月	622588***	招商银行**支行	5157.59
张亮	370102***	302098	10月	621700***	建设银行**分行	6789.26
合　计						11 946.85

图 2-41　工资发放表样式

(9) 单据九：工资付款申请单样式，如图 2-42 所示。

工 资 付 款 申 请 单（范本）

申请人	刘宇	申请部门	采购部
申请时间	2016.11.10	付款金额	50 000.00
大写金额	伍万元整		
结算方式	1.支票 2.电汇 3.汇票 4.承兑		
收款单位全称	山东质控技术有限公司		
收款人账号	6225884576387630		
收款人开户行	山东省济南市招商银行解放路支行		
付款事项	采购设备		
部门经理	王峰	单位负责人	刘利
财务部经理	李艳	备注	

图 2-42　工资付款申请单样式

(10)单据十：公司 A、B、C 工资条样式，如图 2-43 所示。

工 资 条（范本）

员工姓名	工号	身份证号	代发银行	银行账号	岗位工资	绩效工资	午餐补贴	设备补贴	过节费	节日加班费	事假扣款	旷工扣款
刘玲	201017	220524***	建行**支行	622588***	5500	300	200	140				
迟到扣款	病假扣款	个人所得税	养老保险	医疗保险	失业保险	工伤保险	生育保险	住房公积金	借款扣回	其他扣款	实发合计	备注
		67.51	418.24	104.56	26.14			365.96			5158	

图 2-43　公司 A、B、C 工资条样式

(11)单据十一：公司 D、E 工资条样式，如图 2-44 所示。

工 资 条（范本）

员工姓名：	张亮
工号：	302098
身份证号：	370102***
代发银行：	10月
银行账号：	11.12
岗位工资：	7000.00
绩效工资：	700.00
午餐补贴：	200.00
设备补贴：	100.00
过节费：	
节日加班费：	
事假扣款：	
旷工扣款：	
迟到扣款：	
病假扣款：	
个人所得税：	248.81
养老保险：	430.15
医疗保险：	110.23
失业保险：	30.68
工伤保险：	
生育保险：	
住房公积金：	390.87
借款扣回：	
其他扣款：	
实发合计：	6789.26
备注：	

图 2-44　公司 D、E 工资条样式

思考题

(1)企业中包含的人员类别有哪些？请列举说明。

(2)工资业务是否适合纳入财务共享范围？

(3)工资业务相关制度是否可以在集团内进行统一？

(4)工资业务在财务共享建设时应如何加强管控，以降低成本与风险、提高效率？

(5)工资发放与员工利益切身相关，如何能提高员工满意度？

2.4.5 业务环节耗用工作量统计

针对差旅费报销、应收核算及收款结算、应付核算及付款结算和工资四类业务，公司 A、B、C、D、E 五个公司在不同的业务环节所耗用的工作量(分钟)明细有所不同，具体的统计数据如下面各表所述。

公司 A、C 业务环节耗用工作量情况，如表 2-16 所示。

表 2-16 公司 A、C 业务环节耗用工作量

项目	业务环节	会计人员主要工作事项	所耗时间主要构成（分钟）	每单耗用时间（分钟）	月平均单据量（分钟）	每月工作量（分钟）
差旅费报销业务	报销单稽核	差旅费报销单填报内容稽核	4.5	11.3	公司 A：3964 公司 C：3960	89 541.2
		原始票据稽核	4.3			
		凭证制作	1.5			
		单据归档	1			
	报销付款	付款信息维护	1.1	1.9	公司 A：3626 公司 C：3610	13 748.4
		银行对账	0.8			
应付核算与付款业务	采购对账	供应商对账	4.5	4.5	公司 A：2974 公司 C：2960	26 703
	应付核算入账	原始票据稽核	7.5	10.5	公司 A：3982 公司 C：3980	83 601
		凭证制作	1.5			
		单据归档	1			
		债务确认	1			
	支付结算	付款及银行对账	1.9	6.9	公司 A：3558 公司 C：3540	48 976.2
		债务核销	2.5			
		凭证制作	1.5			
		单据归档	1			
应收核算与收款业务	应收入账	原始票据稽核	7.5	12.5	公司 A：824 公司 C：810	20 425
		发票开具	2			
		凭证制作	1.5			
		单据归档	1			
		债权确认	1			
	收款结算	收款信息登记	1.5	6.5	公司 A：634 公司 C：630	8216
		凭证制作	1.5			
		单据归档	1			
		债权核销	2.5			
薪资业务	薪资核算	原始票据稽核	11	13.5	公司 A：438 公司 C：420	11 583
		凭证制作	1.5			
		单据归档	1			
	薪资发放	支付信息维护	1.7	4.2	公司 A：438 公司 C：420	3603.6
		凭证制作	1.5			
		单据归档	1			

备注：每月工作量为 A、C 公司总合计工作量。

公司 B、D、E 业务环节耗用工作量情况，见表 2-17 所示。

表 2-17　公司 B、D、E 业务环节耗用工作量

项目	业务环节	会计人员主要工作事项	所耗时间主要构成（分钟）	每单耗用时间（分钟）	月平均单据量（分钟）	每月工作量（分钟）
费用报销业务	报销单稽核	差旅费报销单填报内容稽核	4.5	11.3	公司 B：2932 公司 D：2930 公司 E：2934	99 394.8
		原始票据稽核	4.3			
		凭证制作	1.5			
		单据归档	1			
	报销付款	付款信息维护	1.7	3.5	公司 B：2818 公司 D：2810 公司 E：2826	29 589
		银行对账	1.8			
应付核算与付款业务	采购对账	供应商对账	9.5	9.5	公司 B：2567 公司 D：2560 公司 E：2574	73 159.5
	应付核算入账	原始票据稽核	7.5	13.5	公司 B：2986 公司 D：2980 公司 E：2992	120 933
		凭证制作	3			
		单据归档	1			
		债务确认	2			
	支付结算	付款及银行对账	3.5	9	公司 B：2765 公司 D：2760 公司 E：2770	74 655
		债务核销	3			
		凭证制作	1.5			
		单据归档	1			
应收核算与收款业务	应收入账	原始票据稽核	7.5	14.5	公司 B：573 公司 D：570 公司 E：576	24 925.5
		发票开具	2			
		凭证制作	3			
		单据归档	1			
		债权确认	1			
	收款结算	收款信息登记	2.5	9.5	公司 B：443 公司 D：440 公司 E：446	12 625.5
		凭证制作	3			
		单据归档	1			
		债权核销	3			
薪资业务	薪资核算	原始票据稽核	11	13.5	公司 B：409 公司 D：400 公司 E：418	16 564.5
		凭证制作	1.5			
		单据归档	1			
	薪资发放	支付信息维护	1.9	4.4	公司 B：409 公司 D：400 公司 E：418	5398.8

备注：每月工作量为 B、D、E 公司总合计工作量。

S 集团月工作天数为 22 天，日工作时间为 480 分钟（8 小时），五个公司的有效工作时间有所不同，其中公司 A、C 的有效工作时间平均值为 215 分钟，公司 B、D、E 的有效工作时间平均值为 174 分钟。

2.4.6　对标企业的参考资料

1. 资料一：W 集团共享后部分业务环节耗用工作量情况

W 建筑施工集团的经营范围及企业规模与 S 集团相似，该集团在 2015 年完成其财务共享中心建设。在信息化应用方面，W 建筑施工集团财务共享中心主要有如下应用。

(1)所有单位均在统一的报账平台上进行报账,财务共享中心的各会计通过提取单据影像进行财务审核。

(2)电子影像系统可实现与电子报账系统的无缝对接,影像上传后影像图片自动匹配电子报账单。

(3)电子报账系统可实现与核算系统的无缝对接,电子报账系统能自动产生会计凭证。

(4)影像单据审核入账任务不按核算账套隔离,电子报账系统能够按照业务类型随机推送审核任务。

该单位各业务环节的每单平均耗用时间对标参考值如表 2-18 所示。

表 2-18 W 集团共享后业务环节耗用工作量

项 目	业 务 环 节	每单耗用时间(分钟)
费用报销业务	报销单稽核	6
	报销付款	1.5
应付核算与付款业务	采购对账	4.1
	应付核算入账	5
	支付结算	3
应收核算与收款业务	应收入账	5.1
	收款结算	2
薪资业务	薪资核算	12
	薪资发放	2

备注:采用数据测算法计算人员数量时,可参考该表对标使用。

2. 资料二:W 集团财务共享中心运营管理部人员配置情况

W 集团财务共享中心运营管理部人员的配置情况如表 2-19 所示。

表 2-19 W 集团财务共享中心运营管理部人员配置

工作事项	工作内容	编制人数
运营管理业务	支撑 121 人的共享中心运营 上线初期因业务量较大,需其他人员协助	2 人
服务支撑业务	对员工进行相应的单据状态、退单等的疑问咨询;根据运营经验看,主要集中在员工报销业务较多,经营性业务较少或能通过系统自动处理	2 人
信息系统管理	主要进行相应的系统维护、权限分配及系统流程的调整等	2 人
行政管理	主要负责行政管理及部门综合协调工作	2 人
合计		8 人

备注:采用对标评测法计算人员数量时,可参考该表对标使用。

3. 资料三:日有效工作时间对标信息

以下对标单位月工作天数为 22 天,日工作时间为 480 分钟(8 小时),有效工作时间的计算方式为:

有效工作时间=日工作时间−辅助工作时间−间歇时间

人均日有效工作时间对标信息如表 2-20 所示。

表 2-20 人均日有效工作时间对标信息

对标参考值(某通信公司)	对标参考值(某电信省公司)	对标参考值(某建筑公司)
360 分钟	300 分钟	360 分钟

备注:采用对标评测法计算人员数量时,可参考该表对标使用。

思考题

(1)企业集团为什么要建设财务共享中心?

(2)哪种类型的企业适合建设财务共享中心?

(3)在建设财务共享中心时需要考虑哪些要素?

(4)哪些业务适合纳入财务共享中心?对于具体业务流程的环节如何确定?

(5)财务共享中心建设完成后，运营管理需要重点关注哪些方面?

(6)如何评价财务共享中心的建设效果?

2.5 沙盘模拟实践

财务共享沙盘模拟实验课程，可按照如下步骤完成，对其注意事项和过程中涉及的一些应用表单也进行了罗列，便于学员进行记录及讨论。

2.5.1 沙盘模拟指引

1. 整体介绍

由教师对沙盘模拟实验课程进行课前整体介绍，主要包括如下内容：

(1)介绍沙盘模拟实验目标和具体实验任务要求；

(2)介绍沙盘盘面及使用；

(3)介绍沙盘工具箱及使用方法；

(4)介绍沙盘模拟整体步骤及过程资料的填写方法。

2. 沙盘模拟示范

教师可结合实际情况以费用报销业务为例，带领学员进行沙盘模拟，作为示范。目的是使学员更清晰地掌握沙盘模拟的操作步骤及工具使用方法。

2.5.2 战略与政策规划中心模拟

1. 选项工具摆放

这项工作主要包括：建设目标、建设结构、职能定位、建设策略、建设原则、选址因素、选址地点、内部组织划分方法、共享中心人数测算方法。按照小组讨论结果，可选取已有的选项工具在沙盘盘面对应位置进行摆放，或通过在空白选项工具上填写创新性内容的方式进行摆放。这些选项工具的展示结果，对应的来源依据是本教材“2.3 沙盘模拟企业背景概述”相关内容，包括：模拟企业的组织架构、财务体系架构、信息化建设现状、财务管理现状及需求等，需要学员仔细阅读。

2. 手工描绘

这项工作主要包括：建设结构示意图和内部组织架构示意图。在建设结构和内部组织划分方法确认后，需要在这两个对应空白选项工具上手工描绘出架构示意图。

3. 数据计算

共享中心人数需要进行测算，并在空白选项工具上手工填写具体数字进行摆放。此处共享中心人数的测算，只是包含本教材中涉及的四类共享业务相关人员和其对应的运营管理相关人员，并不包括其他业务类别所对应的人员。学员需要根据已选择的共享中心人数测算方法，参考本教材“2.4.5 业务环节耗用工作量统计”和“2.4.6 对标企业的参考资料”进行人员测算。该内容亦可在共享业务规划中心模拟完成后进行测算。

2.5.3 共享业务规划中心模拟

共享业务规划中心模拟包括：费用报销、应收核算及收款结算、应付核算及付款结算、工资四类业务，均从制度内容、业务场景(操作岗位、业务操作内容、实物单据)两个方面进行规划统一。可按如下三步完成模拟。

1. 第一步：差异分析

学员需要仔细阅读“2.4 沙盘模拟企业业务流程概述”相关内容，分析四类业务在各子公司的现有管理制度和流程是否存在差异，并总结存在的差异点，可在下面所展示的差异分析表中简单总结差异内容。差异分析表是学员在沙盘模拟过程中，用于整理分析案例公司各不同业务在管理制度或流程方面存在的差异。差异分析表给出的表单仅供参考，在实验教学过程中教师和同学可以根据需要选择使用，可以作为实验的一部分单列出来，也可以在总结报告中体现。

2. 第二步：制度内容规划模拟

差异内容总结完毕后，学员需要仔细阅读“2.3.3.3 主要业务管理目标”内容，了解企业期望通过财务共享中心建设达成的业务管理目标是什么，依据此目标确认需要统一的管理制度内容有哪些，并可选取已有的选项工具在沙盘盘面对应位置进行摆放，或通过在空白选项工具上填写创新性内容的方式进行摆放。

3. 第三步：业务场景规划模拟

学员同样需要了解企业期望通过财务共享中心建设达成的业务管理目标是什么，依据此目标确认共享后的业务流程是什么,并可选取已有的选项工具在沙盘盘面对应位置进行摆放，或通过在空白选项工具上填写创新性内容的方式进行摆放。业务场景模拟完成后，对于需要纳入共享中心的操作岗位，在其上方摆放小红旗代表即可。

(1)费用报销业务差异分析(如表 2-21、2-22 所示)。

表 2-21 制度差异分析表(费用报销)

制度差异分析表(费用报销)		
序号	差 异 点	明 细 分 析
1		
2		
3		
4		
……		

表 2-22 流程差异分析表

流程差异分析表(费用报销)		
序号	差 异 点	明 细 分 析
1		
2		
3		
4		
……		

(2)应收业务差异分析(如表 2-23、2-24 所示)。

表 2-23 制度差异分析表(应收业务)

制度差异分析表(应收业务)		
序号	差 异 点	明 细 分 析
1		
2		
3		
4		
……		

表 2-24 流程差异分析表(应收业务)

流程差异分析表(应收业务)		
序号	差 异 点	明 细 分 析
1		
2		
3		
4		
……		

(3)应付业务差异分析(如表 2-25、2-26 所示)。

表 2-25 制度差异分析表(应付业务)

制度差异分析表(应付业务)		
序号	差 异 点	明 细 分 析
1		
2		
3		
4		
……		

表 2-26　流程差异分析表(应付业务)

流程差异分析表(应付业务)		
序号	差 异 点	明 细 分 析
1		
2		
3		
4		
……		

(4)工资业务差异分析(如表 2-27、2-28 所示)。

表 2-27　制度差异分析表(工资业务)

制度差异分析表(工资业务)		
序号	差 异 点	明 细 分 析
1		
2		
3		
4		
……		

表 2-28　流程差异分析(工资业务)

流程差异分析表(工资业务)		
序号	差 异 点	明 细 分 析
1		
2		
3		
4		
……		

2.5.4　运营与技术规划中心模拟

运营与技术规划中心模拟主要包括：基础环境及设备、信息系统和运营管理制度。学员需要依据已经规划确认的战略与政策内容、共享业务内容，确定建设财务共享中心需要的基础环境及设备、信息系统及财务共享中心建设后需要遵循的运营管理制度。按照小组讨论结果，可选取已有的选项工具在沙盘盘面对应位置进行摆放，或通过在空白选项工具上填写创新性内容的方式进行摆放。

2.5.5　沙盘模拟呈现及点评

1．沙盘呈现

以小组为单位，由每组学员代表对本组的沙盘模拟结果进行随堂展示，对沙盘盘面的每个环节进行讲解说明。

2．沙盘展示点评

由教师随堂对每组学员展示的沙盘模拟实验结果进行点评，并进行评分，作为总成绩中沙盘呈现的分数；同时，对每组学员沙盘模拟过程中存在的问题或知识点进行总结分析。

2.5.6 沙盘模拟总结报告

沙盘模拟实验总结报告在学员完成了财务共享中心的建设规划方案之后进行，是沙盘模拟实验的最后阶段。总结报告将对小组进行的包括建设战略和政策规划、费用报销业务、工资业务、应收业务、应付业务、运营和技术规划等所有实验任务及其预期建设效果进行总结。学员需要以小组为单位整理总结报告，并提交给教师，总结报告内容如下所示。

2.5.6.1 内容一：小组成员及分工

总结报告的第一部分介绍小组成员分工（如表 2-29 所示），每个小组 6～8 人，每个学员分别扮演集团总部或是 A、B、C、D、E 子集团公司的不同岗位角色。除了共同讨论分析，每个小组成员也可以分别负责一部分实验任务，特别是文档任务。

表 2-29 小组成员及分工

序号	学员姓名	角色分工	实验任务分工
1			
2			
3			
4			
5			
6			
7			
8			

2.5.6.2 内容二：战略与政策规划总结

对财务共享中心建设过程中讨论确定的战略和政策规划内容进行总结，每项内容的总结都包括确定的最终选择和选择依据两个方面。

1．建设目标总结

最终选择：

____

____

选择依据：

____

____

2．建设结构总结

最终选择：

____

____

选择依据：

3．职能定位总结

最终选择：

选择依据：

4．建设策略总结

最终选择：

选择依据：

5．建设原则总结

最终选择：

选择依据：

6．选址总结

最终选择：

选择依据：

7．内部组织划分总结

最终选择：

选择依据：

8. 人员测算总结

测算方法及人数：

测算过程：

2.5.6.3　内容三：费用报销业务规划总结

本部分对财务共享沙盘实验过程中讨论分析的费用报销业务的管理制度、业务流程进行总结。

1. 管理制度统一

对共享费用报销业务需要统一的相关制度内容以及能够达成的管理目标进行描述，请按沙盘模拟选项工具内容如实填写（如表 2-30 所示）。

表 2-30　管理制度统一（费用报销业务）

序号	统一的制度内容	达成的管理目标
1		
2		
3		
4		
5		
6		
……		

2. 业务流程优化

对共享费用报销业务需要统一及优化的流程和能够达成的管理目标进行描述（如表 2-31 所示）。

表 2-31　业务流程优化(费用报销业务)

序号	流程统一/优化内容	达成的管理目标
1		
2		
3		
4		
5		
6		
……		

3. 业务流程描述

对财务共享中心建设后的费用报销业务流程分步骤进行描述(如表 2-32 所示)。

表 2-32　业务流程描述(费用报销业务)

步骤		责任部门/岗位	输　入	输　出	过程实物单据
编号	名称				
01					
02					
03					
04					
05					
06					
07					
08					
……					

4. 纳入共享中心的岗位:

____

____

2.5.6.4　内容四：应收业务规划总结

本部分对财务共享沙盘实验过程中讨论分析的应收业务的管理制度、业务流程进行总结。

1. 管理制度统一

对共享应收业务需要统一的相关制度内容以及能够达成的管理目标进行描述，请按沙盘模拟选项工具内容如实填写(如表 2-33 所示)。

表 2-33　管理制度统一(应收业务)

序号	统一的制度内容	达成的管理目标
1		
2		
3		
4		
5		
6		
……		

2. 业务流程优化

对共享应收业务需要统一及优化的流程和能够达成的管理目标进行描述(如表 2-34 所示)。

表 2-34　业务流程优化(应收业务)

序号	流程统一/优化内容	达成的管理目标
1		
2		
3		
4		
5		
6		
……		

3. 业务流程描述

对财务共享中心建设后的应收业务流程分步骤进行描述(如表 2-35 所示)。

表 2-35　业务流程描述（应收业务）

步骤		责任部门/岗位	输　入	输　出	过程实物单据
编号	名称				
01					
02					
03					
04					
05					
06					
07					
08					
……					

4. 纳入共享中心的岗位：

2.5.6.5　内容五：应付业务规划总结

本部分对财务共享沙盘实验过程中讨论分析的应付业务的管理制度、业务流程进行总结。

1. 管理制度统一

对共享应付业务需要统一的相关制度内容以及能够达成的管理目标进行描述，请按沙盘模拟选项工具内容如实填写（如表 2-36 所示）。

表 2-36　管理制度统一（应付业务）

序号	统一的制度内容	达成的管理目标
1		
2		
3		
4		
5		
6		
……		

2. 业务流程优化

对共享应付业务需要统一及优化的流程和能够达成的管理目标进行描述（如表 2-37 所示）。

表 2-37　业务流程优化（应付业务）

序号	流程统一/优化内容	达成的管理目标
1		
2		
3		
4		
5		
6		
……		

3. 业务流程描述

对财务共享中心建设后的应付业务流程分步骤进行描述（如表 2-38 所示）。

表 2-38　业务流程描述（应付业务）

步骤		责任部门/岗位	输　入	输　出	过程实物单据
编号	名称				
01					
02					
03					
04					
05					
06					
07					
08					
……					

4. 纳入共享中心的岗位：

____

____

2.5.6.6 内容六：工资业务规划总结

本部分对财务共享沙盘实验过程中讨论分析的工资业务的管理制度、业务流程进行总结。

1. 管理制度统一

对共享工资业务需要统一的相关制度内容以及能够达成的管理目标进行描述(如表 2-39 所示)。

表 2-39 管理制度统一(工资业务)

序号	统一的制度内容	达成的管理目标
1		
2		
3		
4		
5		
6		
……		

2. 业务流程优化

对共享工资业务需要统一及优化的流程和能够达成的管理目标进行描述(如表 2-40 所示)。

表 2-40 业务流程优化(工资业务)

序号	流程统一/优化内容	达成的管理目标
1		
2		
3		
4		
5		
6		
……		

3. 业务流程描述

对财务共享中心建设后的工资业务流程分步骤进行描述(如表 2-41 所示)。

表 2-41 业务流程描述(工资业务)

步骤		责任部门/岗位	输入	输出	过程实物单据
编号	名称				
01					
02					
03					
04					
05					
06					
07					
08					
……					

4. 纳入共享中心的岗位:

2.5.6.7 内容七：运营与技术规划总结

对财务共享中心建设过程中讨论确定的技术规划内容进行总结，每项内容的总结都包括确定的最终选择和选择依据两个方面。

1. 基础环境及设备总结

最终选择:

选择依据:

2. 信息系统总结

最终选择:

选择依据：

3. 运营管理制度总结

最终选择：

选择依据：

2.5.6.8 内容八：财务共享中心建设效果分析

从业务规范、效率、成本、风险、服务质量等几个维度，简单描述财务共享中心建设完成后预期带来的效果。

2.5.7 沙盘模拟评分

教师需将学员提交的沙盘模拟总结报告进行评分，并结合随堂考核的沙盘呈现分数进行最终评分，完成财务共享沙盘模拟实验课程。

2.5.8 教师总结

对于财务共享沙盘模拟实验课程，可由教师对学员在模拟过程中存在的问题和授课过程中积累的经验与不足进行总结，并进行分享与传播，为后续课程做好铺垫，提升教学质量。

第 3 章

财务共享软件篇

3.1 课程导读

3.1.1 课程介绍

财务共享软件实验课程是以浪潮 GS 企业管理软件(以下简称浪潮 GS)为平台，给学员提供一套模拟企业建设财务共享的基础数据、业务数据和运营管理信息，学员以个人为单位或分成小组，按照既定的操作流程完成财务共享相关的基础数据设置、业务及组织规划、共享业务处理、运营分析等实验操作。

实验课程中，教师针对每堂课程实验主题，讲解其相关的知识要点、软件操作流程和操作方法，而学员则可以扮演系统管理员、业务员、运营管理人员等岗位角色，登录浪潮 GS 软件，真实体验不同岗位角色的财务共享相关操作流程。课程主要内容包括：浪潮 GS 客户端安装部署及财务共享中心软件应用介绍、财务共享初始化设置、四类不同业务在财务共享系统中的工作流程、财务共享任务质量管理、共享中心运营分析、报表统计分析等。

该实验课程的配套教材(本教材)，将课程内容划分为 10 个主题，除课程考核外，每个主题的学习任务均是模拟真实的企业案例，针对不同任务给出既定的业务背景，配合详细操作说明及浪潮 GS 软件截图，辅助学员完成每个任务内容。

该课程可以单独开课，也可以配合财务共享沙盘模拟实验课程开课。在沙盘课程的基础上，配合软件教学，能够更好地巩固学员所掌握的知识，并提升学员在信息系统中实践的能力。期望通过该课程的学习，可以达到如下目标：

(1)了解企业建设财务共享中心需要规划的基础数据内容及操作方法；

(2)了解纳入财务共享后业务处理的操作流程及操作方法；

(3)了解财务共享中心建设完成后，企业运营管理及分析的主要内容。

3.1.2 教学组织

3.1.2.1 教学准备

1. 硬件与软件准备

财务共享软件实验课程主要以软件为载体，配合本教材中的十个主题上机实验内容，完成财务共享建设、业务流转、运营数据分析以及上机考核等内容的操作任务。实验课程需要一个可供学员集中上机操作的实验室，至少包括一台服务器和学员上机使用的电脑。服务器需要完成学员实验环境的部署，包括数据库的安装、浪潮 GS 软件的安装、用户权限的配置，以及一些预置参数和流程等内容的设置。学员使用的电脑，需要完成浪潮 GS 软件的客户端环境部署。

2. 师生准备

在财务共享软件实验课程中，教师需要讲解与课程相关的知识要点及实验操作方法，并对学员给予实时的指导。因此，该课程需要教师了解财务共享相关的专业理论知识，并能够结合企业实务进行讲解，同时需要教师对信息系统中财务共享的整体操作流程有一定的了解。要做到这些，就需要教师在课程开设前加强自身的知识储备和信息技术应用能力，或通过适当的师资培训，来提升整体师资水平，进而才能够保证课堂教学质量。

另外，对于学员而言，也需要具备一定的财务共享相关专业知识；同时还需对实验过程中涉及的岗位职责、实验规则、实务业务流程等内容具备一定的了解，这样才能够在实验中，不容易陷入数据中，不会变成单纯的“打字员”，而是会从实际业务的角度去理解并掌握财务共享在信息系统中的应用。

3.1.2.2 教学计划

财务共享软件实验课程的教学计划可参考表 3-1，按一学期 20 个总课时计，2 学分，周学时为 2，共 10 周。课程负责教师可以根据学校专业培养方案和学员的具体情形调整教学课时安排。另外，教师还可根据实际情况调整授课内容，如表中实验主题二是其他实验内容的基础，必须课堂讲解。除此之外，教师可以挑选上课主题完成该实验课程。

表 3-1 沙盘模拟实验参考教学计划（院校计划内教学）

课程内容	授课形式	课时安排
主题一：浪潮 GS 财务共享中心介绍	(1) 主题中的“相关知识”内容，授课形式为：课堂授课 (2) 主题中的“案例实践”内容，授课形式为：学员实验	2
主题二：共享中心基础信息设置		2
主题三：费用报销共享业务处理		2
主题四：应收共享业务处理		2
主题五：应付共享业务处理		2
主题六：薪资发放共享业务处理		2
主题七：总账与报表业务处理		2
主题八：共享中心任务及质量管理		2
主题九：共享中心运营分析		2
主题十：财务共享实践课考核		2
合计		20

3.2 软件模拟背景概述

3.2.1 模拟企业背景

欢迎加入 S 集团财务共享信息化项目组，您将作为项目组的一名成员，参与财务共享信息化建设全过程。您会分别以系统管理员、报账员、相关领导、单据初审员、财务稽核员、财务核算员、报表管理员等不同身份，体验不同角色在信息化过程中的工作流程及工作内容，完成 S 集团财务共享建设计划中的系统初始化设置、完整的财务共享业务处理流程。

S 集团是国内最具实力、最具规模的大型建设集团之一。公司业务涵盖工程施工、设计、装备制造、资本运营、房地产开发等领域。旗下子公司众多，通过各地子公司为全国各省、自治区、直辖市提供建筑工程承包及其他服务，并在非洲、亚洲、南美洲等海外国家及地区参与基础设施建设。当前，S 集团财务组织结构为“集团—公司—项目部（独立核算的非法人实体）”三层级管理结构，项目部下设财务部、人事部、行政部等相关部门。S 集团的自身业务，具有项目核算单位较小、业务单一、成本类业务笔数少但费用和支付类业务笔数多的典型特征。

S集团计划在2017年开始建设财务共享中心，采用“整体规划，分步实施”的方法，在集团层面建设完全集中的财务共享中心，面向整个集团提供服务。集团财务共享中心的建设计划分三期完成，计划建设周期为两年，一期主要建设内容是选取部分试点单位及典型业务试点运行；二期主要建设内容是国内下属单位财务业务的整合及共享；三期主要建设内容是国外下属单位财务业务的整合及共享。在第一期的财务共享建设计划中，试点单位包括S集团本部、A公司十堰铁路项目部和B公司湖广铁路项目部，纳入财务共享的业务类型包括费用报销、薪资业务、应收业务和应付业务四类。

本教材模拟的业务就是基于S集团第一期建设的内容，在浪潮GS产品中，从2017年1月1日开始，模拟财务共享信息化的全过程。模拟内容包括：浪潮GS客户端安装部署及财务共享中心软件应用介绍、财务共享初始化设置、四类不同业务在财务共享信息化中的工作流程、财务共享任务质量管理、共享中心运营分析、报表统计分析等。

3.2.2 模拟岗位角色

财务共享软件实验课程中，学员需要模拟的用户及其业务范围如表3-2所示。

表3-2 软件模拟用户及其业务范围

用户编号	用户名称	描述
8888	系统管理员	用于模拟浪潮GS软件模拟的系统管理工作，包括基础数据规划、流程设计、参数管理等内容
002	S稽核员（示例）	是示例共享中心的财务稽核人员，在实验课程中，用于模拟对稽核单据进行调整处理
01	张静	用于模拟物资采购及差旅费业务的报账工作
02	李勇	用于模拟差旅费、薪资计提及薪资发放业务的报账工作
03	马超	用于模拟应收业务中对上计价及发票业务的报账工作
04	魏雪	用于模拟差旅费业务的报账工作
05	徐兵	用于模拟采购对外付款业务的报账工作
15	李梅	用于模拟费用报销业务的财务稽核及生成财务凭证工作
16	张东	用于模拟应收业务中对上计价及发票业务的单据初审、财务稽核及生成财务凭证工作
17	张磊	用于模拟物资采购应付入账业务的单据初审、财务稽核及生成财务凭证工作
18	马涛	用于模拟薪资计提及发放业务的单据初审、财务稽核及生成财务凭证工作
19	刘慧	用于模拟费用报销、物资采购对外付款及薪资发放业务的资金结算工作
20	刘元	用于模拟物资采购对付款业务的单据初审、财务稽核及生成财务凭证工作
21	张明	用于模拟对费用报销、应收对上计价及发票、应付入账及对外付款、薪资发放业务的领导审批工作
25	张默	用于模拟对需要重新稽核的单据进行单据整改
26	刘杨	用于模拟财务共享中心的提单规则设置、任务加急及分配、整改单据的审批、绩效数据分析、时效数据分析等工作
27	刘芳	用于模拟对整改单据的复检工作
28	王慧	用于模拟质量管理中的单据质量抽样及质检工作

按实验中模拟的业务类别进行分类，将其对应的模拟人员和模拟实验内容描述如下：

（1）系统管理业务，如表3-3所示。

表 3-3　软件模拟用户及实验内容（系统管理）

参与用户	模拟实验内容
8888 系统管理员	设置财务共享中心业务处理所需要的基础数据，包括核算人员、共享中心服务、业务组、用户、报账类型、报销账户、单据类型、系统设置等。系统管理内容的正确设置是后续业务处理及运营数据分析的前提和保障

（2）费用报销业务，如表 3-4 所示。

表 3-4　软件模拟用户及实验内容（费用报销）

参与用户	模拟实验内容
01 张静 02 李勇 04 魏雪	差旅费报销填报
21 张明	差旅费报销审批
15 李梅	差旅费报销单及相关原始单据财务稽核、生成财务凭证
19 刘慧	差旅费报销付款办理及付款确认

（3）应收共享业务，如表 3-5 所示。

表 3-5　软件模拟用户及实验内容（应收）

参与用户	模拟实验内容
03 马超	应收暂估（对上计价）及发票业务报账
16 张东	应收业务涉及的原始单据及报账单等单据初审
21 张明	对上计价报账单及发票报账单审批
16 张东	对上计价报账单、发票报账单及相关原始单据财务稽核、生成财务凭证

（4）应付入账共享业务，如表 3-6 所示。

表 3-6　软件模拟用户及实验内容（应付入账）

参与用户	模拟实验内容
01 张静	物资采购正式/暂估/暂估红冲业务报账
17 张磊	应付入账业务涉及的原始单据及报账单等单据初审
21 张明	正式/暂估/暂估红冲物资采购报账单审批
17 张磊	正式/暂估/暂估红冲物资采购报账单及相关原始单据财务稽核、生成财务凭证

（5）对外付款共享业务，如表 3-7 所示。

表 3-7　软件模拟用户及实验内容（对外付款）

参与用户	模拟实验内容
05 徐兵	物资采购对外付款报账
20 刘元	物资采购对外付款业务涉及的原始单据及报账单等单据初审
21 张明	对外付款报账单审批
20 刘元	对外付款报账单及相关原始单据财务稽核、生成财务凭证
19 刘慧	对外付款业务付款办理及付款确认

（6）薪资计提共享业务，如表 3-8 所示。

表 3-8　软件模拟用户及实验内容（薪资计提）

参与用户	模拟实验内容
02 李勇	工资、奖金、社保计提报账
18 马涛	工资、奖金、社保计提涉及的原始单据及报账单等单据初审
18 马涛	工资、奖金、社保计提报账单及相关原始单据财务稽核、生成财务凭证

(7)薪资发放共享业务，如表 3-9 所示。

表 3-9　软件模拟用户及实验内容（薪资发放）

参与用户	模拟实验内容
02 李勇	工资、奖金发放报账
18 马涛	工资、奖金发放涉及的原始单据及报账单等单据初审
21 张明	工资、奖金发放报账单审批
18 马涛	工资、奖金发放报账单及相关原始单据财务稽核、生成财务凭证
19 刘慧	薪资发放业务付款办理及付款确认

(8)总账与报表业务，如表 3-10 所示。

表 3-10　软件模拟用户及实验内容（总账与报表）

参与用户	模拟实验内容
29 马骏	凭证查询、损益凭证结转、账表查询
30 王辉	凭证审核、记账、报表计算

(9)任务管理，如表 3-11 所示。

表 3-11　软件模拟用户及实验内容（任务管理）

参与用户	模拟实验内容
26 刘杨	提单规则设置、任务加急、分配
002 S 稽核员(示例)	抢单、财务稽核单据调整

(10)质量管理，如表 3-12 所示。

表 3-12　软件模拟用户及实验内容（质量管理）

参与用户	模拟实验内容
28 王慧	财务稽核单据抽样质检，出具质量检查单
25 张默	对需要重新财务稽核的单据进行单据整改
26 刘杨	重新整改的单据审批
27 刘芳	单据复检

(11)运营分析，如表 3-13 所示。

表 3-13　软件模拟用户及实验内容（运营分析）

参与用户	模拟实验内容
26 刘杨	绩效分析、时效分析

3.3 主题一：浪潮 GS 财务共享介绍

3.3.1 相关知识

3.3.1.1 浪潮 GS 财务共享产品介绍

1. 浪潮财务共享中心解决方案

浪潮财务共享中心解决方案是在总结浪潮成功实施以及正在建设的财务共享项目实践经验的基础上，结合国内企业集团在财务转型中的实际需求，提出的一整套完整的解决方案，也是浪潮 ERP 总体解决方案的重要组成部分。浪潮财务共享中心创新性的将云计算、移动互联网、大数据等新技术与财务共享服务理念进行有效融合，为国内企业集团成功建设财务共享中心提供了强有力的支撑和技术保障。

浪潮 GS 共享中心由四大平台组成：运营支撑平台、网上报账平台、业务操作平台、运营管理平台。

运营支撑平台主要对财务共享中心的业务开展和运营进行基础信息管理，包括共享中心的定义、作业规则管理及共享中心服务参数定义等。

网上报账平台作为企业财务数据的采集入口，将企业的报账支付数据完全电子化，利用信息技术再现原始业务活动，为每笔支出建立了单独的审计线索。

共享中心业务人员依托业务操作平台完成业务单据及凭证的审核审批，以及实物、电子档案管理。

运营管理平台包括作业管理、质量管理、绩效管理，实现按业务类别自动分配任务，支持对作业任务的质量管理、绩效管理，以及对员工和组织运营 KPI 指标实时分析的绩效看板等。

2. 产品架构

浪潮 GS 财务共享服务产品架构，如图 3-1 所示。

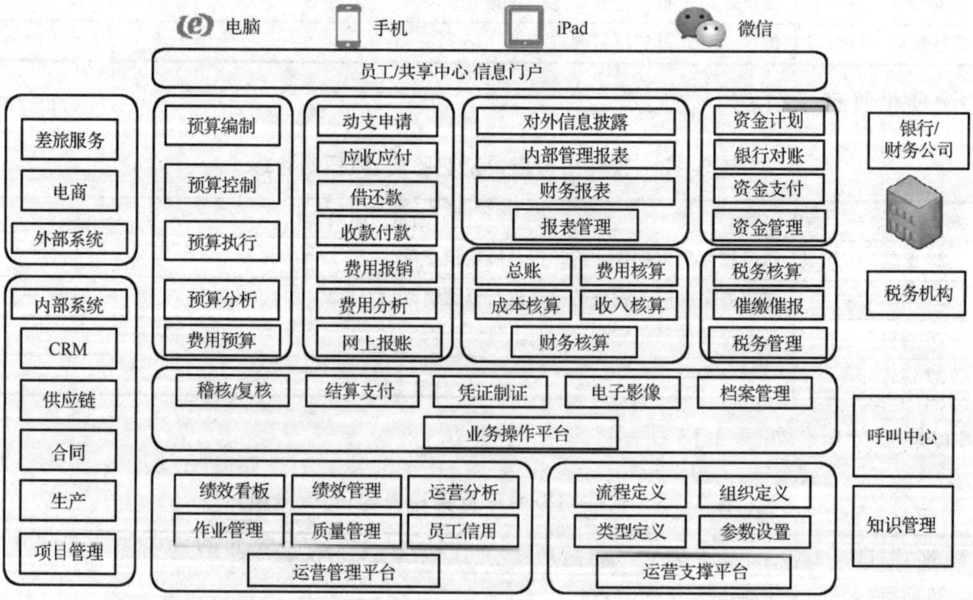

图 3-1 财务共享服务产品架构

(1)通过规范化、体系化的财务组织与流程重组，支撑企业发展战略。

- 提升组织的灵活性，有利于应对企业集团业务需求的快速变化，以较低成本在现有服务架构上增加业务。
- 公司在新的地区建立子公司或收购其他公司，财务共享中心能及时为这些新建的子公司提供服务，不必考虑新建财务等职能支撑部门。

(2)加强集团管控，完善财务战略体系。

- 通过战略财务、共享中心、业务财务的信息化，为客户建立完整的财务战略体系。
- 基础财务工作通过财务共享中心完成，公司财务管理人员能够集中精力在公司的核心业务。

(3)建立会计工厂，降低财务成本。

- 消除岗位重复建设，减少人员数量和中间层级，充分发挥规模效应。
- 通过在低成本地区进行选址，降低人员成本。
- 降低未来的重组、整合、设备投入成本。

(4)提高财务服务水平与运营效率。

- 分工细化，人员专业化程度提高，从而提供更为专业的服务。
- 业务流程优化和标准化，从而提升工作效率。
- 财务数据集中，数据汇总、分析质量提升，更容易实现跨地域、跨部门的数据整合。

3. 产品特性

(1)运营支撑平台。

特性 1：基础数据统一规划。

- 从集团、账集、企业三个层次对数据进行标准化管理。
- 将集团制定的标准与规范，统一设置到系统中，各成员单位必须在标准与规范的控制下应用系统。
- 各单位在引用集团公有信息时，可以在一定权限范围下建立私有信息。

特性 2：基于职责和角色的授权管理。

- 结合对业务系统的业务实体的操作以及数据结构进行建模，构造业务系统的授权机制，可灵活实现业务系统的功能操作权限控制以及数据访问控制(行权限、字段权限)，能提供完整的授权控制模型，具有良好的独立性和开放性，可以方便地和各种业务系统挂接，提供授权控制服务。
- 基于职责的授权基本原理。一种职责可以赋予多个单位(会计实体)的功能权限和数据权限。一个操作人员可以赋予多个职责。功能权限可以细化到每一级功能菜单，没有权限访问的菜单会自动隐藏。
- 不同的职责可以根据定义形成个性化应用界面。

特性 3：工作流应用适应集团管理流程化。

- 通过工作流平台，自由定义需要审批的业务类别、审批流程的人员或岗位、审批额度。处理业务时，业务单据在系统中按照已经定义好的流程进行流转。
- 通过工作流平台，能够帮助集团实现流程化管理，并将关键业务、内部控制活动通过系统灵活定制，使财务控制活动在系统内相对固化，从而使财务管理工作的职能逐步转向决策支持上来，提高财务管理的水平。

(2)网上报账平台。

特性1：规范费用管理流程。

- 实现了对内员工报销，对外收款/付款的申请、审批的管理控制，支持费用、资产、应收、应付等收支管理。
- 降低员工提交、审批、处理、支付及费用报销所需的时间和精力。
- 实现全过程的网上审批，单位领导可自由安排审批时间，消除被动审批造成的工作干扰。
- 实现某些费用申请单据，必须先有申请才能报销，规范报销流程。
- 应用条码机，扫描单据条码，记录报销单据投递情况，稽核时通过条码进行单据定位，快捷查找单据进行稽核。

特性2：加强费用控制

- 对借款的控制：为控制资金风险，单位会对内部员工的借款进行控制，其控制方式一般为控制余额或控制每笔借款的金额，也可以采取两种方式混合的方法。在系统中，采用按照员工的职务级别等信息规定前述两种控制方式的控制金额，在借款过程中进行实时控制。
- 对报销的控制。报销过程中的控制主要有两个方面：报销限额和报销标准。报销限额控制是对指定报销项目在一定时间范围内的报销总额进行限制的控制方法，常见的有通信费的月度标准、住宿费的每天标准等。报销标准主要是用于计算有关报销费用，如差旅补贴的标准等。在系统中，采用按照员工的职务级别等信息规定报销限额和报销标准，对于报销限额可以设定控制周期为天、月、季、年，并可以进行累计控制。
- 对预算的控制。费用的申请是否合理，报销的事项是否批准，这些与报销者个人的限额和标准相关的控制要求，需要根据单位的预算情况进行决策和控制。系统可以在业务申请阶段实现与预算系统的实时连接，对预算进行预计和检查，对超出预算或者到达预警线的业务进行实时控制。

特性3：灵活定制表单、审批流程。

- 系统预置大量最佳实践的单据模板，提供各种费用单据、收付单据的定制平台。
- 可以灵活定义报销、申请单据类型及单据格式、打印格式，随时响应用户最新变化。
- 可以对费用单据设置多级、多步骤的审批流程，支持不同人员不同的审批权限。

特性4：实时查询，快速统计报表。

- 多维度、多层次、多方式穿透查询，实现管理驾驶舱功能。
- 费用的不同状态满足了不同时期不同岗位的人员对费用的查询。

(3)业务操作平台。

特性1：与预算、财务、资金、现金的集成。

- 资金集中收付和费用预算控制管理。收支数据实时登记预算，并且可对支出进行实时的预算控制。
- 制单时进行费用预算预警设置，以供领导审批、共享中心人员稽核时进行预算查看。
- 支持稽核阶段自动生成核算凭证及发送资金收付款请求(是否自动及集成阶段可配置)。

- 支持先核算后付款、先付款后核算的业务模式。

特性 2：集成电子影像系统和实物票据管理系统。

- 实现发票的分组扫描、影像上传、影像检索工作。
- 实现票据、电子影像与实物票据的一一对应。

(4) 运营管理平台。

特性 1：灵活的业务分配管理。

- 作业管理支持抢单式和权限分配两种分配方式。
- 任务能够强制分配、强制取回、再分配等。
- 实现个人及组织工作量统计及明细查询。

特性 2：运营统计分析。

- 能够进行共享中心作业统计。
- 能实时统计查询共享中心作业明细。
- 支持多维度、多角度的分析。

4. 产品流程

浪潮 GS 财务共享服务产品流程，如图 3-2 所示。

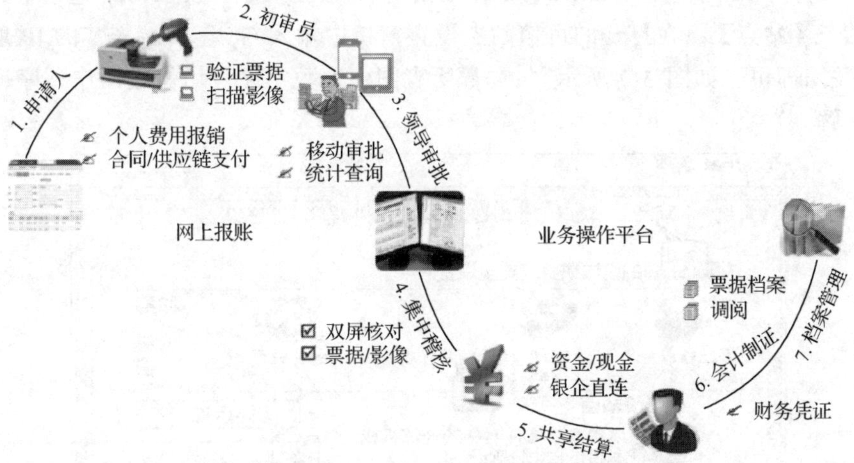

图 3-2 财务共享服务产品流程

第一步：报销人在网上报账系统按照公司制度要求，填写报账单；编制报账单的时候需要遵循财务共享中心制定的规章制度，并将原始单据统一粘贴，提交给单据初审岗。

第二步：由初审员进行单据扫描，将原始凭证通过高拍仪扫描至服务器指定位置，为后续单据与原始单据图片匹配做好铺垫；同时，初审员需要验证发票的准确性。

第三步：由各级领导进行报账单审批。

第四步：各级领导审批通过的报账单，流转到财务稽核岗位。财务稽核岗位调出原始单据与报账单信息进行核对。

第五步：审核通过的报账单通过资金系统支付。

第六步：通过凭证接口功能，自动生成财务凭证。生成的凭证需要总账会计校验、审核及记账处理。

第七步：档案管理员进行凭证、报账单的归档。

3.3.1.2 浪潮 GS 客户端安装环境介绍

1. GS 软件运行环境介绍

为保证 GS 客户端能够顺利安装并稳定运行，对于每个操作用户使用的电脑，都需达到 GS 客户端安装所要求的最低甚至更高的配置，主要包括硬件和软件两方面的环境配置，如表 3-14 所示。

表 3-14 客户端运行环境配置要求

类 别	要求配置
硬件运行环境	内存 2G，硬盘 250G，网卡 100M
软件运行环境	操作系统：支持 Windows XP、Windows 7、Windows 8、Windows10 浏览器：支持 IE7.0 及以上版本

2. IE 浏览器配置

GS 客户端运行前，一般建议对 IE 浏览器进行相关配置，以保证为 GS 提供一个相对稳定的操作环境，主要包括受信任站点的添加、一些控件的设置等内容。以 IE8 为例说明，具体操作如下。

第一步：打开 IE 浏览器(Internet Explorer)，执行【工具】-【Internet 选项】-【安全】-【可信站点】-【站点】，在打开的可信站点设置窗口中输入 GS 客户端安装的 IP 地址，单击【添加】并关闭即可，如图 3-3 所示。(本章所有图中，数字序号均代表操作顺序，后文不再赘述，请了解。)

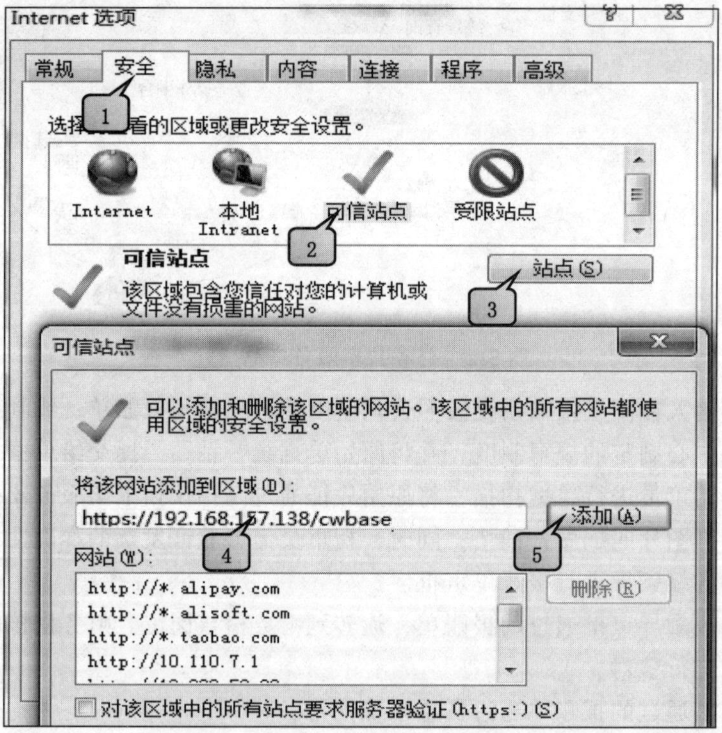

图 3-3 IE 浏览器配置-可信站点

第二步：执行【Internet 选项】-【安全】-【Internet】-【自定义级别】，如图 3-4 所示。

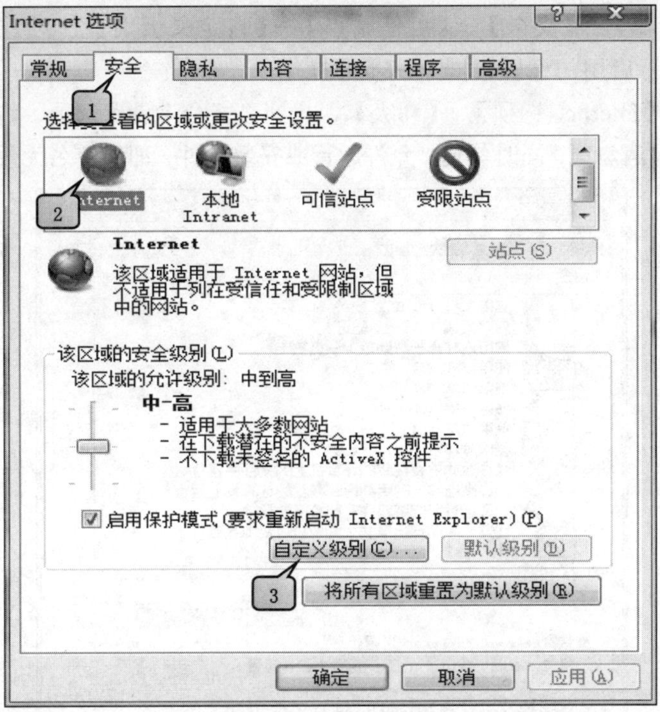

图 3-4　IE 浏览器配置-Internet 自定义级别

第三步：在打开的自定义级别设置对话框中，找到“ActiveX 控件和插件”设置选项，将该项下所有的内容均勾选为“启用”，单击“确定”即可，如图 3-5 所示。

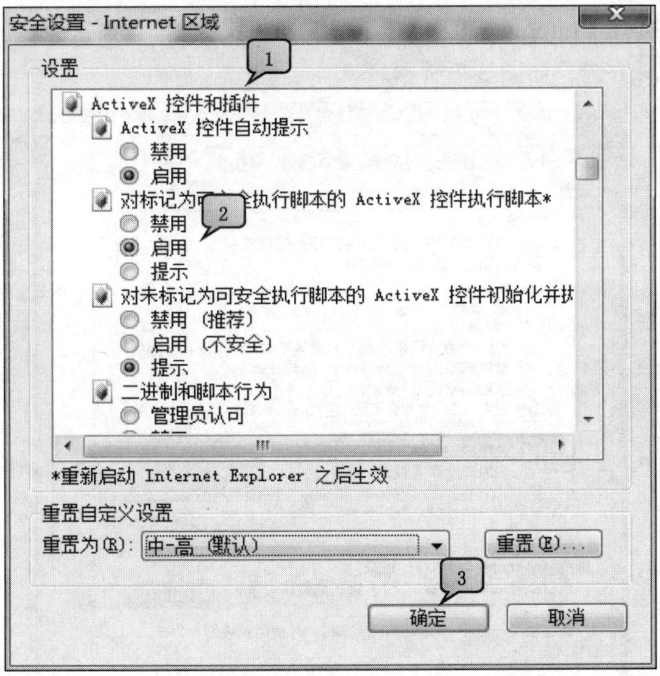

图 3-5　IE 浏览器配置-Internet 区域 ActiveX 控件和插件

第四步：分别执行【Internet 选项】-【安全】-【本地 Intranet】-【自定义级别】和【工

具】-【Internet 选项】-【安全】-【可信站点】-【自定义级别】，对“ActiveX 控件和插件”的设置选项进行启用的设置，同第三步的操作。

第五步：执行【Internet 选项】-【高级】，找到“安全”设置选项，将“启用内存保护帮助减少联机攻击”取消勾选，同时勾选“允许运行或安装软件，即使签名无效”，如图 3-6 所示。

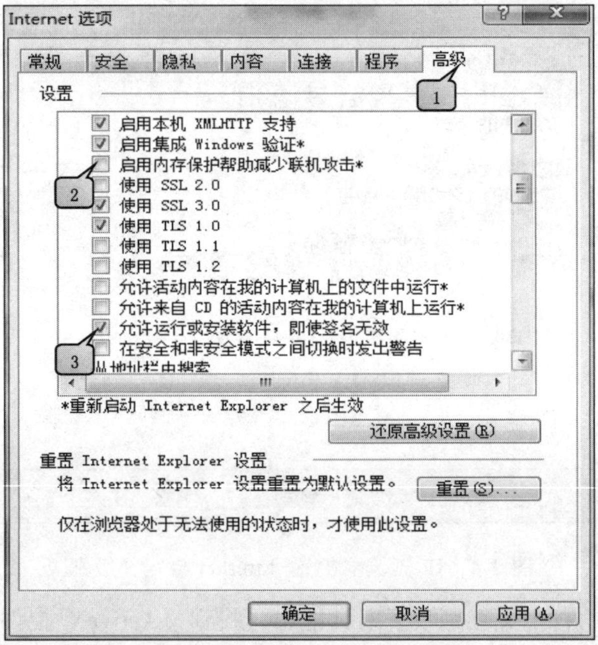

图 3-6　IE 浏览器配置-高级设置第一步

第六步：同样执行【Internet 选项】-【高级】，找到“浏览”设置选项，将“启用第三方浏览器扩展”取消勾选，如图 3-7 所示。

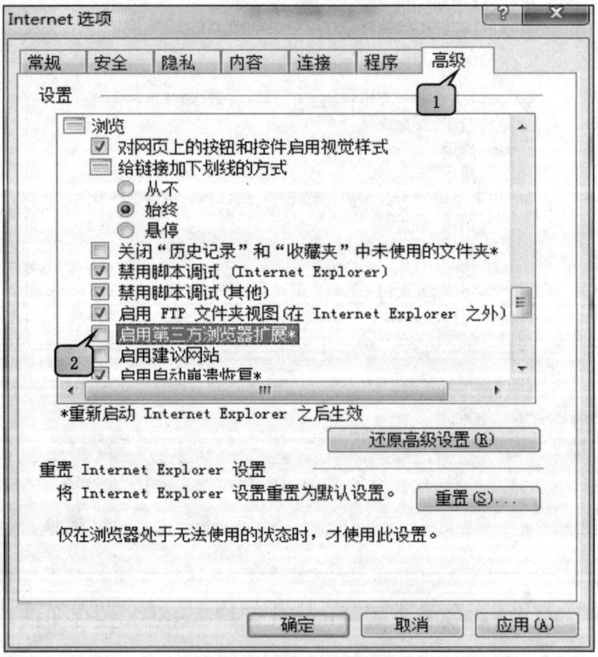

图 3-7　IE 浏览器配置-高级设置第二步

第七步：按照如上操作，IE 浏览器配置完毕，退出浏览器即可。

3.3.2 案例

3.3.2.1 任务背景介绍

浪潮 GS 是基于客户端来操作使用的，因此操作用户需要进行客户端的安装才可进行相关应用的操作。

3.3.2.2 任务一：浪潮 GS 客户端安装

1. 任务描述

请安装 GS 客户端，并能登录。

2. 任务实施

(1)客户端安装。可采用两种方式，在线安装或拷贝客户端，具体操作方法如下介绍。

● 在线安装方式

第一步：打开 IE 浏览器，在网址处输入客户端安装的网址(固定格式为：http://服务器 IP 地址/cwbase)，在浏览界面单击“PC 客户端下载”，如图 3-8 所示。

图 3-8 在线安装——IP 地址输入

若使用除 IE 浏览器以外的其他浏览器如 360 浏览器，输入 GS 客户端安装网址后，单击“单击在线安装”即可，如图 3-9 所示。

第二步：单击“PC 客户端下载”或“单击在线安装”后，执行客户端的安装程序，需要输入服务器 IP 地址，单击“下一步”，如图 3-10 所示。

图 3-9　在线安装——单击在线安装

图 3-10　在线安装——输入服务器 IP

第三步：在安装过程中对客户端环境进行检测的时候，对于需要修复的内容，单击“一键修复”，如图 3-11 所示，修复完成后，单击“下一步”。

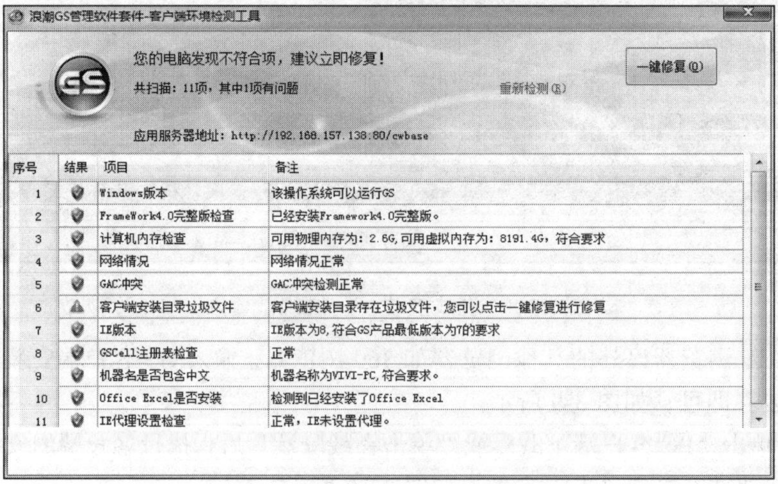

图 3-11　在线安装——客户端环境检测

第四步：在客户端安装时可以修改安装路径，单击“立即安装”，如图 3-12 所示，直至 GS 客户端安装完毕。

图 3-12　在线安装——安装路径设置

● 客户端直接拷贝方式

可从其他已正确安装 GS 客户端的设备上拷贝安装文件夹，然后直接使用。对于已经安装 GS 客户端的设备，可通过如下方式查找安装文件夹。

第一步：找到 GS 登录的快捷图标，鼠标单击右键，选择“打开文件位置”，如图 3-13 所示。

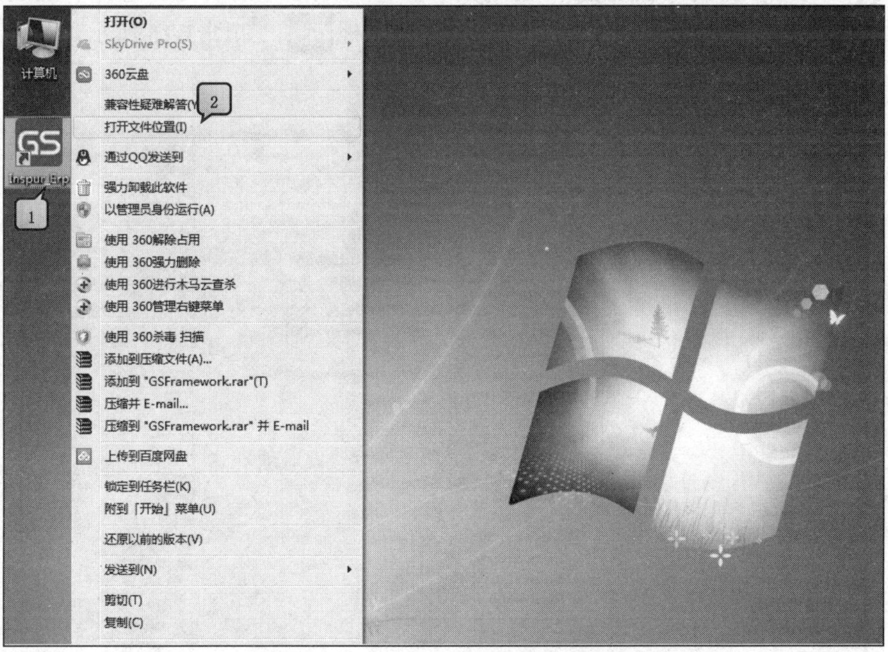

图 3-13　客户端拷贝安装方式第一步

第二步：在图 3-13 选择“打开文件位置”时，则会自动打开 GS 客户端的根目录，对应该目录将“Inspur”文件夹拷贝出来，如图 3-14 所示。

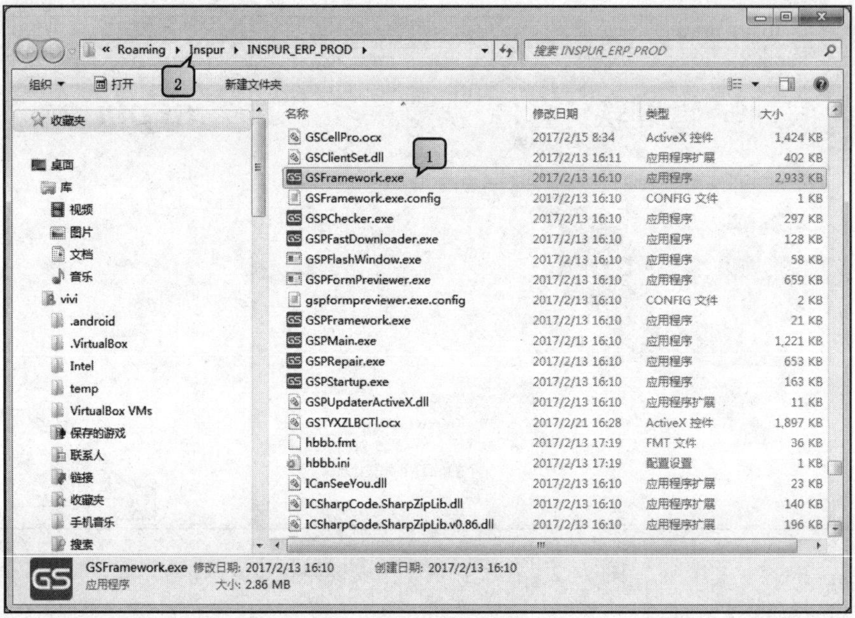

图 3-14　客户端拷贝安装方式第二步

第三步：将“Inspur”文件夹拷贝到新的设备上以后，找到“GSFramework.exe”文件，也就是图 3-14 中的 GSFramework.exe，打开后配置服务器 IP 则可直接登录客户端。

第四步：可将 GSFramework.exe 登录文件设置成桌面快捷方式，便于登录。在拷贝的“Inspur”文件夹中，找到“GSFramework.exe”文件，鼠标单击右键，选择“发送到”，再单击“桌面快捷方式”，则可在桌面形成一个快捷图标，如图 3-15 所示。

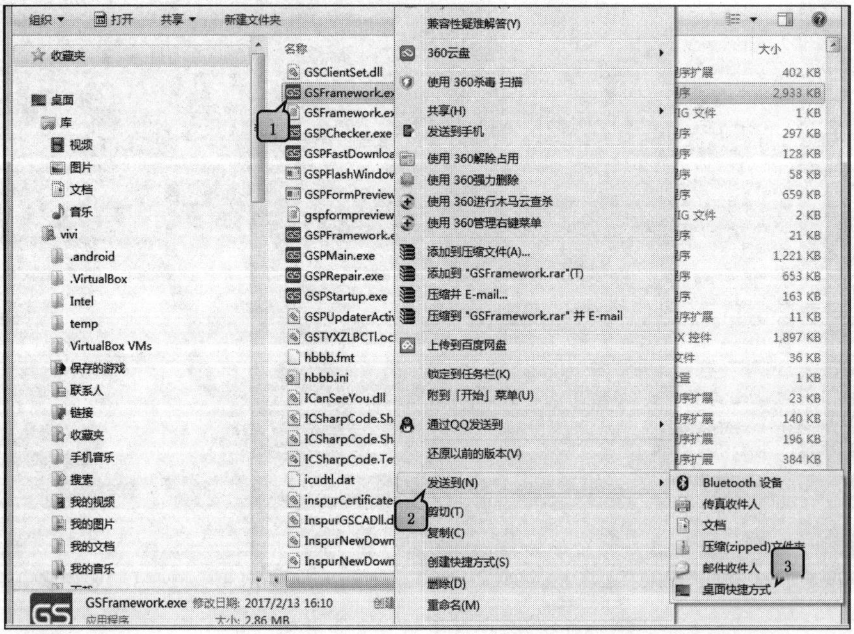

图 3-15　客户端拷贝安装方式第三步

(2)掌握 GS 客户端的登录。GS 客户端安装完毕后，即可进行登录，操作步骤如下介绍。

第一步：客户端在线安装完成后，在电脑桌面会保存一个标注 GS 的快捷图标，双击打开，显示如图 3-16 所示，选择需要登录的应用实例和登录日期，输入用户名和密码，单击“确定”即可登录。

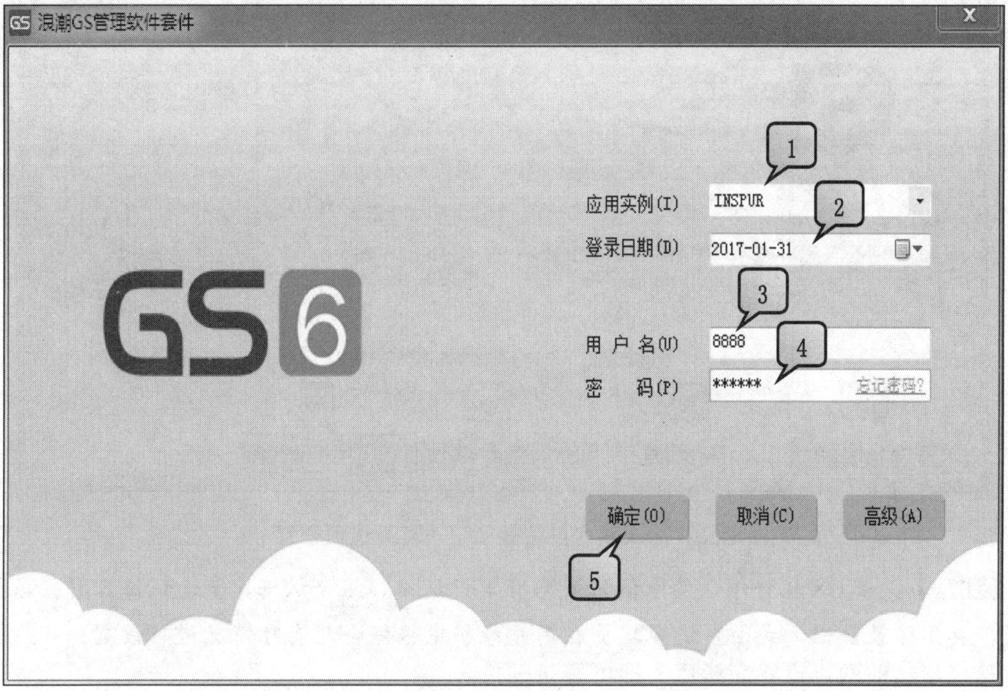

图 3-16　GS 客户端登录——界面介绍

第二步：在 GS 登录界面，可以单击“高级”，进行一些高级选项的配置及设置，主要包括如下内容。

- 客户端文件预下载。此功能不是必须要执行的功能，即便不进行文件预下载，系统也会在第一次使用这个功能时自动下载相关文件，一般一个功能第一次使用时需要消耗数秒的时间下载相关文件。此功能可以在空闲时预先下载相关的文件，提升第一次使用某个功能的效率。
- 客户端体检。执行该功能可以对当前客户端的基本运行环境进行检测，对不符合的一些项目还支持修复。
- 设置服务器地址。此功能可以用于设置多个不同的服务器地址，并进行当前服务器的切换。例如，有些企业集团在 GS 管理软件初期运行使用时，会准备多个服务器用于测试或正式数据的录入等，该种情况就可以通过设置服务器地址进行新增和切换的操作。
- 设置认证方式。此功能主要用于登录 GS 时使用的一些认证信息，单击“设置认证方式”，在打开设置认证方式的界面，经常设置的是认证方式的默认信息。例如，需要保存经常登录的实例编号、用户编号和用户密码等，再次登录时就无须重复输入这些信息，如图 3-17 所示。

图 3-17　GS 客户端登录——高级选项配置

【注意】：在 GS 软件中，登录认证策略有单一认证、组合认证、多选认证三种登录认证方式，具体登录认证方式由系统管理员在用户维护中根据企业实际情况进行设置。

第三步：前两步设置完毕后，即可登录软件。

3.3.2.3　任务二：浪潮 GS 登录框架熟悉

1. 任务描述

熟悉 GS 登录界面基本功能、高级功能。

熟悉 GS 主界面工具栏、功能模块等内容。

2. 任务实施

登录软件后，主要分为上、下、左、中、右五大区域，每个区域代表的含义如下介绍。

(1)上方区域。代表工具栏信息，经常使用的功能有如下介绍。

- 个人信息设置。单击个人信息图标，在打开个人信息设置的界面，在“全局权限”和“我的权限”选项下能够查看对应的功能权限、数据权限等权限信息；切换到“安全设置”选项，可以进行修改密码的操作；切换到“常规设置”选项下，可以对“启动和登录”、“主框架”等内容进行设置。例如，登录后自动显示新功能提醒、3 分钟内不操作自动锁屏等，如图 3-18 所示。
- 产品百科。对于不熟悉或想要了解的功能可以通过查看产品百科了解，单击产品百科图标，即可查看相关内容的简要说明。
- 关于 GS。单击关于图标可以查看 GS 的版本号，以及各个模块的版本号，如图 3-19 所示。

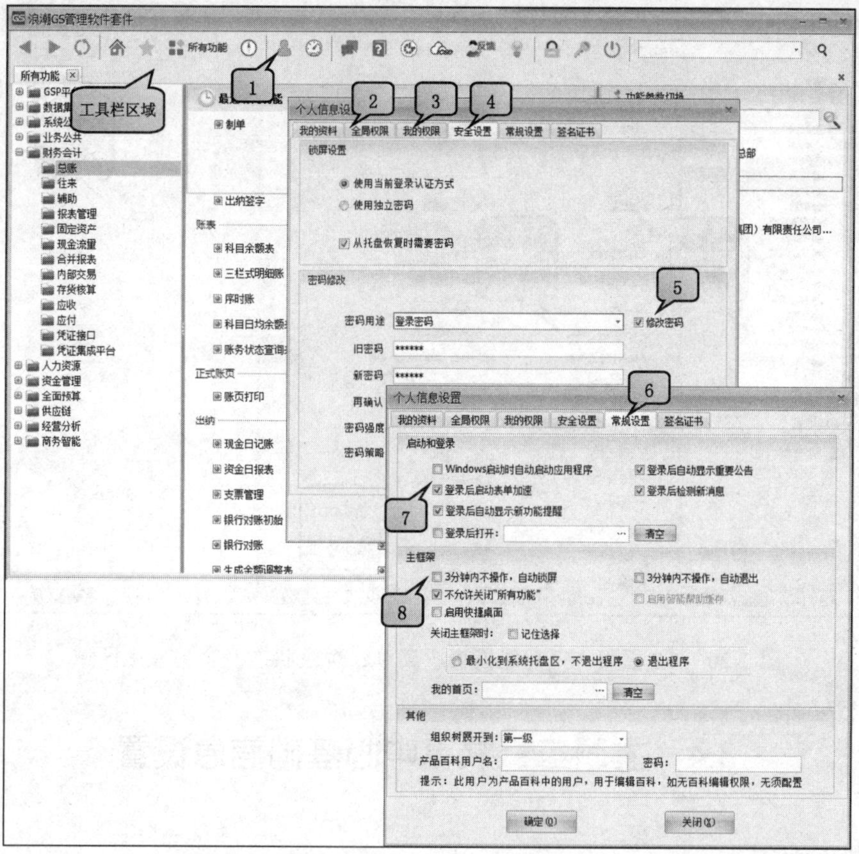

图 3-18　GS 框架——个人信息

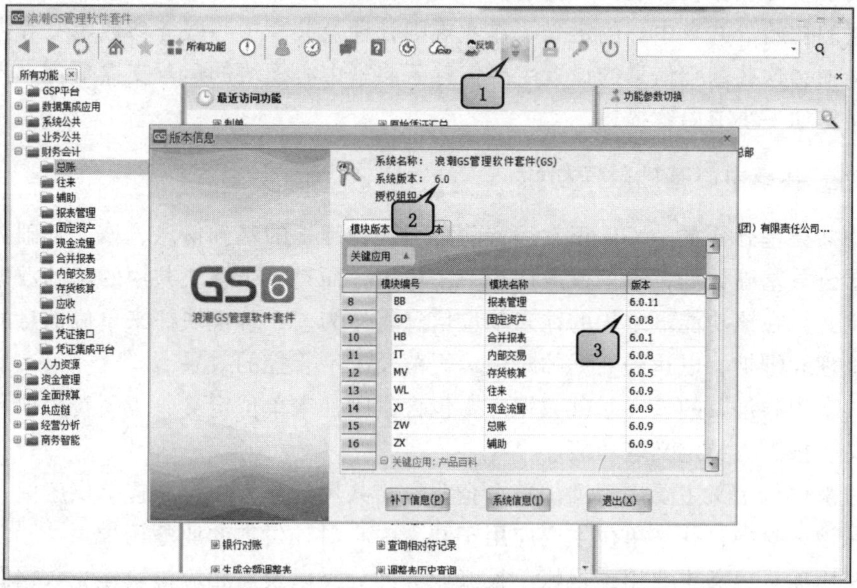

图 3-19　GS 框架——版本信息

(2)左中右和下方区域，分别代表功能模块列表区域、功能菜单列表区域、全局权限如核算组织显示区域、用户登录状态信息区域，如图 3-20 所示。

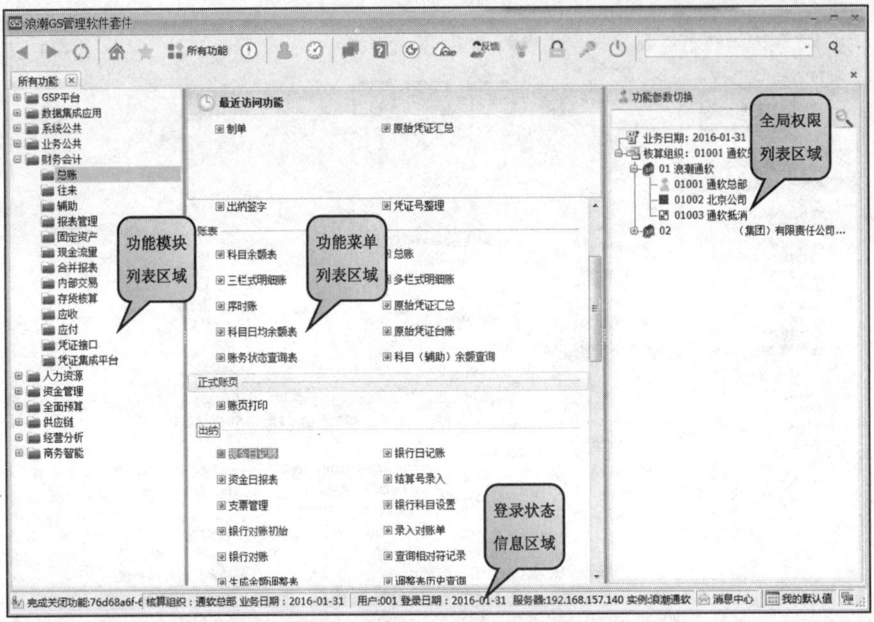

图 3-20　GS 框架——功能模块、菜单、登录状态及全局权限区域

3.4　主题二：共享中心基础信息设置

3.4.1　相关知识

财务共享中心业务在开展及运营前，需要进行基础信息的设置及管理，主要包括共享中心基础数据的初始、共享中心的定义、作业规则管理及共享中心服务参数定义等内容。

在 GS 中，这些基础信息的设置主要依赖于共享中心模块的运营支撑平台，具体的设置内容及含义见如下小节内容描述。

3.4.1.1　共享中心基础数据初始

业务公共类基础数据是 GS 正常运行前必须进行维护的基础信息，该类基础数据作为集团或公司层公共基础数据，不仅仅应用于一个模块，而是多个模块共用的基础数据。例如，往来单位定义，在该功能下维护的往来单位信息将作为 GS 各模块往来单位信息的唯一入口进行统一管理和维护，以达到数据的集中、规范及统一管控的效果。

财务共享中心涉及的该类基础数据主要包含集团往来单位定义、集团费用项目定义、核算部门定义、核算人员定义等功能。

集团往来单位定义主要用于维护整个企业集团共用的往来单位，包括供应商、客户及内部单位。在该教材中，往来单位主要应用于共享中心对外付款的业务场景。

集团费用项目定义主要用于报账单报账业务的分类以及与相应模块建立数据源的关联。

核算部门定义各单位中的部门编号和部门名称,主要用于报账单按部门归类及核算分摊。

核算人员定义主要用于维护各单位参与会计核算的员工，定义时必须设置其对应操作用户，否则无法在共享中心参与报账工作。

3.4.1.2 共享中心组织定义管理

财务共享中心可采用多种不同的建设方案，每种方案都有优势和不足。企业可根据自身发展需要、企业发展的不同阶段选择不同的建设模式。通常可分为三种建设模式。

(1)集团建设统一集中的财务共享中心：在集团层面建设完全集中的财务共享中心，面向整个集团提供服务；

(2)按照产业建设垂直的财务共享中心：按照集团产业业态不同，建设为每个业态服务的多个财务共享中心；

(3)按照区域建设财务共享中心：按照集团业务单元所在区域建设为区域运营单元提供服务的财务共享中心。

企业建设共享中心主要包括组织、人员、业务流程和信息系统几个关键因素，也有部分企业将共享中心选址和政策因素考虑进去，形成六大因素。

在 GS 中，根据企业的共享中心建设方案，共享中心组织设置内容主要包括：共享中心服务定义、业务组定义及用户管理。可设置一个集团建设的共享中心内容，以及每个共享中心所涵盖的业务组和操作用户。

共享中心服务定义主要用于定义集团的共享中心，共享中心将作为独立的机构为下属业务运营单元提供服务，后期也可作为财务外包承接单位承接外部业务。共享中心建立后，各单位财务组织架构可保持现状不变，共享中心作为集团财务管理下属的独立运作业务单元，面向集团所有下属业务单元提供服务。共享中心是贯穿共享中心产品中的基础组织，共享中心内部可以根据管理及业务需要下设业务组及包含人员，只有在共享中心内的人员才能拥有共享中心的业务操作权限。另外，通过设置共享中心与核算单位的对应关系，来决定核算单位的业务分配到哪个共享中心来处理，一个核算单位只能归属于一个共享中心。

业务组定义主要是根据业务处理的精细化、规范化及专业化程度，在共享中心业务处理时设置的分组。例如，共享中心所服务的业务范围一般较广：费用稽核、固定资产报账、应收付等，可根据实际情况设置对应的业务组。业务组设置完成后，可以据此定义业务处理规则及后续的质量管理、统计分析、绩效考核等。共享中心业务组可以分级定义，同时可以指定业务组的负责人(组长)，以方便组内任务管理(分配、调整、取回)及人员考核等。

用户管理主要是通过操作用户和共享中心的业务组建立关联,实现共享中心的人员管理。只有属于共享中心的用户才能使用共享中心的业务操作平台，同时约定一个用户只能属于一个共享中心的业务组。

3.4.1.3 共享中心业务定义管理

财务共享中心需要定义具体的业务单据类型，设置每种业务单据的格式，以及借款核销控制，维护员工报销账户、委托管理等。

在 GS 中，共享中心业务设置内容主要包括：报账类型定义、借款核销控制、报销账户管理、委托管理、结算方式等，用以确定在业务开展前一些必须设置的内容。

报账类型定义主要用于定义业务单位的报账单格式，分配报账单的审批流程及打印格式维护等；可以事先约定某种业务类型所涉及的费用项目范围，方便业务单位填报时快速找到所需要的费用项目；可以实现业务单据与核算系统、预算系统集成所需要的前期数据准备。报账单类型一般包括：业务申请、借款、报销、付款、收款五大类。

借款核销控制主要用于设置报销时是否控制用户还借款功能，强制还款设置后，制单人在报销时，提示或者强制其进行还款。

报销账户管理主要用于对员工账户进行统一维护，在代报销等情况下，当员工没有操作用户时，选择某位员工，可以自动带出银行账号。

委托管理主要用于代报销的相关设置，可以设置委托人、受托人及单据类型。

结算方式主要用于设置系统需要的结算方式，一般为现金、支票、网银等。在参数设置需要“结算”的前提下，在此处选择付款方式与结算系统接口连接，包括网报系统、资金系统、现金系统。单据流转到收付款环节时根据此字段控制流程走资金系统、现金系统、网报系统，实收收付款请求的发送。

3.4.1.4 共享中心系统设置管理

共享中心产品在使用过程中，用户可以根据自身的业务需要进行参数化控制，以实现不同的业务场景需要。由于共享中心涉及的业务范围较广，业务流程较多，每种单据类型所服务的业务领域在管理中要求的处理流程并不统一，所以共享中心产品提供按照共享中心和单据类型两个维度来进行流程设置。

在 GS 中，系统设置内容主要包括：共享中心参数设置、单据类型设置。

共享中心参数设置主要是用户根据自身的业务需要进行参数化控制，以实现不同的业务场景需要。参数设置主要影响共享中心人员在业务处理过程中所相关的其他事项和约束条件。不同的共享中心，参数可以不同。

单据类型设置主要是针对共享中心不同的业务，按照共享中心和单据类型两个维度来进行流程设置。流程节点包括：制单、初审、审批、稽核、复核、凭证生成和结算。其中除了制单与稽核外，其他流程都是可选的。

3.4.2 案例

3.4.2.1 任务背景介绍

S 集团已经在浪潮 GS 系统中创建了“S 集团财务共享中心”，2017 年 1 月 1 日由 8888 财务共享中心系统管理员，进入系统按照数据模板进行财务共享的初始化设置。

3.4.2.2 任务一：设置公共基础数据

1. 任务描述

设置核算人员，如表 3-15 所示。

表 3-15 公司核算人员

核算组织	所在部门	员工姓名	操作用户
A 公司十堰铁路项目部	物资管理部	张静	张静
A 公司十堰铁路项目部	人力资源部	李勇	李勇
A 公司十堰铁路项目部	采购管理部	徐兵	徐兵
A 公司十堰铁路项目部	销售管理部	马超	马超
A 公司十堰铁路项目部	财务部	魏雪	魏雪

2. 任务实施

设置核算人员信息(如表 3-15 所示)。

登录日期为 2017 年 1 月 31 日，以“8888 系统管理员”用户登录系统，进行如下操作。

第一步：执行【业务公共】-【基础数据】-【人员信息】-【核算人员定义】，打开核算人员定义功能，首先选择相应“核算组织”，按表 3-15 内容选择左侧相应部门，单击“增加”，录入员工姓名、操作用户等内容，录入完成后单击“保存”即可，如图 3-21 所示。

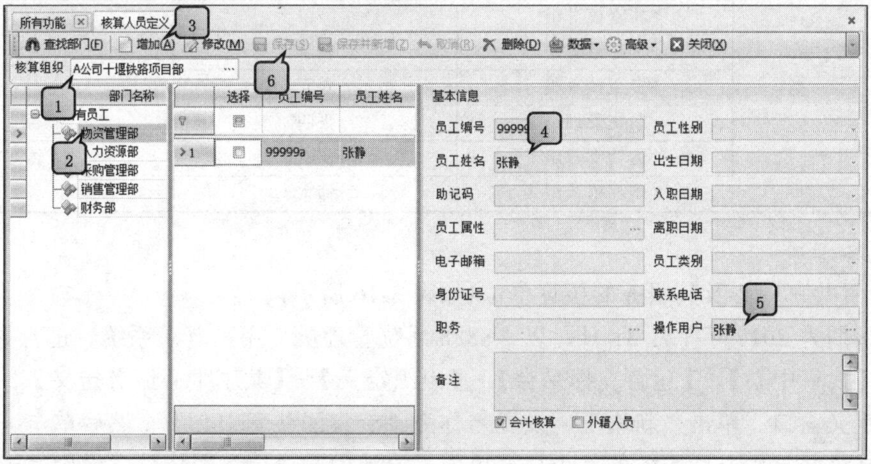

图 3-21　核算人员定义

第二步：与表 3-15 内容核对，务必保证每个核算人员的“操作用户”定义正确，否则会影响后续流程的操作，如无法填写报账单。

3.4.2.3　任务二：设置共享中心组织

1. 任务描述

(1)设置共享中心及其服务的核算单位，如表 3-16 所示。

表 3-16　共享中心服务定义及包含核算单位设置

共享中心名称	包含核算单位	启用影像	状　态
S 集团共享中心	S 集团本部	否	启用
	A 公司十堰铁路项目部	否	启用
	B 公司湖广铁路项目部	否	启用

(2)设置共享中心业务组，如表 3-17 所示。

表 3-17　共享中心业务组设置

共享中心	编　号	一级业务组	编　号	二级业务组	负责人
S 集团共享中心	001	会计核算组	001001	费用核算组	王虎
			001002	应收核算组	马东
			001003	应付核算组	刘涛
			001004	薪资核算组	张凡
	002	资金结算组	002001	资金结算组	刘强
			002002	资金核算组	孟然
	003	运营管理组	003001	系统管理组	江珊
			003002	运营支撑组	刘灿
	004	业务监察组	004001	监察稽核组	张伟

(3)设置共享中心操作用户，如表 3-18 所示。

表 3-18　共享中心操作用户设置

共享中心	二级业务组	对应用户	接受派单
S 集团共享中心	费用核算组	李梅	否
	应收核算组	张东	否
	应付核算组	张磊	否
	薪资核算组	马涛	否
	资金结算组	刘慧	否
	资金核算组	刘元	否
	系统管理组	张明	否
	运营支撑组	黄一红	否
	监察稽核组	韩雷	否

2. 任务实施

(1)设置共享中心及其服务的核算单位(如表 3-16 所示)。

登录日期为 2017 年 1 月 31 日，以“8888 系统管理员”用户登录系统，进行如下操作。

执行【共享中心】-【运营支撑平台】-【组织定义】-【共享中心服务定义】，打开共享中心服务定义窗口，单击“新增”，设置名称为“S 集团共享中心”，然后单击下方的“新增”，选择该共享中心所服务的三个核算单位，取消勾选“启用影像”，设置完毕后，单击“保存”即可，如图 3-22 所示。

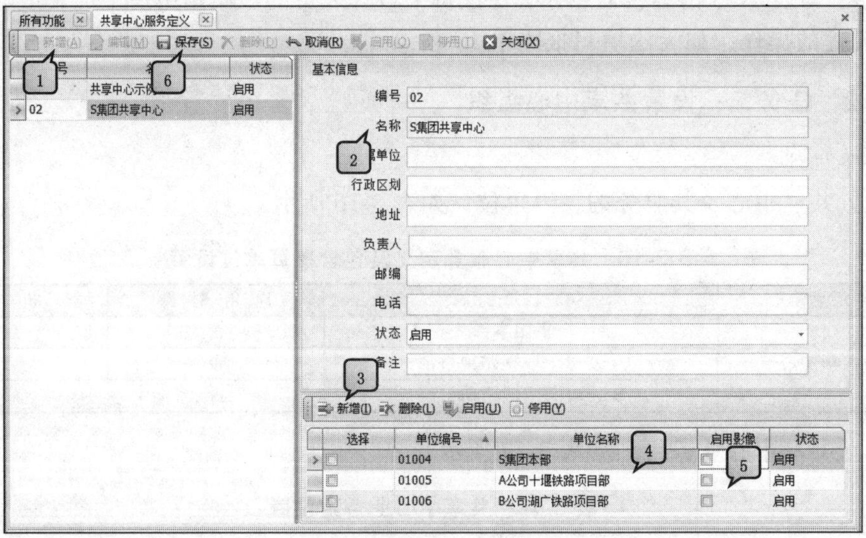

图 3-22　共享中心服务定义

(2)设置共享中心业务组(如表 3-17 所示)。

登录日期为 2017 年 1 月 31 日，以“8888 系统管理员”用户登录系统，进行如下操作。

第一步：执行【共享中心】-【运营支撑平台】-【组织定义】-【业务组定义】，打开业务组定义窗口，首先选择共享中心为“S 集团共享中心”，然后单击“增加同级”，可以设置一级业务组，如输入业务组编号为“001”，名称为“会计核算组”，单击“保存”即可，按表 3-17 内容将所有的一级业务组设置完毕，如图 3-23 所示。

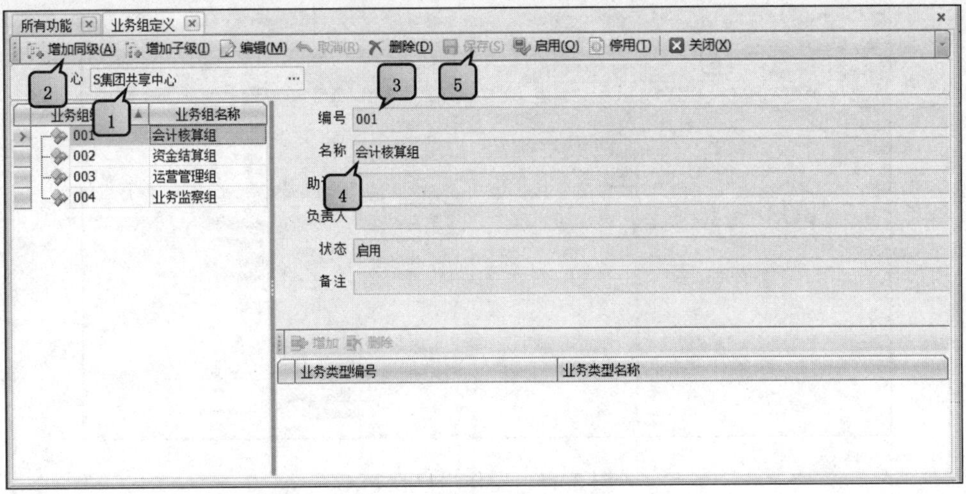

图 3-23　一级业务组设置

第二步：对于二级业务组，可以通过单击“增加子级”设置。例如，左侧选择一级业务组为“会计核算组”，单击“增加子级”，输入业务组编号为“001001”，名称为“费用核算组”，负责人为“王虎”，单击“保存”即可。按表 3-17 内容将所有的二级业务组设置完毕，如图 3-24 所示。

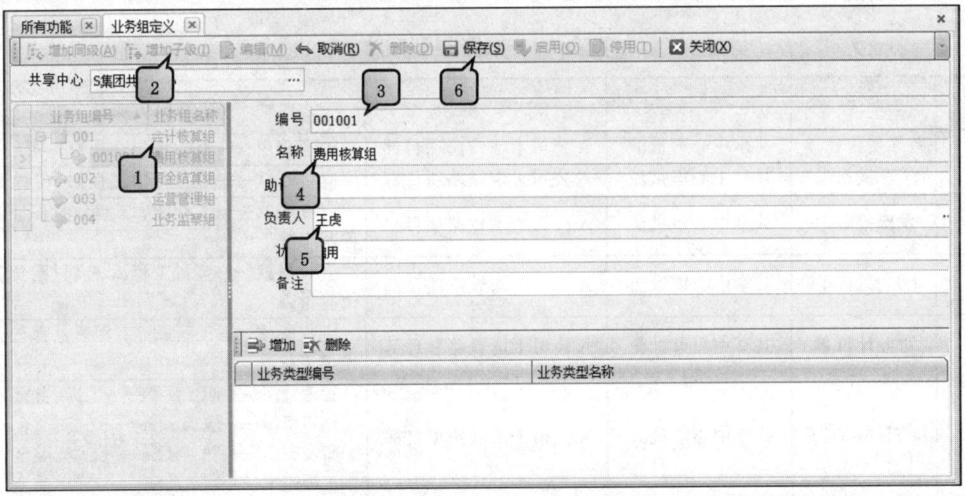

图 3-24　二级业务组设置

第三步：与表 3-17 内容进行核对，务必保证每个业务组的信息设置正确。

(3) 设置共享中心操作用户（如表 3-18 所示）。

登录日期为 2017 年 1 月 31 日，以“8888 系统管理员”用户登录系统，进行如下操作。

第一步：执行【共享中心】-【运营支撑平台】-【组织定义】-【用户管理】，打开用户管理窗口，首先选择共享中心为“S 集团共享中心”，在左侧展示出来的业务组列表中，选择最明细的业务组，如“费用核算组”，单击“编辑”后，再单击“新增人员”，在弹出的用户帮助界面，勾选对应用户为“李梅”，单击“确定”，最后单击“保存”，按表 3-18 内容将每个业务组的操作用户均设置完毕，如图 3-25 所示。

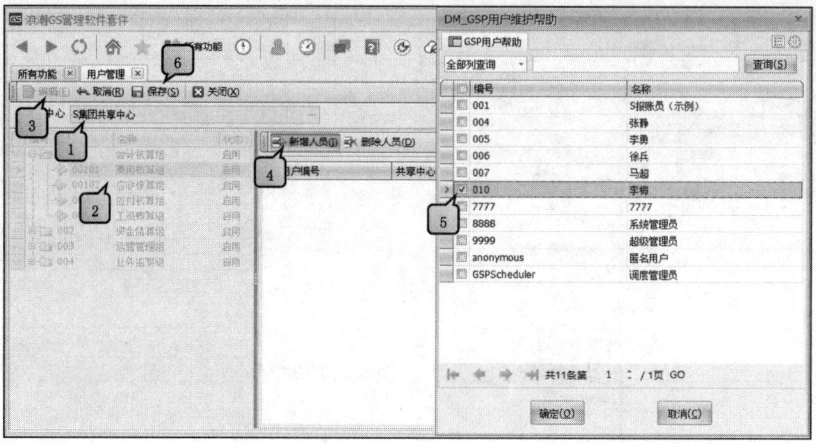

图 3-25　操作用户设置

第二步：与表 3-18 内容核对，务必保证每个业务组的对应操作用户定义正确，否则会影响后续流程的操作，如无法填写报账单。

3.4.2.4　任务三：设置共享中心业务

1. 任务描述

(1)设置共享中心报账类型，如表 3-19 所示。

表 3-19　报账类型定义

业务类型	类型名称	审批流程	分配单位	限制费用项目
报销	差旅费报销单	共享中心审批流	A 公司十堰铁路项目部	管理费用——差旅费、交通费、招待费
报销	物资采购报账单	共享中心审批流	A 公司十堰铁路项目部	应付账款——应付暂估工程款、应付工程款
报销	发票报账单	共享中心审批流	A 公司十堰铁路项目部	应收账款——工程款、工程质量保证金、工程尾工款
报销	对外付款报账单	共享中心审批流	A 公司十堰铁路项目部	应付账款——应付工程款、应付购货款、其他应付款
报销	对上计价单	共享中心审批流	A 公司十堰铁路项目部	应收账款——工程款、工程质量保证金、工程尾工款
报销	薪资计提报账单	共享中心审批流	A 公司十堰铁路项目部	管理费用——职工薪酬——工资、奖金、社保； 销售费用——职工薪酬——工资、奖金、社保； 研发支出——职工薪酬——工资、奖金、社保； 工程施工——职工薪酬——工资、奖金、社保；
报销	薪资发放报账单	共享中心审批流	A 公司十堰铁路项目部	扣减项目——养老保险、医疗保险、失业保险、生育保险、工伤保险、个人所得税、事假扣款、旷工扣款、其他扣款

(2)设置报销账户，如表 3-20 所示。

表 3-20　报销账户

单位名称	员工姓名	账号	账户名	开户行	是否默认账户	是否公开
A 公司十堰铁路项目部	徐兵	6227002349281311286	徐兵	中国建设银行龙泉支行	是	是
A 公司十堰铁路项目部	张静	6225712349281295374	张静	招商银行龙泉支行	是	是
A 公司十堰铁路项目部	李勇	6222119349588731985	李勇	中国工商银行龙泉支行	是	是
A 公司十堰铁路项目部	马超	6227002312378894331	马超	中国建设银行龙泉支行	是	是
A 公司十堰铁路项目部	魏雪	6222198432869864310	魏雪	中国工商银行龙泉支行	是	是

(3)设置结算方式，如表 3-21 所示。

表 3-21 结算方式

共享中心	结算方式编号	结算方式名称	结算系统接口	任务分配方式
S 集团共享中心	1111	转账	线下	权限式

2. 任务实施

(1)设置共享中心报账类型(如表 3-19 所示)。

登录日期为 2017 年 1 月 31 日，以“8888 系统管理员”用户登录系统，进行如下操作。

第一步：执行【共享中心】-【运营支撑平台】-【业务定义】-【报账类型定义】，打开报账类型定义窗口，选择对应报账单类型，分别对“审批流程”和“限制费用项目”两项内容按表 3-19 内容进行设置。以差旅费报销单为例说明，在左侧报账类型列表中选择“差旅费报销单”，右侧选择“审批流程”，单击“分配流程”，如图 3-26 所示。

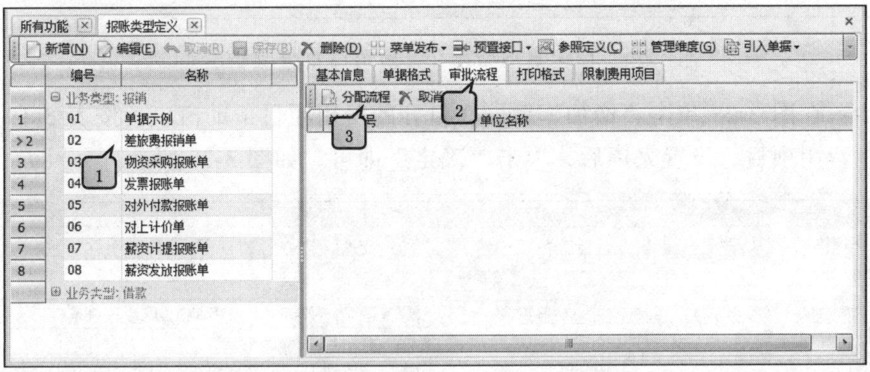

图 3-26 报账类型定义——审批流程分配第一步

第二步：在图 3-26 单击“分配流程”后，在打开的界面，单击“增加流程”，选择“业务流程”为“共享中心审批流”，然后单击“增加”，在打开的单位信息帮助窗口中，选择“A 公司十堰铁路项目部”，单击“确定”，在返回的界面，单击“保存”并“关闭”，则审批流程分配完毕，如图 3-27 所示。

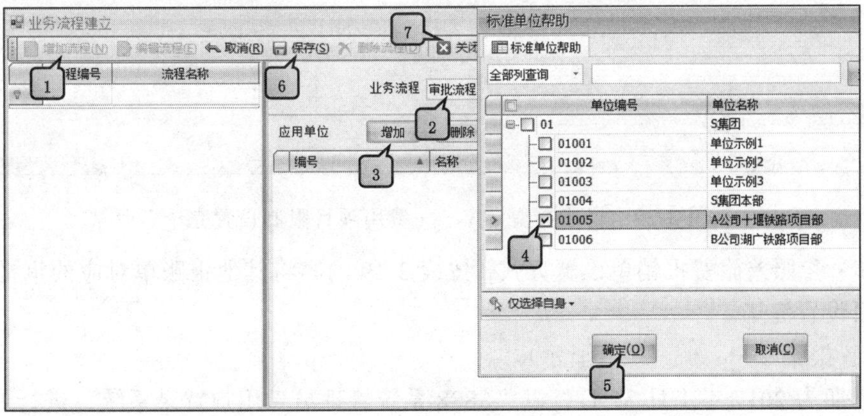

图 3-27 报账类型定义——审批流程分配完毕

第三步：在报账类型定义主界面，在左侧报账类型列表中依然选择“差旅费报销单”，右侧选择“限制费用项目”，单击“增加”，如图 3-28 所示。

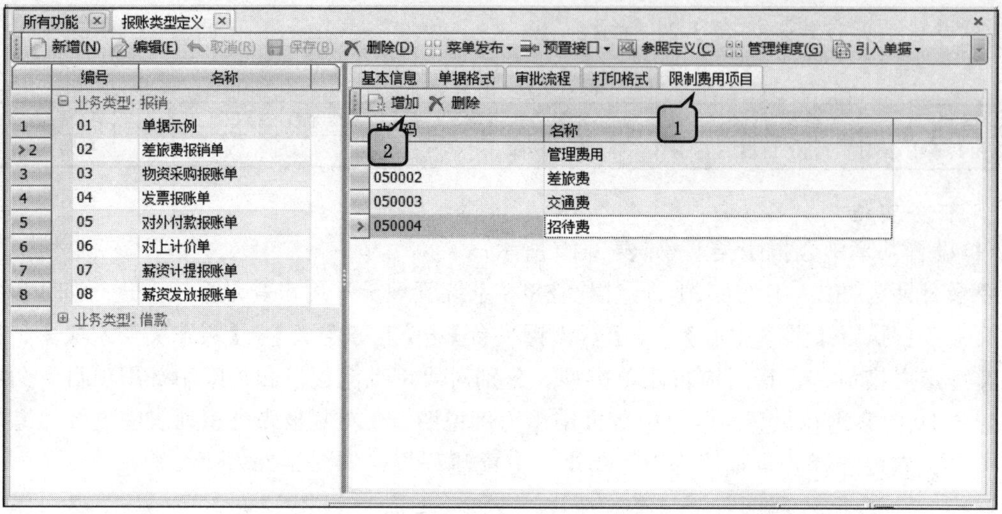

图 3-28　报账类型定义——费用项目限制第一步

第四步：在图 3-28 单击“增加”后，在打开的费用项目帮助窗口，按表 3-19 内容勾选对应的限制费用项目，设置完毕后，单击“确定”即可，如图 3-29 所示。

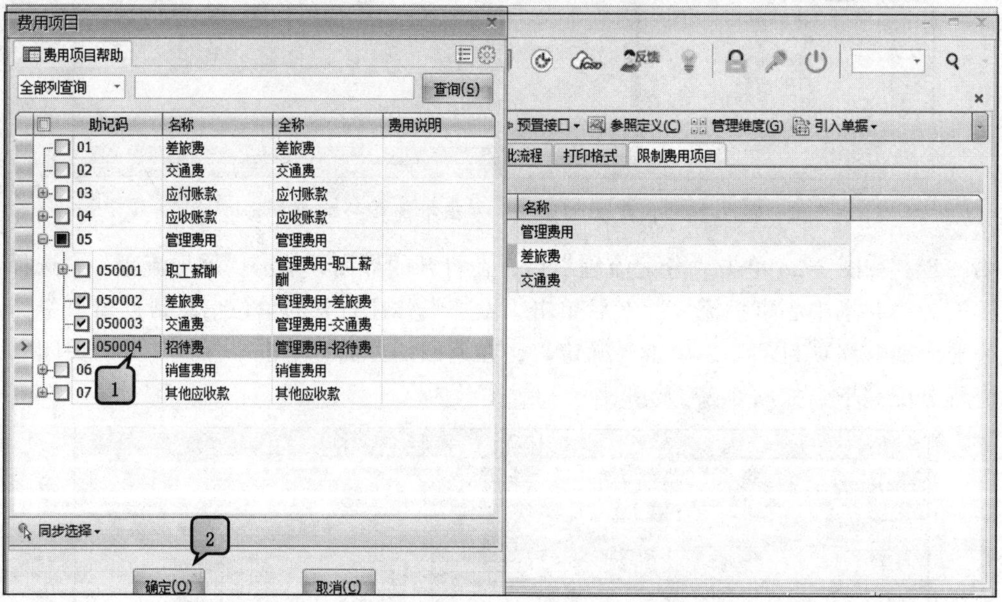

图 3-29　报账类型定义——费用项目限制设置完毕

第五步：参照差旅费报销单设置方式，按表 3-19 内容将其他报账单对应的审批流程和限制费用项目设置完毕。

(2)设置报销账户(如表 3-20 所示)。

登录日期为 2017 年 1 月 31 日，以“8888 系统管理员”用户登录系统，进行如下操作。

执行【共享中心】-【运营支撑平台】-【业务定义】-【报销账户管理】，打开报销账户管理窗口，选择对应报账单人员，单击“编辑”，然后单击“增加”，按表 3-20 内容将所有报销账户设置完毕，单击“保存”即可，如图 3-30 所示。

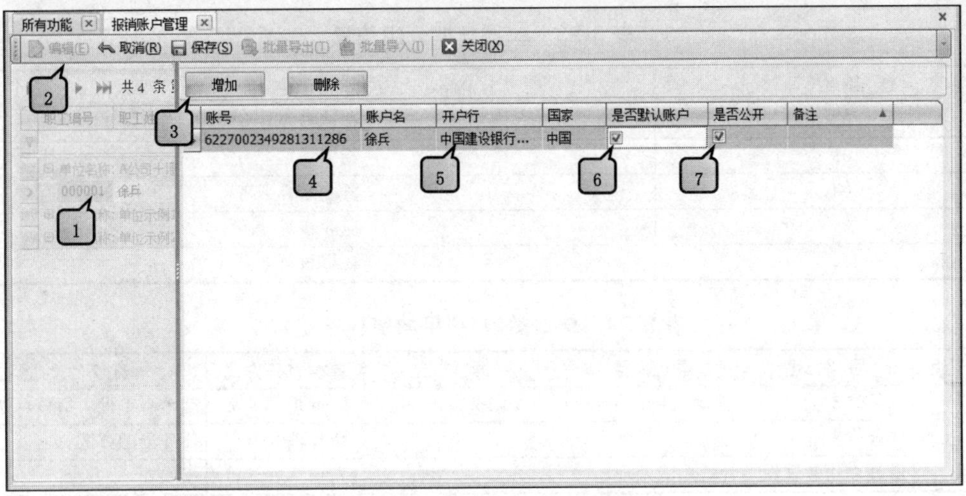

图 3-30　报销账户管理

(3)设置结算方式(如表 3-21 所示)。

登录日期为 2017 年 1 月 31 日，以“8888 系统管理员”用户登录系统，进行如下操作。

执行【共享中心】-【运营支撑平台】-【业务定义】-【结算方式】，打开结算方式窗口，选择“结算中心”为“S 集团共享中心”，单击“编辑”，勾选“1111 转账”结算方式，按表 3-21 修改“结算系统接口”为“线下”，设置完毕后，单击“保存”即可，如图 3-31 所示。

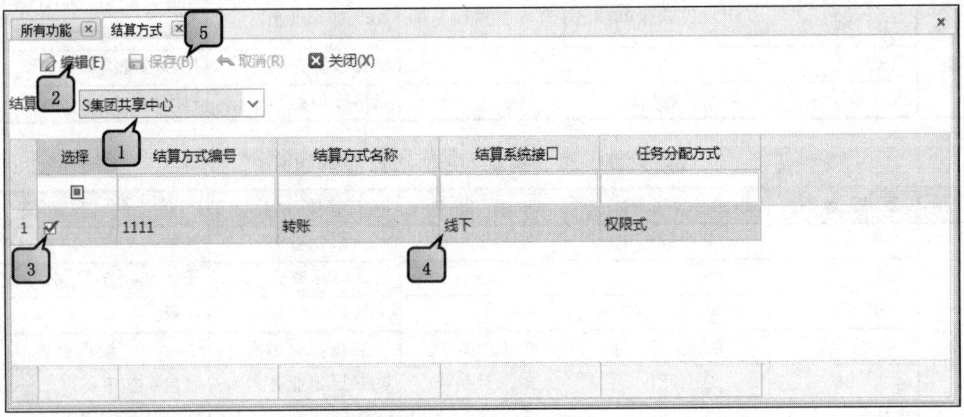

图 3-31　结算方式

3.4.2.5　任务四：系统设置

1. 任务描述

(1)设置共享中心参数，如表 3-22 所示。

表 3-22　共享中心参数

共享中心名称	任务分配方式	凭证生成方式	稽核复核不能为同一人
S 集团共享中心	权限式	预览生成	是

(2)设置单据类型分组及类型信息，分别如表 3-23 至表 3-28 所示。

表 3-23 单据类型分组信息

分组编号	分组名称
02	费用核算业务
03	物资采购业务
04	资金结算业务
05	应收核算业务
06	薪资核算业务

表 3-24 单据类型(费用核算业务组)

分组	单据编号	单据名称	单据类型	单据打开方式	流程设置
费用核算业务组	02	差旅费报销单	差旅费报销单	Web 报销业务	制单—审批—稽核—结算
	凭证			结算核算方式	任务分配方式
	通过“任务管理”管理功能处理			先核算后结算	权限式

表 3-25 单据类型(物资采购业务组)

分组	单据编号	单据名称	单据类型	单据打开方式	流程设置
物资采购业务组	03	物资采购报账单	物资采购报账单	Web 报销业务	制单—初审—审批—稽核
	凭证			结算核算方式	任务分配方式
	通过“任务管理”管理功能处理			先核算后结算	权限式

表 3-26 单据类型(资金结算业务组)

分组	单据编号	单据名称	单据类型	单据打开方式	流程设置
资金结算业务组	05	对外付款报账单	对外付款报账单	Web 报销业务	制单—初审—审批—稽核—结算
	凭证			结算核算方式	任务分配方式
	通过“任务管理”管理功能处理			先核算后结算	权限式

表 3-27 单据类型(应收核算业务组)

分组	单据编号	单据名称	单据类型	单据打开方式	流程设置
应收核算业务组	04	发票报账单	发票报账单	Web 报销业务	制单—初审—审批—稽核
	凭证			结算核算方式	任务分配方式
	通过“任务管理”管理功能处理			先核算后结算	权限式
	单据编号	单据名称	单据类型	单据打开方式	流程设置
	06	对上计价单	对上计价单	Web 报销业务	制单—初审—审批—稽核
	凭证			结算核算方式	任务分配方式
	通过“任务管理”管理功能处理			先核算后结算	权限式

表 3-28 单据类型(薪资核算业务组)

分组	单据编号	单据名称	单据类型	单据打开方式	流程设置
薪资核算业务组	07	薪资计提报账单	薪资计提报账单	Web 报销业务	制单—初审—稽核
	凭证			结算核算方式	任务分配方式
	通过“任务管理”管理功能处理			先核算后结算	权限式
	单据编号	单据名称	单据类型	单据打开方式	流程设置
	08	薪资发放报账单	薪资发放报账单	Web 报销业务	制单—初审—审批—稽核—结算
	凭证			结算核算方式	任务分配方式
	通过“任务管理”管理功能处理			先核算后结算	权限式

2. 任务实施

(1)设置共享中心参数(如表 3-22 所示)。

登录日期为 2017 年 1 月 31 日，以“8888 系统管理员”用户登录系统，进行如下操作。

执行【共享中心】-【运营支撑平台】-【系统设置】-【共享中心参数设置】，打开共享中心参数设置窗口，选择“S 集团共享中心”，单击“编辑”，按表 3-22 设置相应参数，设置完毕后，单击“保存”即可，如图 3-32 所示。

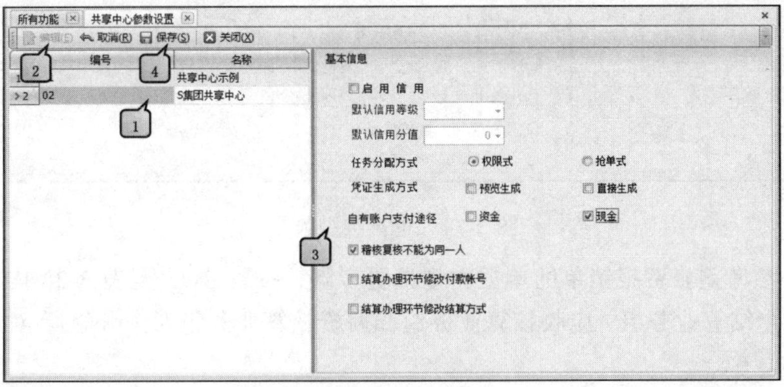

图 3-32　共享中心参数

(2)设置单据类型(如表 3-23 至表 3-28 所示)。

登录日期为 2017 年 1 月 31 日，以“8888 系统管理员”用户登录系统，进行如下操作。

第一步：执行【共享中心】-【运营支撑平台】-【系统设置】-【单据类型设置】，打开单据类型设置窗口，首先设置单据类型分组信息。单击“增加分组”，在右侧输入分组编号和名称，单击“保存”即可，按表 3-23 将所有分组均设置完毕，如图 3-33 所示。

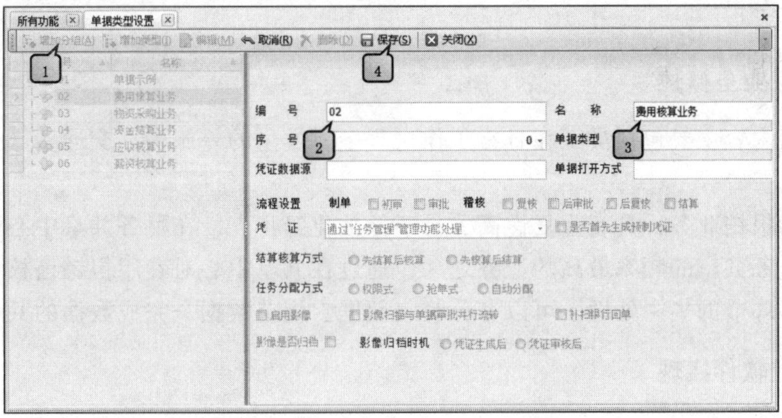

图 3-33　单据类型分组设置

第二步：单据类型分组设置完毕后，需要按分组增加单据类型信息，以“费用核算业务”分组下的“差旅费报销单”类型为例说明，选择左侧“02 费用核算业务”分组，单击“增加类型”，在右侧按表 3-24 内容设置差旅费报销单的单据类型信息，包括名称、单据类型、单据打开方式、流程设置、凭证、结算核算方式、任务分配方式等内容，设置完毕后，单击“保存”即可，如图 3-34 所示。

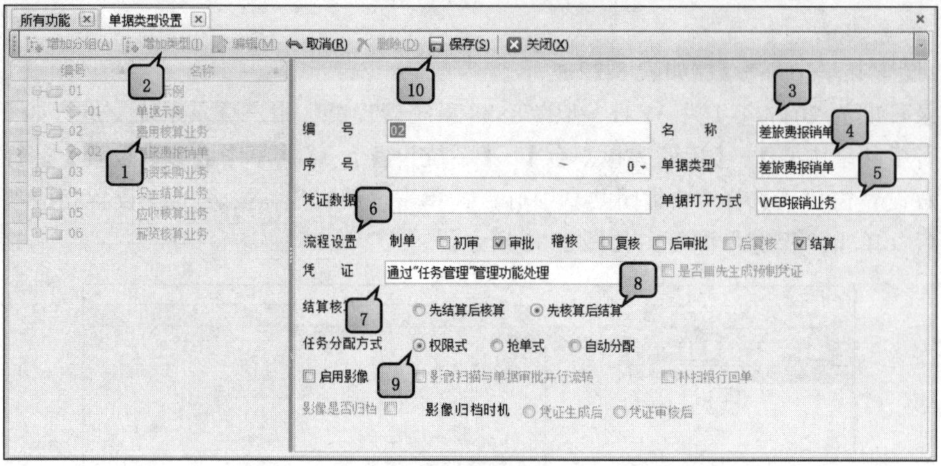

图 3-34　单据类型设置

第三步：参考差旅费报销单的单据类型设置步骤，按表 3-25 至表 3-28 内容，将物资采购业务组、资金结算业务组、应收核算业务组和薪资核算业务组四个分组所 对应的所有单据类型设置完毕。

第四步：设置完毕后，与表 3-23 至表 3-28 的内容进行核对，务必保证单据类型设置中的“单据类型”、“流程设置”、“凭证”、“结算核算方式”几项设置一定要正确，否则会影响后续流程的数据准确性。

3.5　主题三：费用报销共享业务处理

3.5.1　相关知识

3.5.1.1　业务概述

费用报销内容主要包括员工在日常工作过程中所发生的差旅费、交通费、业务招待费、会议费、培训费等。

对于费用报销业务，具有重复性高、易于标准化等特点，在财务共享中心建设时，通常是作为纳入财务共享的频率最高的业务之一。通过在共享中心对费用报销稽核、复核、结算支付、核算等环节的集中处理，可以充分收集数据、规范数据，完成数据的共享和集成。

3.5.1.2　软件实现

1. 依赖平台

GS 共享中心网上报账平台、业务操作平台。网上报账平台主要实现各种费用的业务申请、报销填报、提交审批、单据初审、与报销关联控制的借款初始等业务；业务操作平台主要实现费用报销单据的财务稽核、财务复核、凭证生成及付款结算相关业务。

2. 主要流程

费用报销单据填报→单据初审→领导审批→财务稽核→财务复核→凭证生成→付款结算。该流程可根据企业管理需要进行合理调整。

3. 流程描述

(1)相关人员对费用报销业务在网上报账平台进行填报报账,网上提交给初审扫描员进行初审，同时将车票、发票等相关实物单据提交给初审扫描员。

(2)初审扫描员对费用报销报账单进行初审并提交相关领导审批,同时将相关实物单据进行扫描，将其影像上传，以便于相关人员审核实物单据影像。

(3)相关领导(如部门经理、财务主管等)对报账单及实物单据影像等内容的真实性与完整性进行审批，并提交财务稽核。

(4)财务稽核人员对报账单及实物单据影像等内容的真实性与完整性进行财务稽核,稽核通过后生成费用报销财务凭证。

(5)该业务若要求先核算后结算，则结算人员还需对核算完成的报账单进行结算付款。至此，差旅费报销共享业务处理完成。

4. 功能菜单

涉及的主要功能菜单，如表 3-29 所示。

表 3-29　费用报销共享业务涉及的功能菜单

依赖平台	功能菜单
网上报账平台	费用核算业务：差旅费报销单
业务操作平台	稽核：财务稽核
	制证：凭证生成
	结算：付款办理
	结算：付款确认
系统公共	任务中心：待办任务

3.5.2 案例

3.5.2.1 任务背景介绍

在第一期的财务共享中心建设计划中，S 集团考虑将费用报销业务纳入财务共享中心。以差旅费报销单为例，该业务的报账人需在共享中心填写差旅费报销单，并将报销单依次进行相关领导审批、财务稽核、生成凭证等流程，最终完成差旅费报销业务在共享中心的集中处理。

3.5.2.2 任务：差旅费报销

1. 任务描述

(1)填写差旅费报销单并提交审批。包括物资管理部张静杭州项目出差差旅费报销单、人力资源部李勇重庆项目出差差旅费报销单、财务部魏雪南京出差差旅费报销单，填写三张报销单，分别如表 3-30、表 3-31、表 3-32 所示。

表 3-30　差旅费报销单(物资管理部张静杭州项目出差)

报账事由
物资管理部张静杭州项目出差差旅费报销
附件张数
3

续表

报销费用明细									
序号	出发时间	出发城市	到达时间	到达城市	交通工具	住宿费	车船费	附件张数	报账金额
1	2017-01-09 6:30	上海市	2017-01-09 7:30	浙江省杭州市	火车	200	73	2	273
2	2017-01-10 9:00	浙江省杭州市	2017-01-10 10:10	上海市	火车		73	1	73
合计									346
费用分摊明细									
费用项目									
管理费用——差旅费									
支付信息明细									
支付方式	收款人账号				开户银行				
转账	6225712349281295374				招商银行龙泉支行				

表 3-31 差旅费报销单(人力资源部李勇重庆项目出差)

报账事由									
人力资源部李勇重庆项目出差差旅费报销									
附件张数									
3									
报销费用明细									
序号	出发时间	出发城市	到达时间	到达城市	交通工具	住宿费	车船费	附件张数	报账金额
1	2017-01-19 7:20	上海市	2017-01-19 10:25	重庆市	飞机	440	540	2	980
2	2017-01-21 10:00	重庆市	2017-01-21 12:30	上海市	飞机		900	1	900
合计									1880
费用分摊明细									
费用项目									
管理费用——差旅费									
支付信息明细									
支付方式	收款人账号				开户银行				
转账	6222119349588731985				建设银行				

表 3-32 差旅费报销单(财务部魏雪南京出差)

报账事由									
财务部魏雪南京出差差旅费报销									
附件张数									
3									
报销费用明细									
序号	出发时间	出发城市	到达时间	到达城市	交通工具	住宿费	车船费	附件张数	报账金额
1	2017-01-10 10:00	上海市	2017-01-10 11:10	江苏省南京市	火车	690	139.5	2	829.5
2	2017-01-13 9:00	江苏省南京市	2017-01-13 10:40	上海市	火车		139.5	1	139.5
合计									969
费用分摊明细									
费用项目									
管理费用——差旅费									
支付信息明细									
支付方式	收款人账号				开户银行				
转账	6222198432869864310				建设银行				

(2)将所有差旅费报销单报相关领导审批通过，并提交财务稽核。

(3)将审批通过的差旅费报销单报财务稽核通过。

(4)将财务稽核通过的差旅费报销单生成财务凭证，凭证分录如表 3-33 所示。

表 3-33 差旅费报销凭证分录

序 号	摘 要	凭 证 分 录			
		方向	科 目	借 方 金 额	贷 方 金 额
1	物资管理部张静杭州项目出差差旅费报销	借	管理费用——差旅费	346.00	
		贷	银行存款——建设银行		346.00
2	人力资源部李勇重庆项目出差差旅费报销	借	管理费用——差旅费	1 880.00	
		贷	银行存款——建设银行		1 880.00
3	财务部魏雪南京出差差旅费报销	借	管理费用——差旅费	969.00	
		贷	银行存款——建设银行		969.00

(5)将已生成财务凭证的报销单进行结算办理完成。

2. 任务实施

(1)填写差旅费报销单并提交审批(如表 3-30、3-31、3-32 所示)。

第一步：登录日期为 2017 年 1 月 31 日，以“01 张静”用户登录系统，执行【共享中心】-【网上报账平台】-【费用核算业务】-【差旅费报销单】，打开差旅费报销单窗口，单击“新增”，在打开的报销新增界面，首先是物资管理部张静杭州项目出差差旅费报销单，包括表头和表体两部分内容。表头必填项有附件张数和报账事由两项，按表 3-30 内容将其填写完毕，如图 3-35 所示。

图 3-35 差旅费报销单表头填写

第二步：填写表体内容，表体必填项包括报销费用、费用分摊和支付信息三项，可通过单击“增加”录入多条明细数据。按表 3-30 内容将明细填写完毕后，单击“保存”并单击“提交”，提示提交成功即可，如图 3-36 所示。

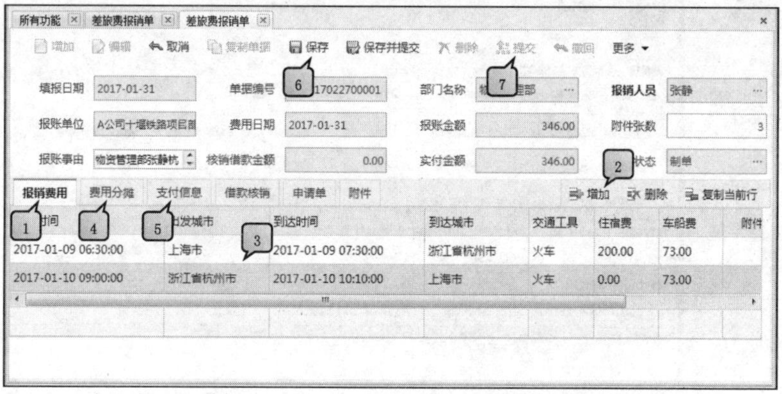

图 3-36 差旅费报销单表体填写

第三步：登录日期为 2017 年 1 月 31 日，以“02 李勇”用户登录系统，同样执行【共享中心】-【网上报账平台】-【费用核算业务】-【差旅费报销单】，打开差旅费报销单窗口，单击“新增”，在打开的报销单新增界面，按表 3-31 填写人力资源部李勇重庆项目出差差旅费报销单，按表内容将表头和表体必填项填写完毕，最后单击“保存”并单击“提交”，提示提交成功即可。

第四步：登录日期为 2017 年 1 月 31 日，以“04 魏雪”用户登录系统，同样执行【共享中心】-【网上报账平台】-【费用核算业务】-【差旅费报销单】，打开差旅费报销单窗口，单击“新增”，在打开的报销单新增界面，按表 3-32 填写财务部魏雪南京出差差旅费报销单，按表内容将表头和表体必填项填写完毕，最后单击“保存”并单击“提交”，提示提交成功即可。

(2)将所有差旅费报销单报相关领导审批通过，并提交财务稽核。

登录日期为 2017 年 1 月 31 日，以“21 张明”用户登录系统，进行如下操作。

第一步：执行【系统公共】-【任务中心】-【任务中心】-【待办任务】，打开待办任务窗口，选择左侧对应的业务流程，会将待审批的单据列示出来，包括物资管理部张静、人力资源部李勇和财务部魏雪出差的差旅费报销单，逐个单据进行审批。例如，首先选择物资管理部张静差旅费报销单，单击“审批单据”，如图 3-37 所示。

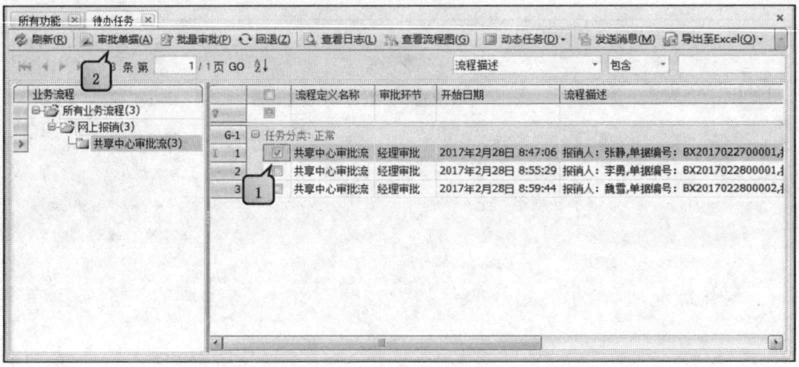

图 3-37　差旅费报销单报相关领导审批第一步

第二步：在图 3-37 单击“审批单据”后，在新打开的审批窗口中，可显示差旅费报销单的明细信息，对报销单内容的准确性、完整性核对完毕后，单击“审批通过”即可，如图 3-38 所示。

图 3-38　差旅费报销单相关领导审批完成

第三步：参考物资管理部张静差旅费报销单审批的操作步骤，将人力资源部李勇和财务部魏雪出差的差旅费报销单逐个审批完成。

(3)将审批通过的差旅费报销单报财务稽核通过。

登录日期为 2017 年 1 月 31 日，以“15 李梅”用户登录系统，进行如下操作。

第一步：执行【共享中心】-【业务操作平台】-【稽核】-【财务稽核】，打开财务稽核窗口，在左侧“待办”选项下，选中“费用核算业务”类别下的“差旅费报销单”，或者单击右侧“查询”，则会将待稽核的单据列示出来，包括物资管理部张静、人力资源部李勇和财务部魏雪出差的差旅费报销单，逐个单据进行稽核。例如，首先选择物资管理部张静差旅费报销单，单击“稽核”，如图 3-39 所示。

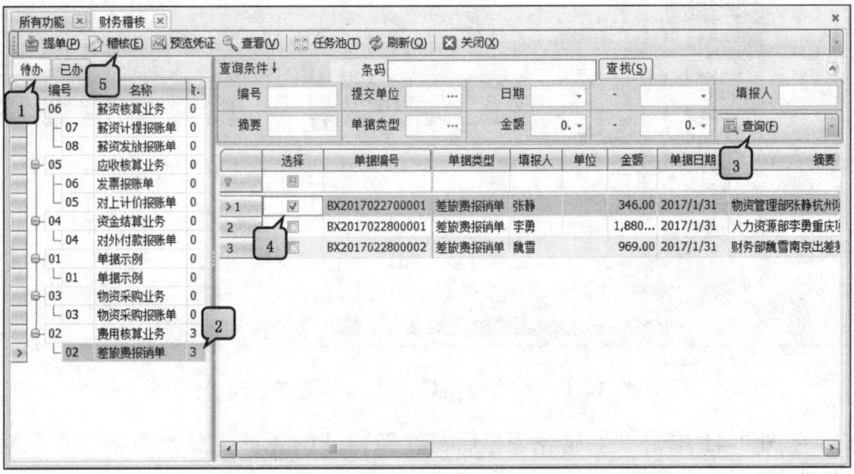

图 3-39　差旅费报销单财务稽核第一步

第二步：在图 3-39 单击“稽核”后，在新打开的财务稽核报销单明细窗口中，对报销单内容的准确性、完整性核对完毕后，单击“稽核完成”，提示稽核操作成功即可，如图 3-40 所示。

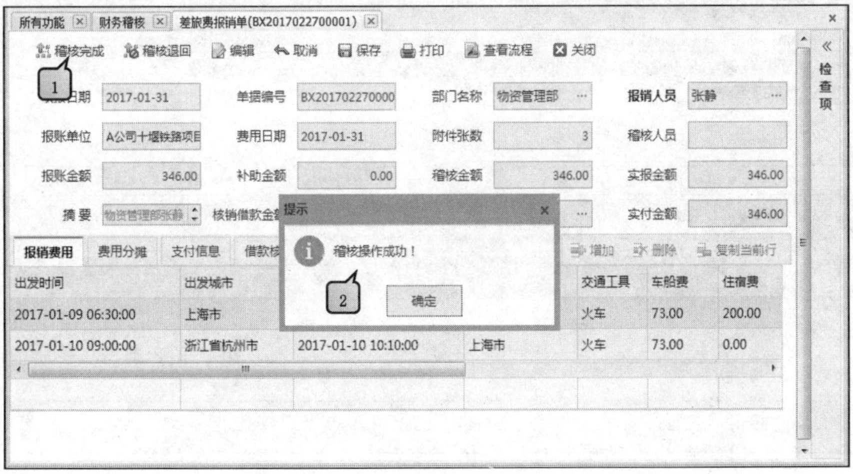

图 3-40　差旅费报销单财务稽核完成

第三步：参考物资管理部张静差旅费报销单财务稽核的操作步骤，将人力资源部李勇和财务部魏雪出差的差旅费报销单逐个稽核完成。

(4)将财务稽核通过的差旅费报销单生成财务凭证(如表 3-33 所示)。

登录日期为 2017 年 1 月 31 日，以“15 李梅”用户登录系统，进行如下操作。

第一步：执行【共享中心】-【业务操作平台】-【制证】-【凭证生成】，打开凭证生成窗口，单击右侧“查询”，会将待生成凭证的单据列示出来，包括物资管理部张静、人力资源部李勇和财务部魏雪出差的差旅费报销单，逐个单据生成财务凭证。例如，首先选择物资管理部张静出差的差旅费报销单，单击“生成凭证”，如图 3-41 所示。

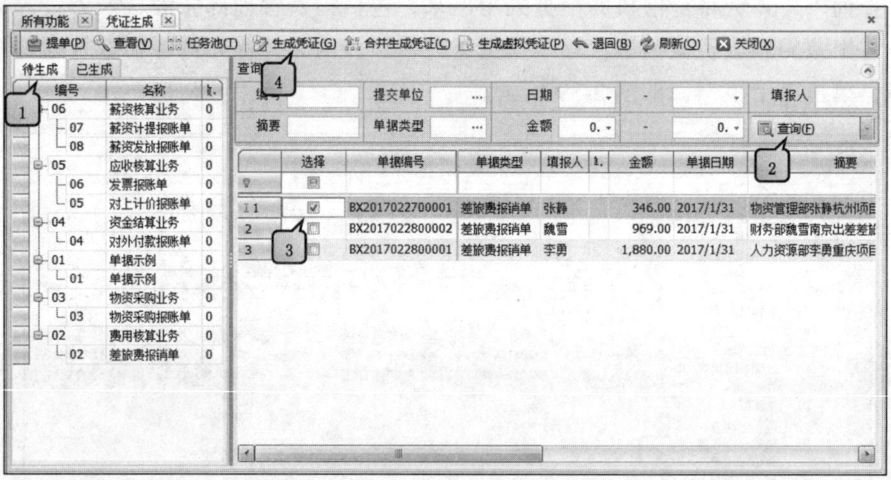

图 3-41　差旅费报销单生成凭证第一步

第二步：在图 3-41 单击“生成凭证”后，在新打开的凭证生成预览窗口中，对凭证分录的准确性、完整性按表 3-33 核对完毕后，单击“保存”即可，如图 3-42 所示。

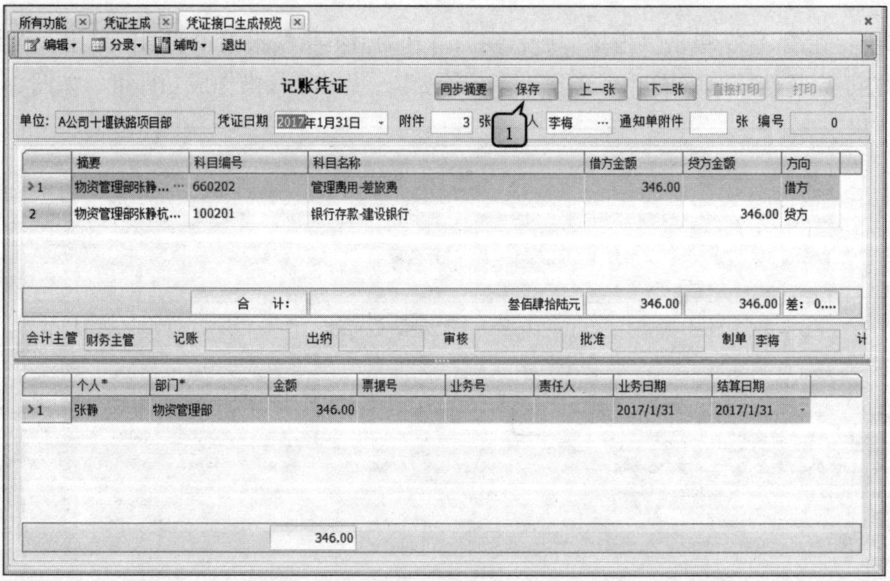

图 3-42　差旅费报销单生成凭证保存

第三步：参考物资管理部张静差旅费报销单生成凭证的操作步骤，将人力资源部李勇和财务部魏雪出差的差旅费报销单逐个生成财务凭证。

(5)将已生成财务凭证的报销单进行结算办理完成。

登录日期为 2017 年 1 月 31 日，以“19 刘慧”用户登录系统，进行如下操作。

第一步：执行【共享中心】-【业务操作平台】-【结算】-【付款办理】，打开付款办理窗口，会将待付款办理的单据列示出来，逐个单据进行操作，单击“付款办理”，提示付款办理成功即可，如图 3-43 所示。注意：付款办理成功的单据，在此界面不再显示。

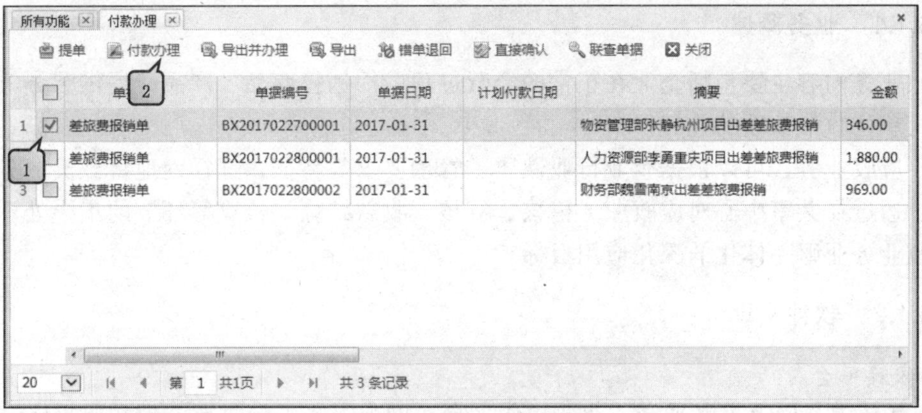

图 3-43　差旅费报销单付款办理

第二步：参考物资管理部张静差旅费报销单付款办理的操作步骤，将人力资源部李勇和财务部魏雪出差的差旅费报销单逐个付款办理完成。

第三步：执行【共享中心】-【业务操作平台】-【结算】-【付款确认】，打开付款确认窗口，选择“单位”为“A 公司十堰铁路项目部”，会将待付款确认的单据列示出来，包括物资管理部张静、人力资源部李勇和财务部魏雪出差的差旅费报销单，逐个单据进行操作。例如，首先选择物资管理部张静差旅费报销单，单击“确认完成”，提示确认成功即可，如图 3-44 所示。注意：付款确认成功的单据，在此界面不再显示。

图 3-44　差旅费报销单付款办理

第四步：参考物资管理部张静差旅费报销单付款确认完成的操作步骤，将人力资源部李勇和财务部魏雪出差的差旅费报销单逐个确认完成。

(6)至此，差旅费报销共享业务处理完成。

3.6 主题四：应收共享业务处理

3.6.1 相关知识

3.6.1.1 业务概述

应收业务内容主要包括企业在正常的经营过程中因销售商品、产品，提供劳务等业务，应向购买单位收取款项的业务。

对于应收业务，可以根据企业行业性质、管理要求等特征，选择性地将该类业务纳入财务共享。通过在共享中心对应收业务稽核、复核、收款结算、核算等环节的集中处理，可以实现应收业务业财一体化的深化应用目标。

3.6.1.2 软件实现

1. 依赖平台

GS 共享中心网上报账平台、业务操作平台。网上报账平台主要实现发票报账、收款报账、提交审批、单据初审等业务；业务操作平台主要实现应收报账单据的财务稽核、财务复核及凭证生成相关业务。

2. 主要流程

发票/收款报账单填写→单据初审→领导审批→财务稽核→财务复核→凭证生成。该流程可根据企业管理需要进行合理调整。

3. 流程描述

(1)相关人员对销售发票或收款业务在网上报账平台进行报账，网上提交给初审扫描员进行初审，同时将销售发票等相关实物单据提交给初审扫描员。

(2)初审扫描员对销售发票报账单等进行初审并提交相关领导审批，同时将相关实物单据进行扫描，将其影像上传，便于相关人员审核实物单据影像。

(3)相关领导对报账单及实物单据影像等内容的真实性与完整性进行审批，并提交财务稽核。

(4)财务稽核人员对报账单及实物单据影像等内容的真实性与完整性进行财务稽核，稽核通过后生成应收或收款财务凭证。至此，应收共享业务处理完成。

4. 功能菜单

涉及的主要功能菜单，如表 3-34 所示。

表 3-34 应收共享业务涉及的主要功能菜单

依赖平台	功能菜单
网上报账平台	应收核算业务：发票报账单
	单据初审：单据初审
业务操作平台	稽核：财务稽核
	制证：凭证生成
系统公共	任务中心：待办任务

3.6.2 案例

3.6.2.1 任务背景介绍

在第一期的财务共享中心建设计划中，S 集团考虑将应收工程款业务纳入财务共享中心。应收工程款主要是指 S 集团国内各项目部根据建造合同，分阶段对已完工的工程项目向建设单位收取工程款的业务。S 集团要求该类业务在财务共享中心建设后，必须先进行暂估应收入账，再进行应收工程款入账，分两步完成业务处理。

在 GS 共享中心处理业务时，报账人员首先是通过对上计价单进行暂估入账，无论是否已经开票，对该报账单生成暂估应收的凭证；其次，是对已经开票的发票通过发票报账单进行应收工程款入账，录入发票相关信息，并对该报账单生成应收工程款入账的凭证，同时冲销暂估应收。报账人员需在共享中心填写对上计价单和发票报账单进行报账，并将两类报账单依次进行单据初审、相关领导审批、财务稽核、生成凭证等流程，最终完成该业务在共享中心的集中处理。

3.6.2.2 任务一：暂估应收款报账

1. 任务描述

(1) 填写对上计价单并提交初审。包括已开票和未开票两种情况，分别如表 3-35、表 3-36、表 3-37 所示。其中表 3-37 报账单中针对宏图集团质量保证金的业务，本月并未开票。

表 3-35　对上计价单（北京万红建材工程款）

表头信息				
合同名称	业务类型	往来单位	有无发票	
十堰铁路建造合同	工程款	北京万红建材集团	是	
计量开始日期	计量截至日期	摘　要	附件张数	
20161130	20170101	北京万红建材工程款暂估入账	3	
表体明细信息——款项性质				
款项性质	本期计量金额（价税合计）	不含税金额	税率(%)	税　额
应收账款——工程款	1 170 000.00	1 000 000.00	17	170 000.00

表 3-36　对上计价单（傅山建材工程尾款）

表头信息				
合同名称	业务类型	往来单位	有无发票	
京华铁路建筑合同	材料款	傅山建材集团	是	
计量开始日期	计量截至日期	摘　要	附件张数	
20161030	20161201	傅山建材工程尾款暂估入账	3	
表体明细信息——款项性质				
款项性质	本期计量金额（价税合计）	不含税金额	税率(%)	税　额
应收账款——工程尾工款	2 340 000.00	2 000 000.00	17	340 000.00

表 3-37　对上计价单(宏图集团质量保证金)

表头信息				
合 同 名 称	业 务 类 型	往 来 单 位	有 无 发 票	
京华铁路建筑合同	保证金、押金	宏图集团	否	
计量开始日期	计量截至日期	摘　　要	附 件 张 数	
20161020	20161120	宏图集团质量保证金暂估入账	2	
表体明细信息——款项性质				
款 项 性 质	本期计量金额 (价税合计)	不含税金额	税率(%)	税　　额
应收账款——工程质量保证金	175 500.00	175 500.00	0	0

(2)将所有对上计价单初审通过，并提交相关领导审批。

(3)将初审通过的对上计价单报领导审批通过。

(4)将审批通过的对上计价单报财务稽核通过。

(5)将财务稽核通过的对上计价单生成财务凭证，凭证分录如表 3-38 所示。

表 3-38　暂估应收凭证分录

序　号	摘　　要	凭 证 分 录			
		方向	科　　目	借 方 金 额	贷 方 金 额
1	北京万红建材工程款暂估入账	借	应收账款——应收暂估款	1 000 000.00	
		贷	工程结算		1 000 000.00
2	傅山建材工程尾款暂估入账	借	应收账款——应收暂估款	2 000 000.00	
		贷	工程结算		2 000 000.00
3	宏图集团质量保证金暂估入账	借	应收账款——应收暂估款	175 500.00	
		贷	工程结算		175 500.00

2．任务实施

(1)填写对上计价单并提交初审，包括发票已到和发票未到两种情况(如表 3-35、3-36、3-37 所示)。

登录日期为 2017 年 1 月 31 日，以“03 马超”用户登录系统，进行如下操作。

第一步：执行【共享中心】-【网上报账平台】-【应收核算业务】-【对上计价单】，打开对上计价单窗口，单击“新增”，在打开的报账单新增界面，首先填写北京万红建材工程款对上计价单内容，包括表头和表体两部分内容。表头必填项有合同名称、业务类型、往来单位、有无发票、计量开始日期、计量截至日期、摘要和附件张数 8 项，按表 3-35 内容将其填写完毕，如图 3-45 所示。

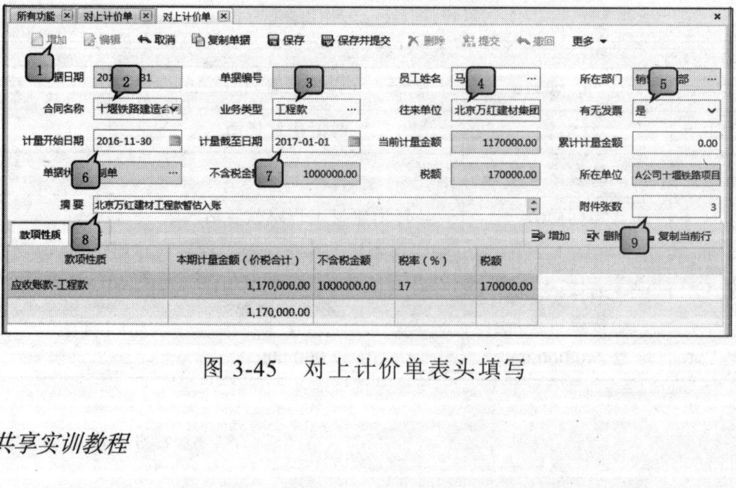

图 3-45　对上计价单表头填写

第二步：填写表体内容，表体必填项主要是款项性质明细，可通过单击“增加”录入多条明细数据。按表 3-35 内容将所有明细填写完毕后，单击“保存”并单击“提交”，提示提交成功即可，如图 3-46 所示。注意：表体中“本期计量金额(价税合计)”是自动计算数据，不需要手工输入。

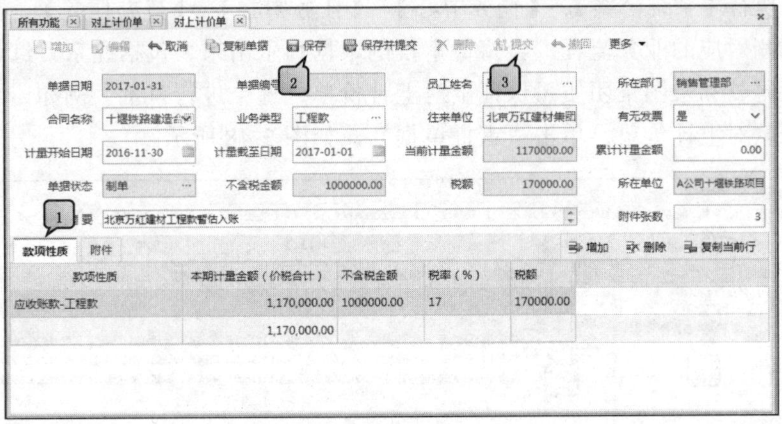

图 3-46　对上计价单表体填写

第三步：同样执行【共享中心】-【网上报账平台】-【应收核算业务】-【对上计价单】，打开对上计价单窗口，单击“新增”，在打开的报账单新增界面，填写傅山建材工程尾款和宏图集团质量保证金对上计价单，按表 3-36 和表 3-37 内容将表头和表体必填项填写完毕，最后单击“保存”并单击“提交”，提示提交成功即可。

(2)将所有对上计价单初审通过，并提交相关领导审批。

登录日期为 2017 年 1 月 31 日，以“16 张东”用户登录系统，进行如下操作。

第一步：执行【共享中心】-【网上报账平台】-【单据初审】-【单据初审】，打开单据初审窗口，在左侧“待办”选项下，选择“应收核算业务”类别下的“对上计价单”，会将初审待审的单据列示出来，包括北京万红建材工程款、傅山建材工程尾款和宏图集团质量保证金对上计价单，逐个进行初审。例如，首先选择北京万红建材工程款对上计价单，单击“初审完成”将该单据完成初审环节，然后单击“提交审批”，将该单据提交相关领导进行审批，如图 3-47 所示。

图 3-47　对上计价单初审并提交领导审批

第二步：参考北京万红建材工程款对上计价单初审的操作步骤，将傅山建材工程尾款和宏图集团质量保证金对上计价单逐个完成初审，并提交审批。

(3)将初审通过的对上计价单报领导审批通过。

登录日期为 2017 年 1 月 31 日，以“21 张明”用户登录系统，进行如下操作。

第一步：执行【系统公共】-【任务中心】-【任务中心】-【待办任务】，打开待办任务窗口，选择左侧对应的业务流程，会将待审批的单据列示出来，包括北京万红建材工程款、傅山建材工程尾款和宏图集团质量保证金对上计价单，逐个进行审批。例如，首先选择北京万红建材工程款对上计价单，单击“审批单据”，如图 3-48 所示。

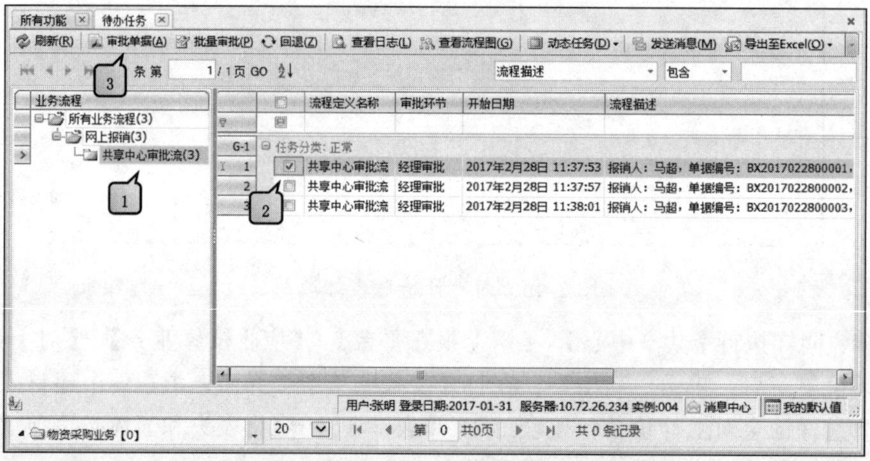

图 3-48　对上计价单相关领导审批第一步

第二步：在图 3-48 单击“审批单据”后，在新打开的审批窗口中，可显示单据的明细信息，对报账单内容的准确性、完整性核对完毕后，单击“审批通过”即可，如图 3-49 所示。

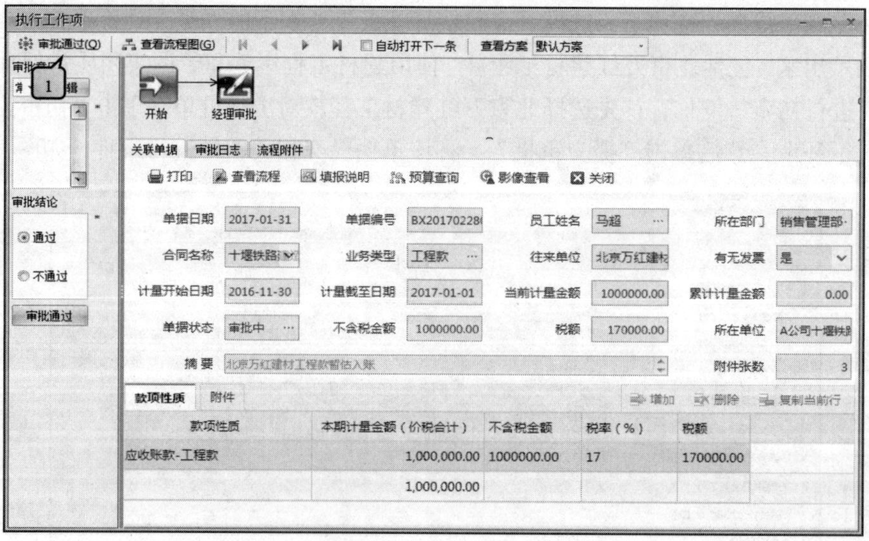

图 3-49　对上计价单相关领导审批完成

第三步：参考北京万红建材工程款对上计价单审批的操作步骤，将傅山建材工程尾款和宏图集团质量保证金对上计价单逐个审批完成。

(4)将审批通过的对上计价单财务稽核通过。

登录日期为 2017 年 1 月 31 日，以“16 张东”用户登录系统，进行如下操作。

第一步：执行【共享中心】-【业务操作平台】-【稽核】-【财务稽核】，打开财务稽核窗口，在左侧“待办”选项下，选择“应收核算业务”类别下的“对上计价单”，或者单击右侧“查询”，则会将待稽核的单据列示出来，包括北京万红建材工程款、傅山建材工程尾款和宏图集团质量保证金对上计价单，逐个单据进行稽核。例如，首先选择北京万红建材工程款对上计价单，单击“稽核”，如图 3-50 所示。

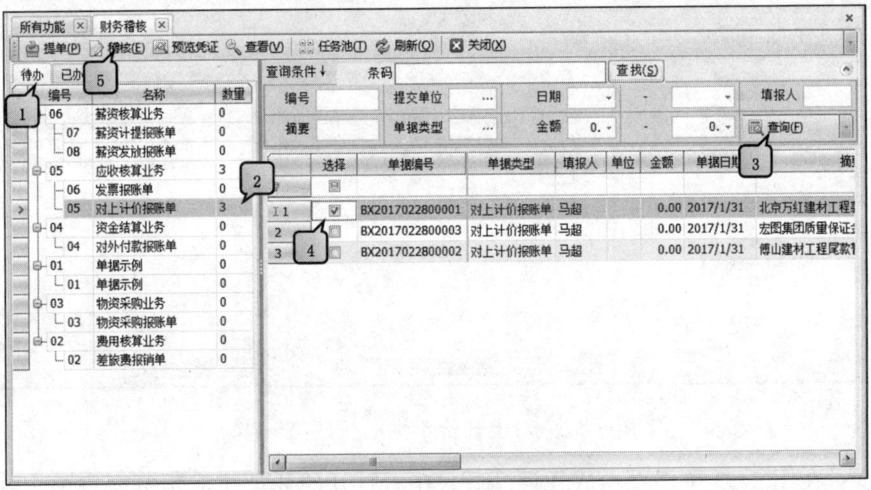

图 3-50　对上计价单财务稽核第一步

第二步：在图 3-50 单击“稽核”后，在新打开的财务稽核报账单明细窗口中，对报账单内容的准确性、完整性核对完毕后，单击“稽核完成”，提示稽核操作成功即可，如图 3-51 所示。

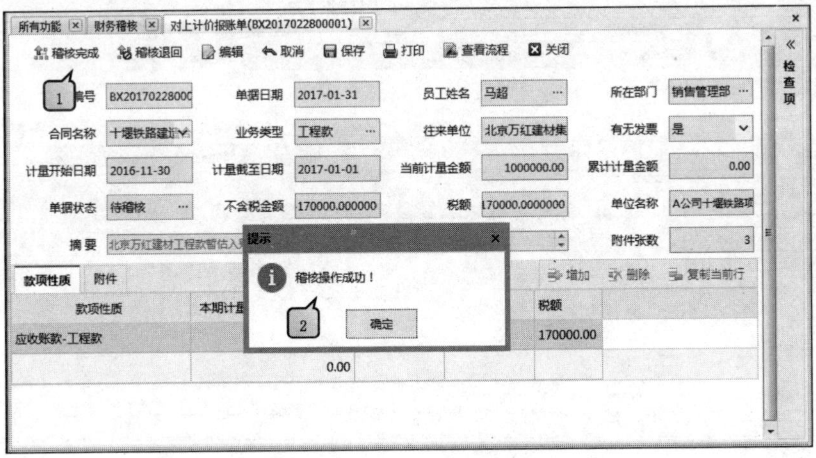

图 3-51　对上计价单财务稽核完成

第三步：参考北京万红建材工程款对上计价单财务稽核的操作步骤，将傅山建材工程尾款和宏图集团质量保证金对上计价单逐个稽核完成。

(5)将财务稽核通过的对上计价单生成财务凭证(如表 3-38 所示)。

登录日期为2017年1月31日，以“16张东”用户登录系统，进行如下操作。

第一步：执行【共享中心】-【业务操作平台】-【制证】-【凭证生成】，打开凭证生成窗口，单击右侧“查询”，会将待生成凭证的单据列示出来，包括北京万红建材工程款、傅山建材工程尾款和宏图集团质量保证金对上计价单，逐个单据进行生成。例如，首先选择北京万红建材工程款对上计价单，单击“生成凭证”，如图3-52所示。

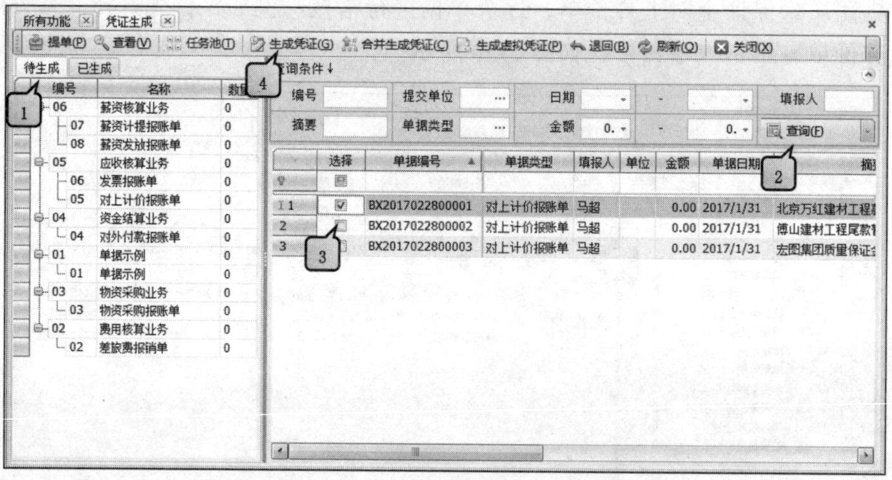

图3-52　对上计价单生成凭证第一步

第二步：在图3-52单击“生成凭证”后，在新打开的凭证生成预览窗口中，对凭证分录的准确性、完整性按表3-38核对完毕后，单击“保存”即可，如图3-53所示。

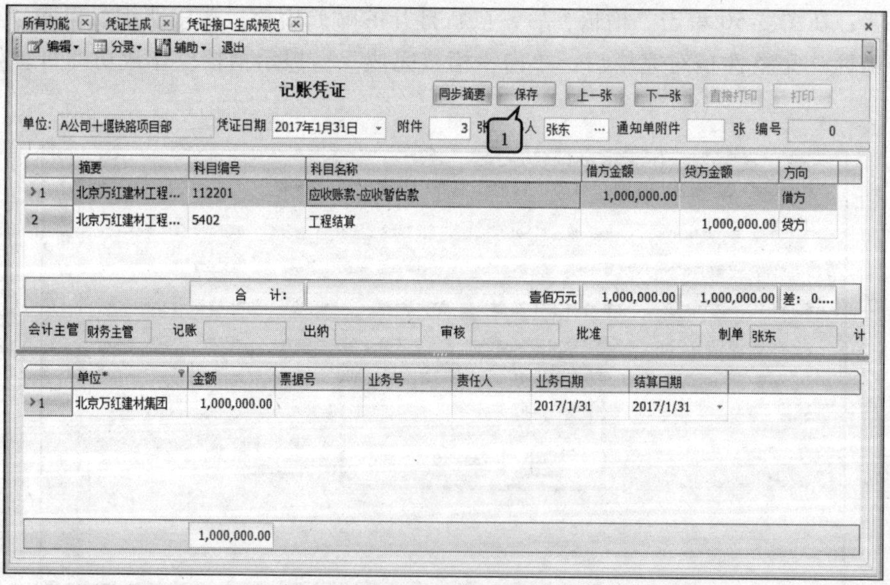

图3-53　对上计价单生成凭证保存

第三步：参考北京万红建材工程款对上计价单生成凭证的操作步骤，将傅山建材工程尾款和宏图集团质量保证金对上计价单逐个生成财务凭证。

(6)至此，暂估应收共享业务处理完成。

3.6.2.3 任务二：应收工程款报账

1. 任务描述

(1)填写发票报账单并提交初审。包括本月已开票的北京万红建材工程款和傅山建材工程尾款业务，还包括上月新丰集团沪昆铁路建筑工程质量保证金在本月开票的业务，报账单分别如表 3-39、表 3-40、表 3-41 所示。

表 3-39 发票报账单(北京万红建材工程款)

表头信息					
往来单位	合同名称	计税方法	报账事由		附件张数
北京万红建材集团	十堰铁路建造合同	一般计税法	北京万红建材工程款应收入账		4
表体明细信息 1——发票明细					
发票类型	发票号码	不含税金额	税率(%)	税额	价税合计
增值税专用发票	00129939	1 000 000.00	17	170 000.00	1 170 000.00
表体明细信息 2——款项明细					
款项明细		金额			
应收账款——工程款		1 170 000.00			

表 3-40 发票报账单(傅山建材工程尾款)

表头信息					
往来单位	合同名称	计税方法	报账事由		附件张数
傅山建材集团	京华铁路建筑合同	一般计税法	傅山建材工程尾款应收入账		4
表体明细信息 1——发票明细					
发票类型	发票号码	不含税金额	税率(%)	税额	价税合计
增值税专用发票	00124487	2 000 000.00	17	340 000.00	2 340 000.00
表体明细信息 2——款项明细					
款项明细		金额			
应收账款——工程尾工款		2 340 000.00			

表 3-41 发票报账单(新丰集团工程质量保证金)

表头信息					
往来单位	合同名称	计税方法	报账事由		附件张数
新丰集团	沪昆铁路建筑合同	一般计税法	新丰集团沪昆铁路建筑工程质量保证金应收入账		4
表体明细信息 1——发票明细					
发票类型	发票号码	不含税金额	税率(%)	税额	价税合计
增值税专用发票	00125980	300 000.00	17	51 000.00	351 000.00
表体明细信息 2——款项明细					
款项明细		金额			
应收账款——工程质量保证金		351 000.00			

(2)将所有发票报账单初审通过，并提交相关领导审批。

(3)将初审通过的发票报账单报领导审批通过。

(4)将审批通过的发票报账单报财务稽核通过。

(5)将财务稽核通过的发票报账单生成财务凭证，凭证分录如表 3-42 所示。

表 3-42　应收工程款凭证分录

序　号	摘　　要	凭　证　分　录			
		方向	科　　目	借 方 金 额	贷 方 金 额
1	北京万红建材工程款应收入账	借	应收账款——应收工程款	1 170 000.00	
		贷	应收账款——应收暂估款		1 000 000.00
			应交税费——应交增值税——销项税额		170 000.00
2	傅山建材工程尾款应收入账	借	应收账款——应收工程款	2 340 000.00	
		贷	应收账款——应收暂估款		2 000 000.00
			应交税费——应交增值税——销项税额		340 000.00
3	新丰集团沪昆铁路建筑工程质量保证金应收入账	借	应收账款——应收工程款	351 000.00	
		贷	应收账款——应收暂估款		300 000.00
			应交税费——应交增值税——销项税额		51 000.00

2. 任务实施

(1)填写发票报账单并提交初审(如表 3-39、3-40、3-41 所示)。

登录日期为 2017 年 1 月 31 日，以“03 马超”用户登录系统，进行如下操作。

第一步：执行【共享中心】-【网上报账平台】-【应收核算业务】-【发票报账单】，打开发票报账单窗口，单击“新增”，在打开的报账单新增界面，首先填写北京万红建材工程款发票报账单内容，包括表头和表体两部分内容。表头必填项有往来单位、合同、计税方法、报账事由和附件张数五项，按表 3-39 内容将其填写完毕，如图 3-54 所示。

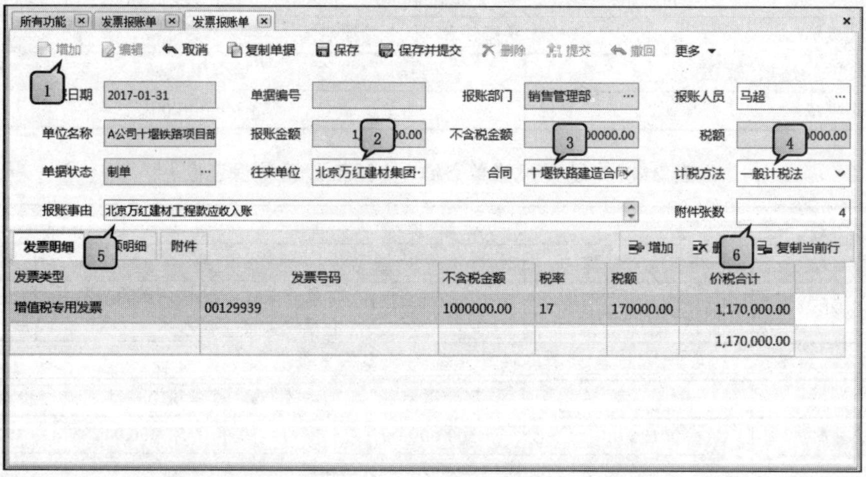

图 3-54　发票报账单表头填写

第二步：填写表体内容，表体必填项包括发票明细和款项明细两项，可通过单击“增加”录入多条明细数据。按表 3-39 内容将所有明细填写完毕后，单击“保存”并单击“提交”，提示提交成功即可，如图 3-55 所示。注意：表体中“价税合计”是自动计算数据，不需要手工输入。

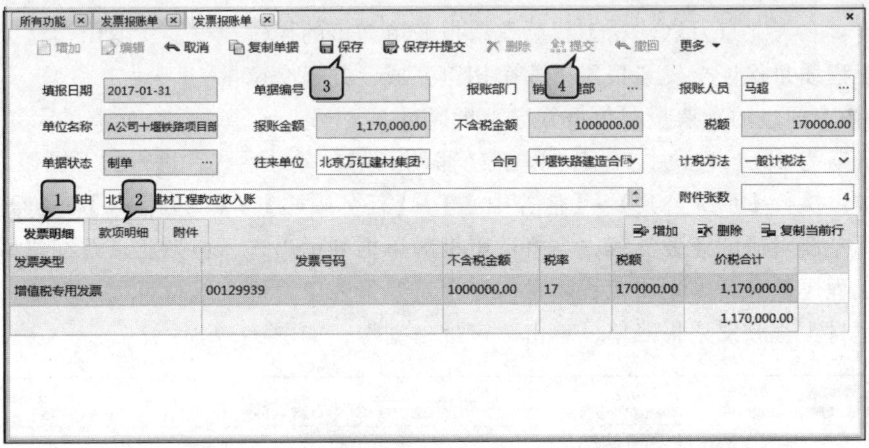

图 3-55　发票报账单表体填写

第三步：同样执行【共享中心】-【网上报账平台】-【应收核算业务】-【发票报账单】，打开发票报账单窗口，单击“新增”，在打开的报账单新增界面，填写傅山建材工程尾款和新丰集团沪昆铁路建筑工程质量保证金发票报账单，按表 3-40 和表 3-41 内容将表头和表体必填项填写完毕，最后单击“保存”并单击“提交”，提示提交成功即可。

(2)将所有发票报账单初审通过，并提交相关领导审批。

登录日期为 2017 年 1 月 31 日，以“16 张东”用户登录系统，进行如下操作。

第一步：执行【共享中心】-【网上报账平台】-【单据初审】-【单据初审】，打开单据初审窗口，在左侧“待办”选项下，选择“应收核算业务”类别下的“发票报账单”，会将初审待审的单据列示出来，包括北京万红建材工程款、傅山建材工程尾款和新丰集团工程质量保证金发票报账单，逐个进行初审。例如，首先选择北京万红建材工程款发票报账单，单击“初审完成”将该单据完成初审环节，然后单击“提交审批”，将该单据提交相关领导进行审批，如图 3-56 所示。

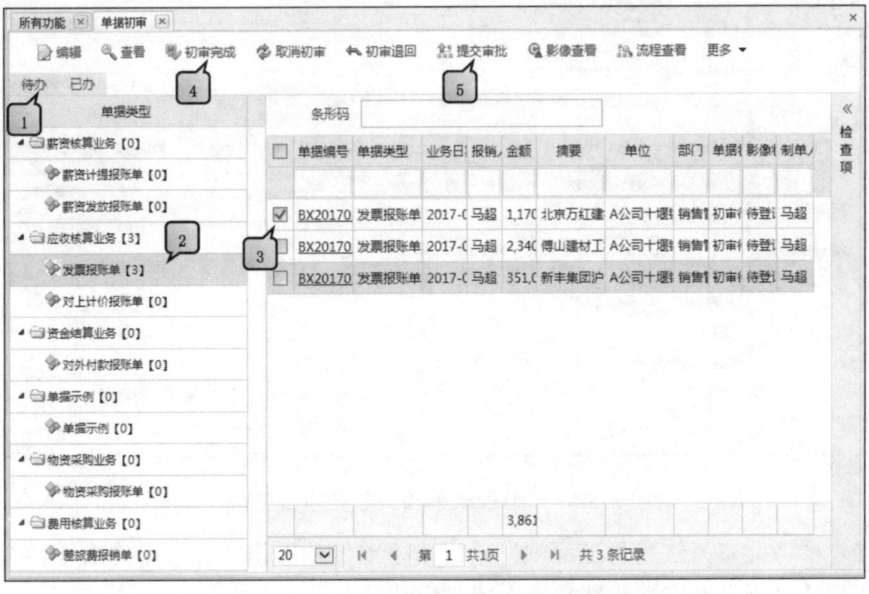

图 3-56　发票报账单初审并提交领导审批

第二步：参考北京万红建材工程款发票报账单初审的操作步骤，将傅山建材工程尾款和新丰集团工程质量保证金发票报账单逐个初审完成，并提交审批。

(2)将初审通过的发票报账单报领导审批通过。

登录日期为 2017 年 1 月 31 日，以“21 张明”用户登录系统，进行如下操作。

第一步：执行【系统公共】-【任务中心】-【任务中心】-【待办任务】，打开待办任务窗口，选择左侧对应的业务流程，会将待审批的单据列示出来，包括北京万红建材工程款、傅山建材工程尾款和新丰集团工程质量保证金发票报账单，逐个进行审批。例如，首先选择北京万红建材工程款发票报账单，单击“审批单据”，如图 3-57 所示。

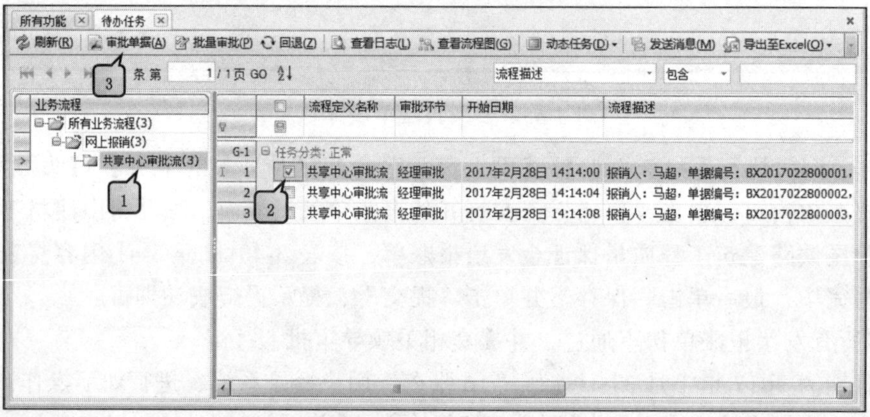

图 3-57　发票报账单相关领导审批第一步

第二步：在图 3-57 单击“审批单据”后，在新打开的审批窗口中，可显示单据的明细信息，对报账单内容的准确性、完整性核对完毕后，单击“审批通过”即可，如图 3-58 所示。

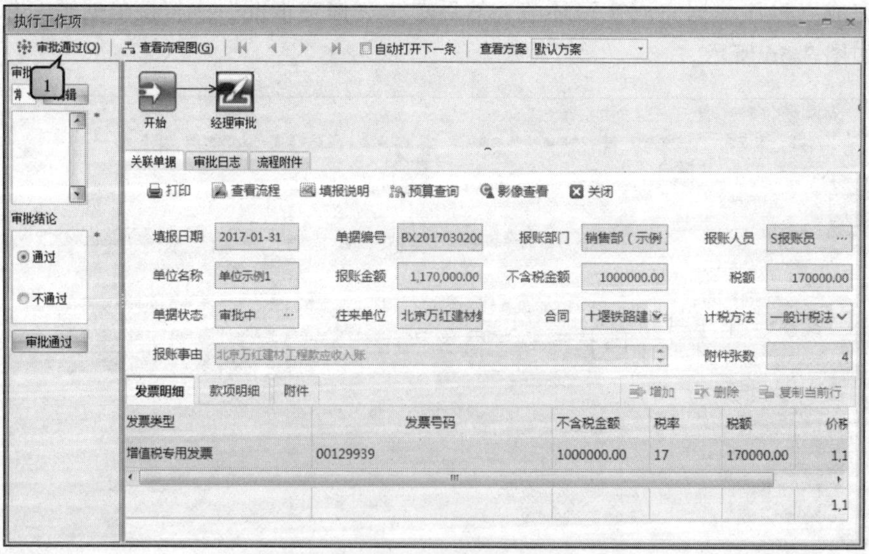

图 3-58　发票报账单相关领导审批完成

第三步：参考北京万红建材工程款发票报账单审批的操作步骤，将傅山建材工程尾款和新丰集团工程质量保证金发票报账单逐个审批完成。

(4)将审批通过的发票报账单报财务稽核通过。

登录日期为 2017 年 1 月 31 日，以“16 张东”用户登录系统，进行如下操作。

第一步：执行【共享中心】-【业务操作平台】-【稽核】-【财务稽核】，打开财务稽核窗口，在左侧“待办”选项下，选择“应收核算业务”类别下的“发票报账单”，或者单击右侧“查询”，则会将待稽核的单据列示出来，包括北京万红建材工程款、傅山建材工程尾款和新丰集团工程质量保证金发票报账单，逐个单据进行稽核。例如，首先选择北京万红建材工程款发票报账单，单击“稽核”，如图 3-59 所示。

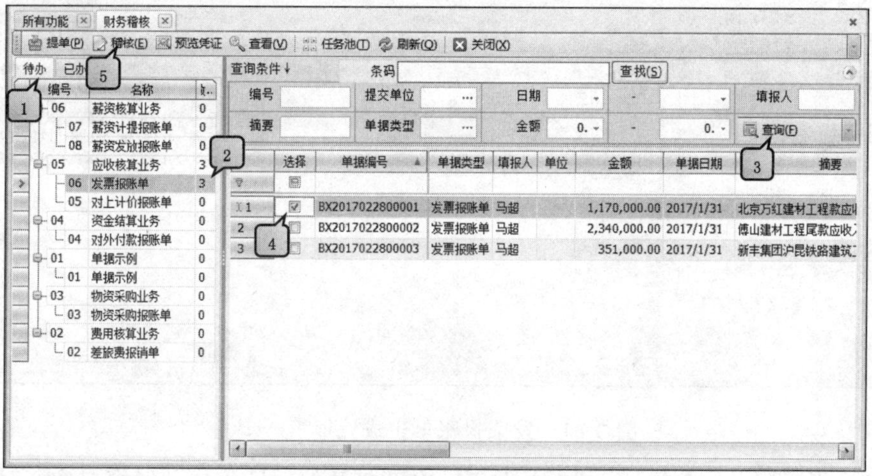

图 3-59 发票报账单财务稽核第一步

第二步：在图 3-59 单击“稽核”后，在新打开的财务稽核报账单明细窗口中，对报账单内容的准确性、完整性核对完毕后，单击“稽核完成”，提示稽核操作成功即可，如图 3-60 所示。

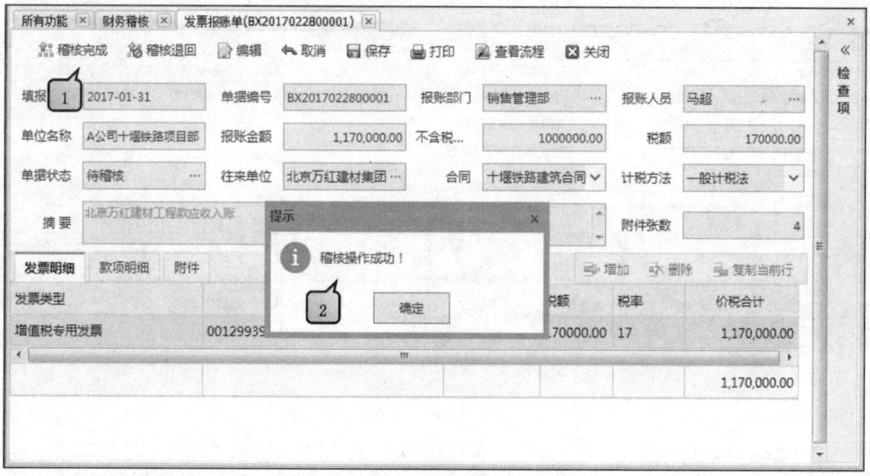

图 3-60 发票报账单财务稽核完成

第三步：参考北京万红建材工程款发票报账单财务稽核的操作步骤，将傅山建材工程尾款和新丰集团工程质量保证金发票报账单逐个稽核完成。

(5)将财务稽核通过的发票报账单生成财务凭证(如表 3-42 所示)。

登录日期为 2017 年 1 月 31 日，以“16 张东”用户登录系统，进行如下操作。

第一步：执行【共享中心】-【业务操作平台】-【制证】-【凭证生成】，打开凭证生成窗口，在左侧“待生成”选项下，单击右侧“查询”，会将待生成凭证的单据列示出来，包括北京万红建材工程款、傅山建材工程尾款和新丰集团工程质量保证金发票报账单，逐个单据进行生成。例如，首先选择北京万红建材工程款发票报账单，单击“生成凭证”，如图 3-61 所示。

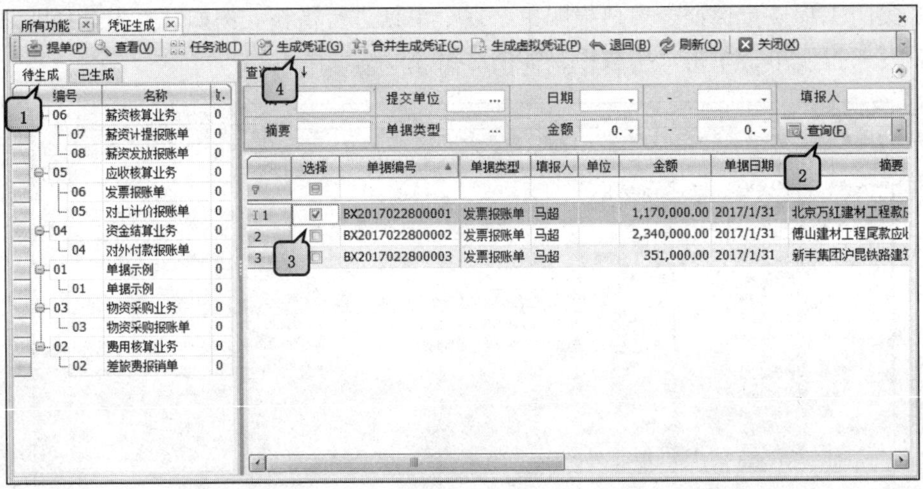

图 3-61　发票报账单生成凭证第一步

第二步：在图 3-61 单击“生成凭证”后，在新打开的凭证生成预览窗口中，对凭证分录的准确性、完整性按表 3-42 核对完毕后，单击“保存”即可，如图 3-62 所示。

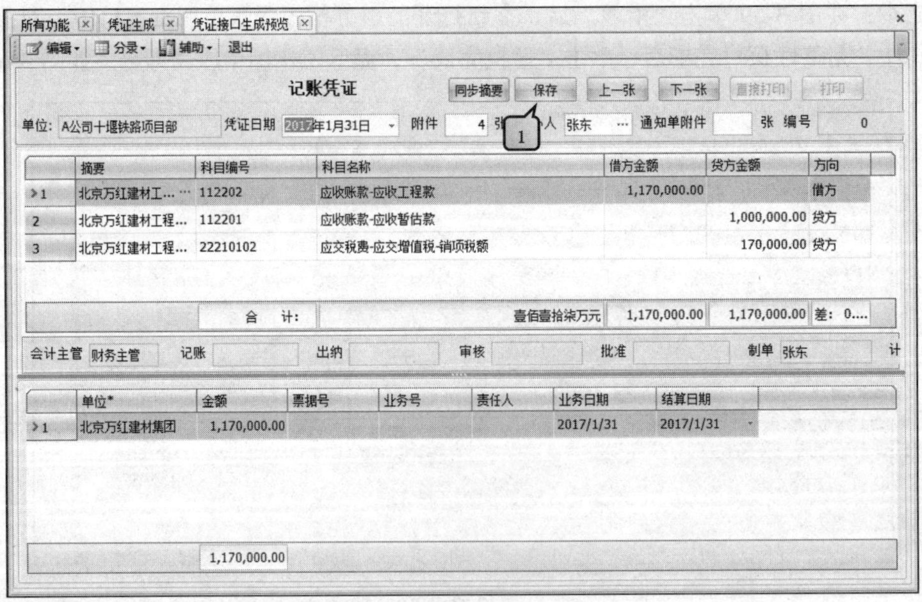

图 3-62　发票报账单生成凭证保存

第三步：参考北京万红建材工程款发票报账单生成凭证的操作步骤，将傅山建材工程尾款和新丰集团工程质量保证金发票报账单逐个生成财务凭证。

(6) 至此，应收工程款共享业务处理完成。

3.7 主题五：应付共享业务处理

3.7.1 相关知识

3.7.1.1 业务概述

应付业务内容主要包括企业因购买材料、商品、资产和接受劳务等需要支付给供应单位款项的业务。

对于应付业务，可以根据企业行业性质、管理要求等特征，决定将该类业务纳入财务共享。通过在共享中心对应付业务稽核、复核、结算支付、核算等环节的集中处理，可以实现应付业务业财一体化的深化应用目标。

3.7.1.2 软件实现

1. 依赖平台

GS 共享中心网上报账平台、业务操作平台。网上报账平台主要实现物资采购报账、对外付款报账、提交审批、单据初审等业务；业务操作平台主要实现应付报账单据的财务稽核、财务复核、凭证生成及付款结算相关业务。

2. 主要流程

物资采购/采购发票/对外付款报账单填写→单据初审→领导审批→财务稽核→财务复核→凭证生成→付款结算。该流程可根据企业管理需要进行合理调整。

3. 流程描述

(1)相关人员对物资采购或对外付款业务在网上报账平台进行填报报账，网上提交给初审扫描员进行初审，同时将收货单、采购对账单、采购发票等相关实物单据提交给初审扫描员。

(2)初审扫描员对报账单进行初审并提交相关领导审批，同时将相关实物单据进行扫描，将其影像上传，便于相关人员审核实物单据影像。

(3)相关领导对报账单及实物单据影像等内容的真实性与完整性进行审批，并提交财务稽核。

(4)财务稽核人员对报账单及实物单据影像等内容的真实性与完整性进行财务稽核，稽核通过后生成应付或付款财务凭证。

(5)该业务若要求先核算后结算，则结算人员还需对核算完成的报账单进行结算付款。至此，应付共享业务处理完成。

4. 功能菜单

涉及的主要功能菜单，如表 3-43 所示。

表 3-43 应付共享业务涉及的功能菜单

依赖平台	功能菜单
网上报账平台	物资采购业务：物资采购报账单
	资金结算业务：对外付款报账单
	单据初审：单据初审

续表

依赖平台	功能菜单
业务操作平台	稽核：财务稽核
	制证：凭证生成
	结算：付款办理
	结算：付款确认
系统公共	任务中心：待办任务

3.7.2 案例

3.7.2.1 任务背景介绍

在第一期的财务共享中心建设计划中，S 集团考虑将物资采购及付款结算业务纳入财务共享中心。对于物资采购业务，S 集团要求在采购收货时需根据发票是否收到，进行暂估应付或应付账款入账处理。对于暂估应付入账处理的业务，在收到发票时，需要对暂估入账进行冲销，并进行应付账款入账处理。

在 GS 共享中心处理业务时，主要是通过物资采购报账单，对应不同的入库类别(正式入库、暂估入库、暂估红冲)，来实现物资采购不同情况下的业务处理。报账人员需根据发票是否已到，区别几种情况进行报账：(1)采购收货时收到发票(即货到票到)，填写“正式入库”类别的物资采购报账单,并对该报账单生成应付账款入账凭证;(2)采购收货时未收到发票(即货到票未到)，填写“暂估入库”类别的物资采购报账单，并对该报账单生成暂估应付入账凭证；(3)暂估收到发票时(即票到红冲)，填写“暂估红冲” 类别的物资采购报账单，同时按发票内容填写“正式入库”类别的物资采购报账单，并对该报账单生成暂估红冲及应付账款入账凭证。相关报账单依次进行单据初审、相关领导审批、财务稽核、生成凭证等流程，最终完成该业务在共享中心的集中处理。

3.7.2.2 任务一：货到票到物资采购报账

1. 任务描述

(1)填写“正式入库”类别的物资采购报账单并提交初审，分别如表 3-44、表 3-45 所示。

表 3-44 正式入库物资采购报账单(购入通用集团水泥)

表头信息					
入库类别	附件张数	报账事由		往来单位	是否到票
正式入库	2	购入通用集团水泥		通用集团	是
表体明细信息 1——往来明细					
合同名称		发票类型		发票号码	是否抵扣
水泥供货合同		增值税专用发票		00186639	是
表体明细信息 2——材料明细					
款项性质	材料类别	不含税金额	税率(%)	税额	价税合计
应付账款——应付工程款	主材—水泥	800 000.00	17	136 000.00	936 000.00

表 3-45　正式入库物资采购报账单(购入新丰集团钢材)

<table>
<tr><th colspan="6">表 头 信 息</th></tr>
<tr><th>入 库 类 别</th><th>附 件 张 数</th><th colspan="2">报 账 事 由</th><th>往 来 单 位</th><th>是 否 到 票</th></tr>
<tr><td>正式入库</td><td>2</td><td colspan="2">购入新丰集团钢材</td><td>新丰集团</td><td>是</td></tr>
<tr><th colspan="6">表体明细信息 1——往来明细</th></tr>
<tr><th colspan="2">合 同 名 称</th><th colspan="2">发 票 类 型</th><th>发 票 号 码</th><th>是 否 抵 扣</th></tr>
<tr><td colspan="2">钢材供货合同</td><td colspan="2">增值税专用发票</td><td>00187739</td><td>是</td></tr>
<tr><th colspan="6">表体明细信息 2——材料明细</th></tr>
<tr><th>款 项 性 质</th><th>材 料 类 别</th><th>不含税金额</th><th>税率(%)</th><th>税　　额</th><th>价 税 合 计</th></tr>
<tr><td>应付账款——应付工程款</td><td>主材—钢材</td><td>700 000.00</td><td>17</td><td>119 000.00</td><td>819 000.00</td></tr>
</table>

(2)将所有“正式入库”类别的物资采购报账单初审通过，并提交相关领导审批。

(3)将初审通过的“正式入库”类别的物资采购报账单报领导审批通过。

(4)将审批通过的“正式入库”类别的物资采购报账单报财务稽核通过。

(5)将财务稽核通过的“正式入库”类别的物资采购报账单生成财务凭证，凭证分录如表 3-46 所示。

表 3-46　货到票到物资采购凭证分录

<table>
<tr><th rowspan="2">序　号</th><th rowspan="2">摘　　要</th><th colspan="4">凭 证 分 录</th></tr>
<tr><th>方向</th><th>科　　目</th><th>借 方 金 额</th><th>贷 方 金 额</th></tr>
<tr><td rowspan="3">1</td><td rowspan="3">购入通用集团水泥</td><td rowspan="2">借</td><td>原材料</td><td>800 000.00</td><td></td></tr>
<tr><td>应交税费——应交增值税——进项税额</td><td>136 000.00</td><td></td></tr>
<tr><td>贷</td><td>应付账款——应付工程款</td><td></td><td>936 000.00</td></tr>
<tr><td rowspan="3">2</td><td rowspan="3">购入新丰集团钢材</td><td rowspan="2">借</td><td>原材料</td><td>700 000.00</td><td></td></tr>
<tr><td>应交税费——应交增值税——进项税额</td><td>119 000.00</td><td></td></tr>
<tr><td>贷</td><td>应付账款——应付工程款</td><td></td><td>819 000.00</td></tr>
</table>

2. 任务实施

(1)填写“正式入库”类别的物资采购报账单并提交初审(如表 3-44、3-45 所示)。

登录日期为 2017 年 1 月 31 日，以“01 张静”用户登录系统，进行如下操作。

第一步：执行【共享中心】-【网上报账平台】-【物资采购业务】-【物资采购报账单】，打开物资采购报账单窗口，单击“新增”，在打开的报账单新增界面，首先填写购入通用集团水泥正式入库的报账单内容，包括表头和表体两部分内容。表头必填项有入库类别、附件张数、摘要、往来单位和是否到票五项，按表 3-45 内容将其填写完毕，如图 3-63 所示。

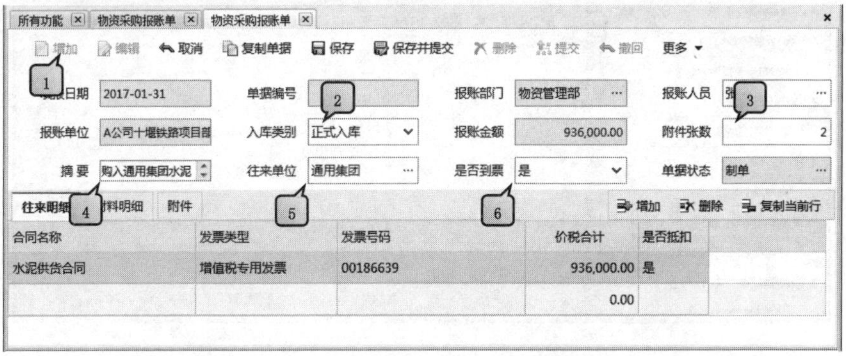

图 3-63　“正式入库”类别物资采购报账单表头填写

第二步：填写表体内容，表体必填项包括往来明细和材料明细两项，可通过单击“增加”录入多条明细数据。按表 3-45 内容将所有明细填写完毕后，单击“保存”并单击“提交”，提示提交成功即可，如图 3-64 所示。注意：表体中“价税合计”是自动计算数据，不需要手工输入。

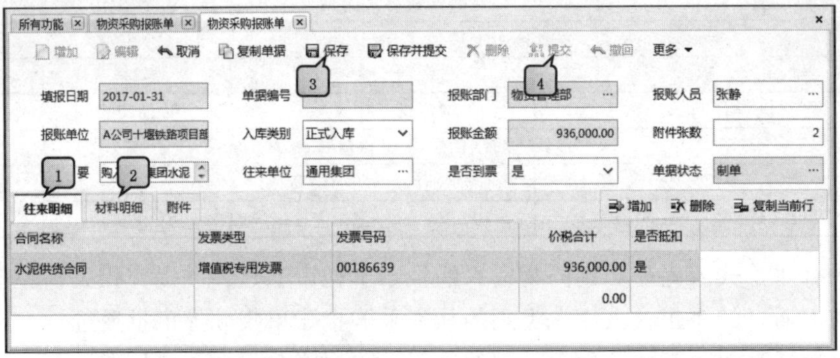

图 3-64　“正式入库”类别物资采购报账单表体填写

第三步：同样执行【共享中心】-【网上报账平台】-【物资采购业务】-【发票报账单】，打开发票报账单窗口，单击“新增”，在打开的报账单新增界面，填写购入新丰集团钢材正式入库的报账单，按表 3-45 内容将表头和表体必填项填写完毕，最后单击“保存”并单击“提交”，提示提交成功即可。

(2)将所有“正式入库”类别的物资采购报账单初审通过，并提交相关领导审批。

登录日期为 2017 年 1 月 31 日，以“17 张磊”用户登录系统，进行如下操作。

第一步：执行【共享中心】-【网上报账平台】-【单据初审】-【单据初审】，打开单据初审窗口，在左侧“待办”选项下，选择“物资采购业务”类别下的“物资采购报账单”，会将初审待审的单据列示出来，包括购入通用集团水泥和购入新丰集团钢材正式入库的报账单，逐个完成初审。例如，首先选择购入通用集团水泥正式入库报账单，单击“初审完成”将该单据完成初审环节，然后单击“提交审批”，将该单据提交相关领导进行审批，如图 3-65 所示。

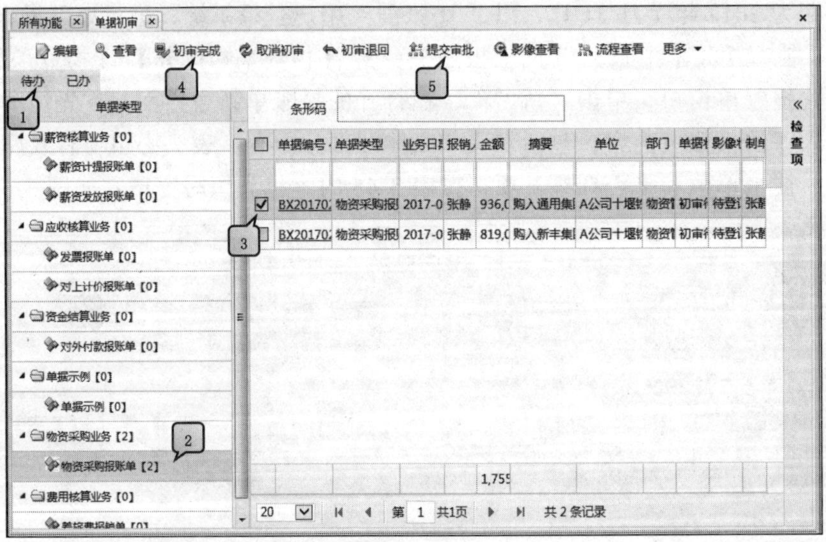

图 3-65　“正式入库”类别物资采购报账单初审并提交领导审批

第二步：参考购入通用集团水泥正式入库报账单初审的操作步骤，将购入新丰集团钢材正式入库报账单初审完成，并提交审批。

(3)将初审通过的“正式入库”类别的物资采购报账单报领导审批通过。

登录日期为2017年1月31日，以“21 张明”用户登录系统，进行如下操作。

第一步：执行【系统公共】-【任务中心】-【任务中心】-【待办任务】，打开待办任务窗口，选择左侧对应的业务流程，会将待审批的单据列示出来，包括购入通用集团水泥和购入新丰集团钢材正式入库的报账单，逐个完成审批。例如，首先选择购入通用集团水泥正式入库报账单，单击“审批单据”，如图3-66所示。

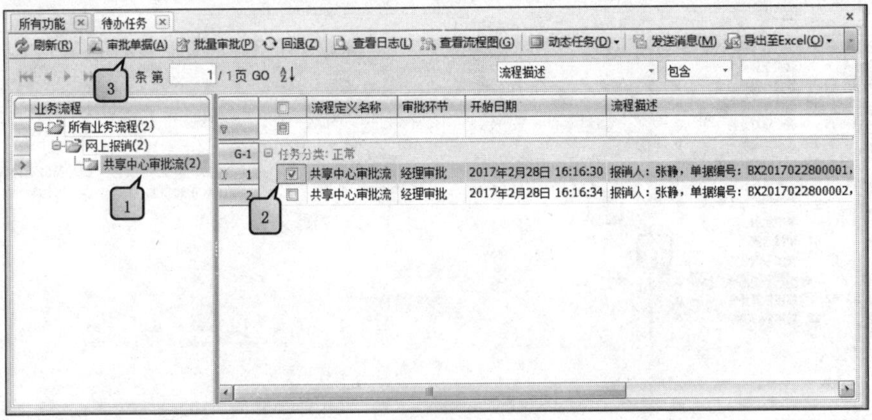

图3-66 “正式入库”类别物资采购报账单相关领导审批第一步

第二步：在图3-66单击“审批单据”后，在新打开的审批窗口中，可显示单据的明细信息，对报账单内容的准确性、完整性核对完毕后，单击“审批通过”即可，如图3-67所示。

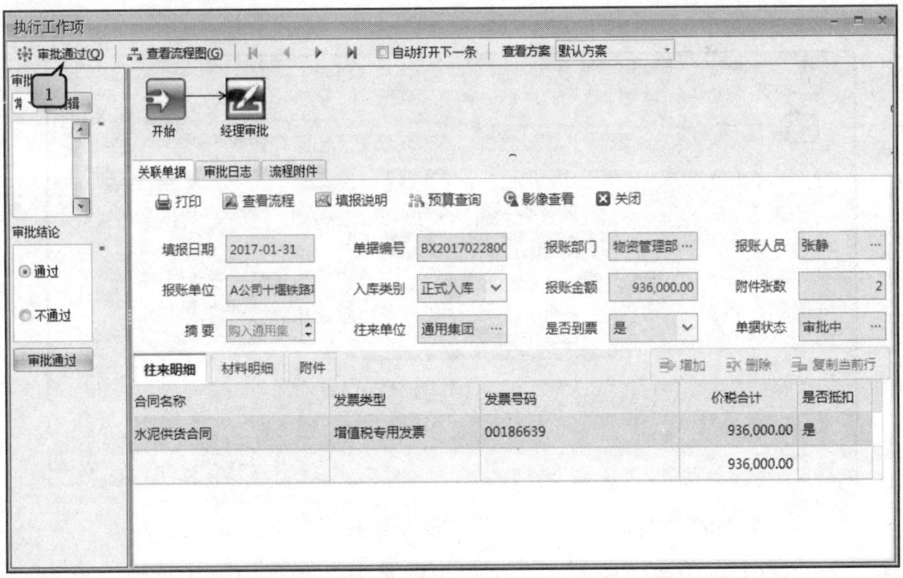

图3-67 “正式入库”类别物资采购报账单相关领导审批完成

第三步：参考购入通用集团水泥正式入库报账单审批的操作步骤，将购入新丰集团钢材正式入库报账单审批完成。

(4)将审批通过的“正式入库”类别的物资采购报账单报财务稽核通过。

登录日期为 2017 年 1 月 31 日，以“17 张磊”用户登录系统，进行如下操作。

第一步：执行【共享中心】-【业务操作平台】-【稽核】-【财务稽核】，打开财务稽核窗口，在左侧“待办”选项下，选择“物资采购业务”类别下的“物资采购报账单”，或者单击右侧“查询”，则会将待稽核的单据列示出来，包括购入通用集团水泥和购入新丰集团钢材正式入库的报账单，逐个单据进行稽核。例如，首先选择购入通用集团水泥正式入库报账单，单击“稽核”，如图 3-68 所示。

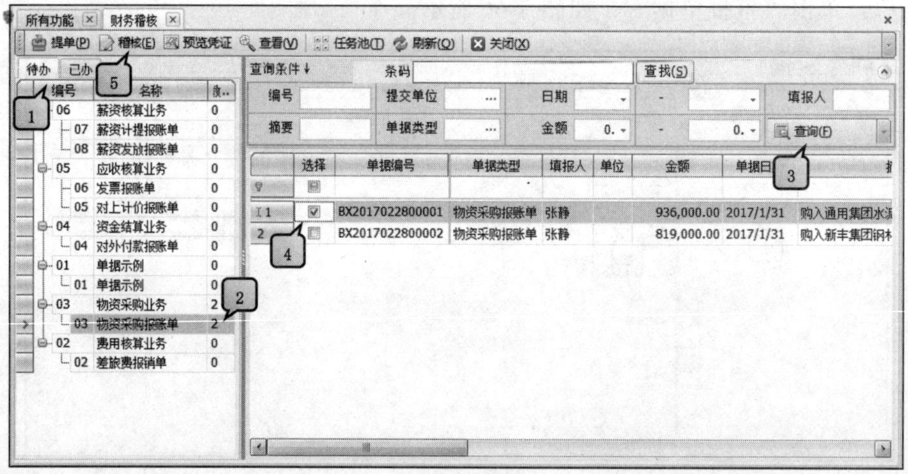

图 3-68 “正式入库”类别物资采购报账单财务稽核第一步

第二步：在图 3-68 单击“稽核”后，在新打开的财务稽核报账单明细窗口中，对报账单内容的准确性、完整性核对完毕后，单击“稽核完成”，提示稽核操作成功即可，如图 3-69 所示。

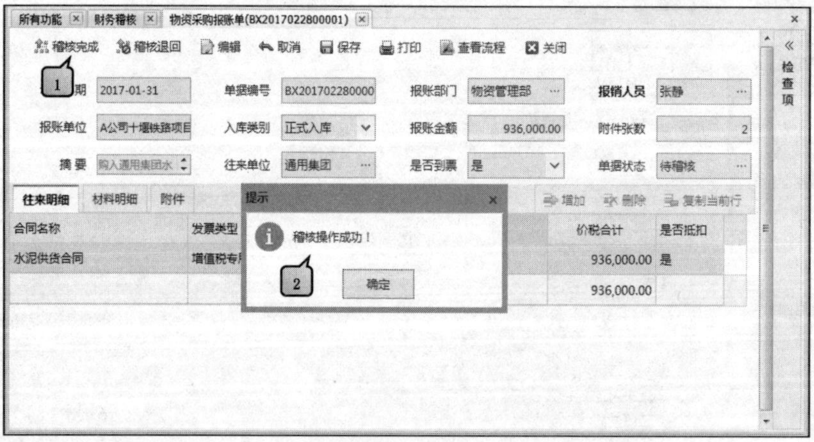

图 3-69 “正式入库”类别物资采购报账单财务稽核完成

第三步：参考购入通用集团水泥正式入库报账单财务稽核的操作步骤，将购入新丰集团钢材正式入库报账单稽核完成。

(5)将财务稽核通过的“正式入库”类别的物资采购报账单生成财务凭证(如表 3-46 所示)。

登录日期为 2017 年 1 月 31 日，以“17 张磊”用户登录系统，进行如下操作。

第一步：执行【共享中心】-【业务操作平台】-【制证】-【凭证生成】，打开凭证生成窗口，单击右侧“查询”，会将待生成凭证的单据列示出来，包括购入通用集团水泥和购入新丰集团钢材正式入库的报账单，逐个单据进行生成。例如，首先选择购入通用集团水泥正式入库报账单，单击“生成凭证”，如图 3-70 所示。

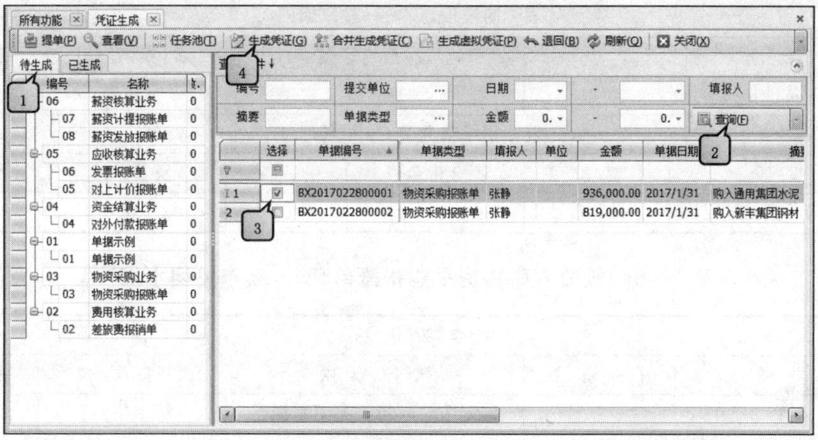

图 3-70 “正式入库”类别物资采购报账单生成凭证第一步

第二步：在图 3-70 单击“生成凭证”后，在新打开的凭证生成预览窗口中，对凭证分录的准确性、完整性按表 3-46 核对完毕后，单击“保存”即可，如图 3-71 所示。

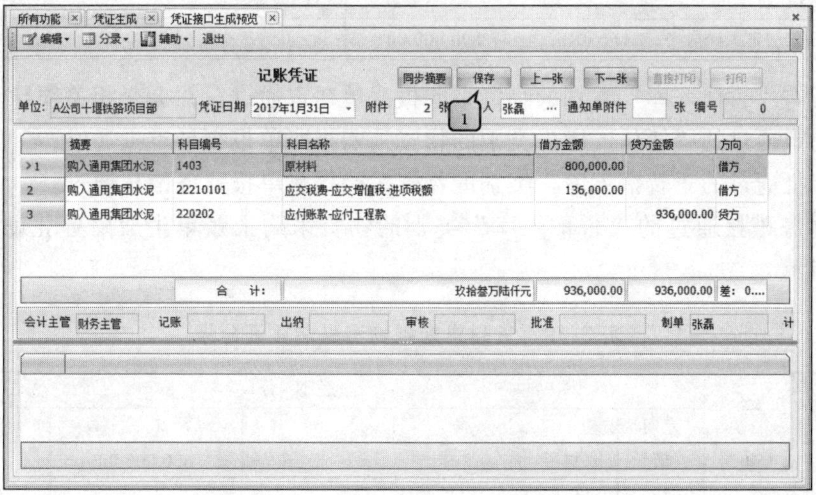

图 3-71 “正式入库”类别物资采购报账单生成凭证保存

第三步：参考购入通用集团水泥正式入库报账单生成凭证的操作步骤，将购入新丰集团钢材正式入库报账单生成财务凭证。

(6)至此，货到票到物资采购共享业务处理完成。

3.7.2.3 任务二：货到票未到物资采购报账

1. 任务描述

(1)填写“暂估入库”类别的物资采购报账单并提交初审，分别如表 3-47、表 3-48 所示。

表 3-47　暂估入库物资采购报账单(购入通用集团黄沙)

<table>
<tr><td colspan="6">表 头 信 息</td></tr>
<tr><td>入 库 类 别</td><td>附 件 张 数</td><td colspan="2">报 账 事 由</td><td>往 来 单 位</td><td>是 否 到 票</td></tr>
<tr><td>暂估入库</td><td>2</td><td colspan="2">暂估购入通用集团黄沙</td><td>通用集团</td><td>否</td></tr>
<tr><td colspan="6">表体明细信息 1——往来明细</td></tr>
<tr><td colspan="2">合 同 名 称</td><td colspan="2">发 票 类 型</td><td>发 票 号 码</td><td>是 否 抵 扣</td></tr>
<tr><td colspan="2">黄沙供货合同</td><td colspan="2">空白项</td><td>空白项</td><td>否</td></tr>
<tr><td colspan="6">表体明细信息 2——材料明细</td></tr>
<tr><td>款 项 性 质</td><td>材 料 类 别</td><td>不含税金额</td><td>税率(%)</td><td>税　　额</td><td>价 税 合 计</td></tr>
<tr><td>应付账款——应付暂估工程款</td><td>主材—黄沙</td><td>600 000.00</td><td>0</td><td>0</td><td>600 000.00</td></tr>
</table>

表 3-48　暂估入库物资采购报账单(购入新丰集团水泥)

<table>
<tr><td colspan="6">表 头 信 息</td></tr>
<tr><td>入 库 类 别</td><td>附 件 张 数</td><td colspan="2">报 账 事 由</td><td>往 来 单 位</td><td>是 否 到 票</td></tr>
<tr><td>暂估入库</td><td>2</td><td colspan="2">暂估购入新丰集团水泥</td><td>新丰集团</td><td>否</td></tr>
<tr><td colspan="6">表体明细信息 1——往来明细</td></tr>
<tr><td colspan="2">合 同 名 称</td><td colspan="2">发 票 类 型</td><td>发 票 号 码</td><td>是 否 抵 扣</td></tr>
<tr><td colspan="2">水泥供货合同</td><td colspan="2">空白项</td><td>空白项</td><td>否</td></tr>
<tr><td colspan="6">表体明细信息 2——材料明细</td></tr>
<tr><td>款 项 性 质</td><td>材 料 类 别</td><td>不含税金额</td><td>税率(%)</td><td>税　　额</td><td>价 税 合 计</td></tr>
<tr><td>应付账款——应付暂估工程款</td><td>主材—水泥</td><td>500 000.00</td><td>0</td><td>0</td><td>500 000.00</td></tr>
</table>

(2)将所有“暂估入库”类别的物资采购报账单初审通过，并提交相关领导审批。

(3)将初审通过的“暂估入库”类别的物资采购报账单报领导审批通过。

(4)将审批通过的“暂估入库”类别的物资采购报账单报财务稽核通过。

(5)将财务稽核通过的“暂估入库”类别的物资采购报账单生成财务凭证，凭证分录如表 3-49 所示。

表 3-49　货到票未到物资采购凭证分录

<table>
<tr><td rowspan="2">序　号</td><td rowspan="2">摘　　要</td><td colspan="4">凭 证 分 录</td></tr>
<tr><td>方向</td><td>科　　目</td><td>借 方 金 额</td><td>贷 方 金 额</td></tr>
<tr><td rowspan="2">1</td><td rowspan="2">暂估购入通用集团黄沙</td><td>借</td><td>原材料</td><td>600 000.00</td><td></td></tr>
<tr><td>贷</td><td>应付账款——应付暂估工程款</td><td></td><td>600 000.00</td></tr>
<tr><td rowspan="2">2</td><td rowspan="2">暂估购入新丰集团水泥</td><td>借</td><td>原材料</td><td>500 000.00</td><td></td></tr>
<tr><td>贷</td><td>应付账款——应付暂估工程款</td><td></td><td>500 000.00</td></tr>
</table>

2. 任务实施

(1)填写“暂估入库”类别的物资采购报账单并提交初审(如表 3-47、3-48 所示)。

登录日期为 2017 年 1 月 31 日，以“01 张静”用户登录系统，进行如下操作。

第一步：执行【共享中心】-【网上报账平台】-【物资采购业务】-【物资采购报账单】，打开物资采购报账单窗口，单击“新增”，在打开的报账单新增界面，首先填写购入通用集团黄沙暂估入库报账单内容，包括表头和表体两部分内容。表头必填项有入库类别、附件张数、摘要和是否到票四项，按表 3-47 内容将其填写完毕，如图 3-72 所示。(注意：暂估入库与正式入库填入数据根本差异是“入库类别”为“暂估入库”。)

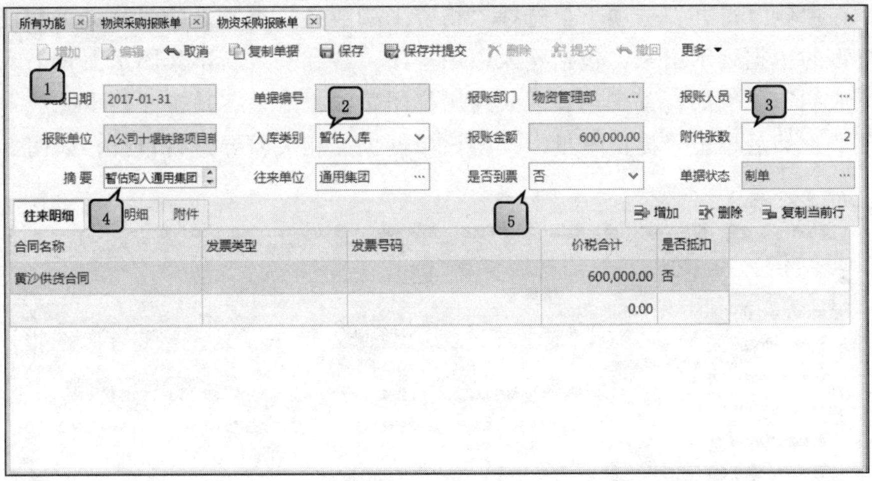

图 3-72 “暂估入库”类别物资采购报账单表头填写

第二步：填写表体内容，表体必填项包括往来明细和材料明细两项，可通过单击“增加”录入多条明细数据。按表 3-47 内容将所有明细填写完毕后，单击“保存”并单击“提交”，提示提交成功即可，如图 3-73 所示。(注意：(1)暂估入库与正式入库填入数据差异为“往来明细”中发票类型、发票号码和是否抵扣均为空白内容；(2)“物料明细”中税率和税额均为零；(3)表体中“价税合计”是自动计算数据，不需要手工输入。)

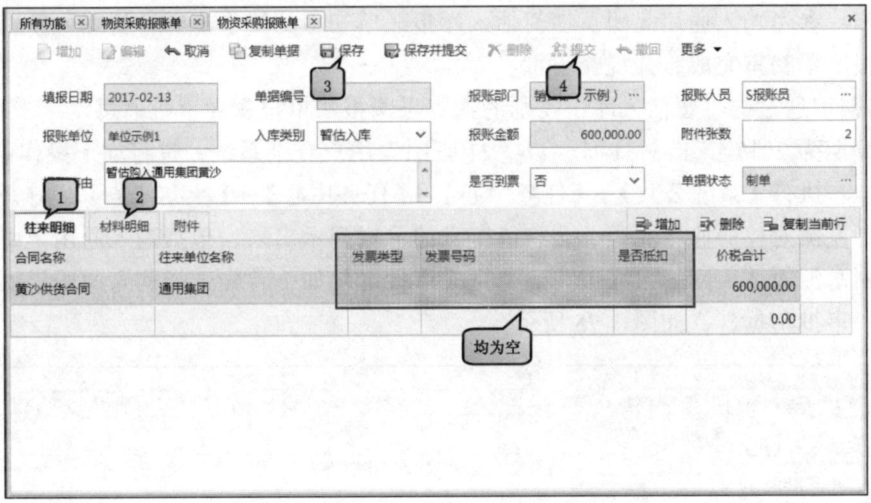

图 3-73 “暂估入库”类别物资采购报账单表体填写

第三步：同样执行【共享中心】-【网上报账平台】-【物资采购业务】-【物资采购报账单】，打开物资采购报账单窗口，单击“新增”，在打开的报账单新增界面，填写购入新丰集团水泥暂估入库报账单，按表 3-48 内容将表头和表体必填项填写完毕，最后单击“保存”并单击“提交”，提示提交成功即可。

(2)将所有“暂估入库”类别的物资采购报账单初审通过，并提交相关领导审批。

登录日期为 2017 年 1 月 31 日，以“17 张磊”用户登录系统，进行如下操作。

第一步：执行【共享中心】-【网上报账平台】-【单据初审】-【单据初审】，打开单据初审窗口，在左侧“待办”选项下，选择“物资采购业务”类别下的“物资采购报账单”，会将初审待审的单据列示出来，包括购入通用集团黄沙和购入新丰集团水泥暂估入库的报账单，逐个完成初审。例如，首先选择购入通用集团黄沙报账单，单击“初审完成”将该单据完成初审环节，然后单击“提交审批”，将该单据提交相关领导进行审批，如图 3-74 所示。

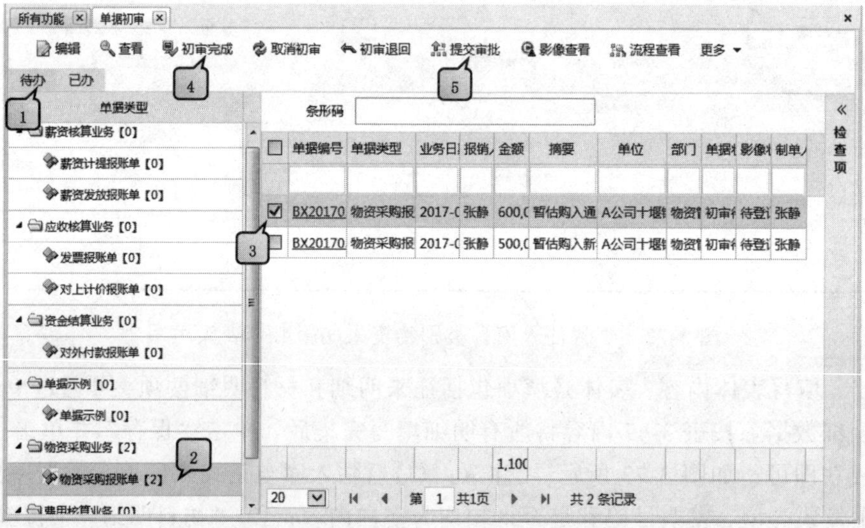

图 3-74　“暂估入库”类别物资采购报账单初审并提交领导审批

第二步：参考购入通用集团黄沙暂估入库报账单初审的操作步骤，将购入新丰集团水泥暂估入库报账单初审完成，并提交审批。

(3)将初审通过的“暂估入库”类别的物资采购报账单报领导审批通过。

登录日期为 2017 年 1 月 31 日，以“21 张明”用户登录系统，进行如下操作。

第一步：执行【系统公共】-【任务中心】-【任务中心】-【待办任务】，打开待办任务窗口，选择左侧对应的业务流程，会将待审批的单据列示出来，包括购入通用集团黄沙和购入新丰集团水泥暂估入库的报账单，逐个完成审批。例如，首先选择购入通用集团黄沙报账单，单击“审批单据”，如图 3-75 所示。

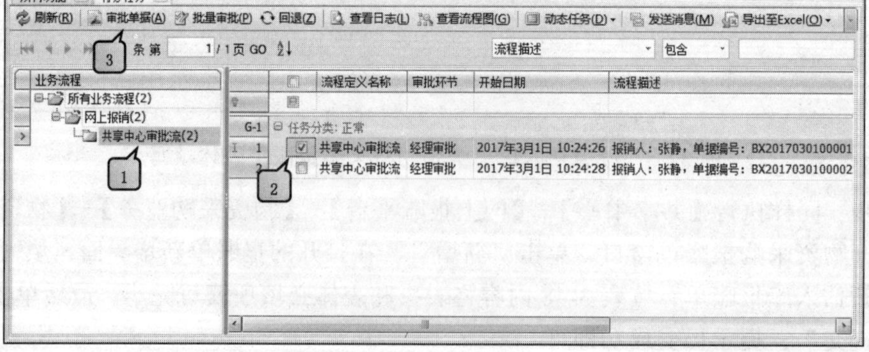

图 3-75　“暂估入库”类别物资采购报账单相关领导审批第一步

第二步：在图 3-75 单击“审批单据”后，在新打开的审批窗口中，可显示单据的明细信息，对报账单内容的准确性、完整性核对完毕后，单击“审批通过”即可，如图 3-76 所示。

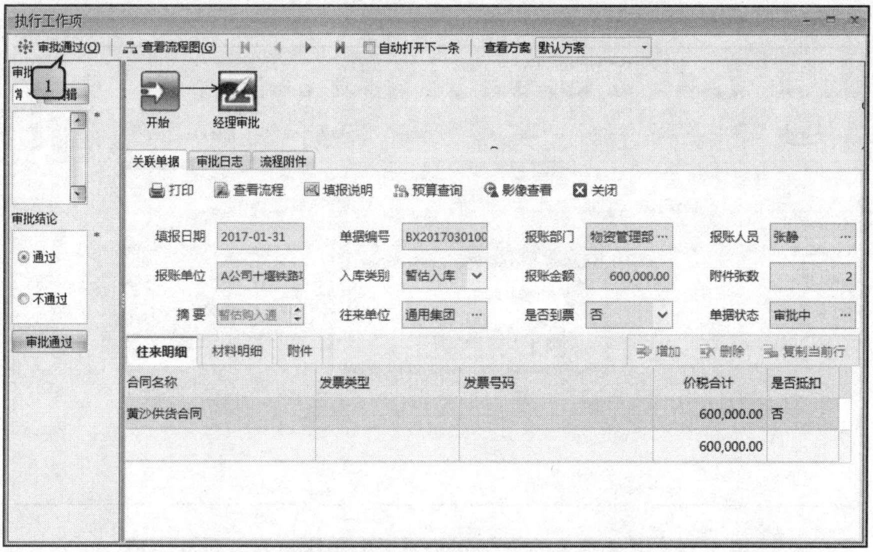

图 3-76　“暂估入库”类别物资采购报账单相关领导审批完成

第三步：参考购入通用集团黄沙暂估入库报账单审批的操作步骤，将购入新丰集团水泥暂估入库报账单审批完成。

(4)将审批通过的“暂估入库”类别的物资采购报账单报财务稽核通过。

登录日期为 2017 年 1 月 31 日，以“17 张磊”用户登录系统，进行如下操作。

第一步：执行【共享中心】-【业务操作平台】-【稽核】-【财务稽核】，打开财务稽核窗口，在左侧“待办”选项下，选择“应收核算业务”类别下的“物资采购报账单”，或者单击右侧“查询”，则会将待稽核的单据列示出来，包括购入通用集团黄沙和购入新丰集团水泥暂估入库的报账单，逐个单据进行稽核。例如，首先选择购入通用集团黄沙报账单，单击“稽核”，如图 3-77 所示。

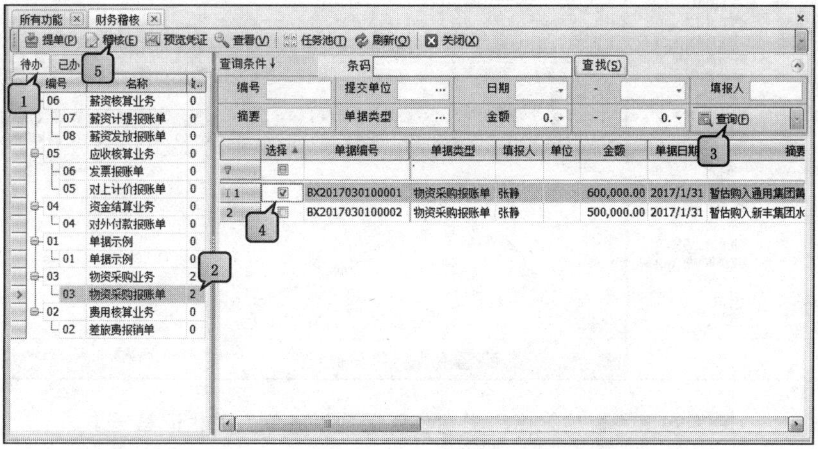

图 3-77　“暂估入库”类别物资采购报账单财务稽核第一步

第二步：在图 3-77 单击“稽核”后，在新打开的财务稽核报账单明细窗口中，对报账单内容的准确性、完整性核对完毕后，单击“稽核完成”，提示稽核操作成功即可，如图 3-78 所示。

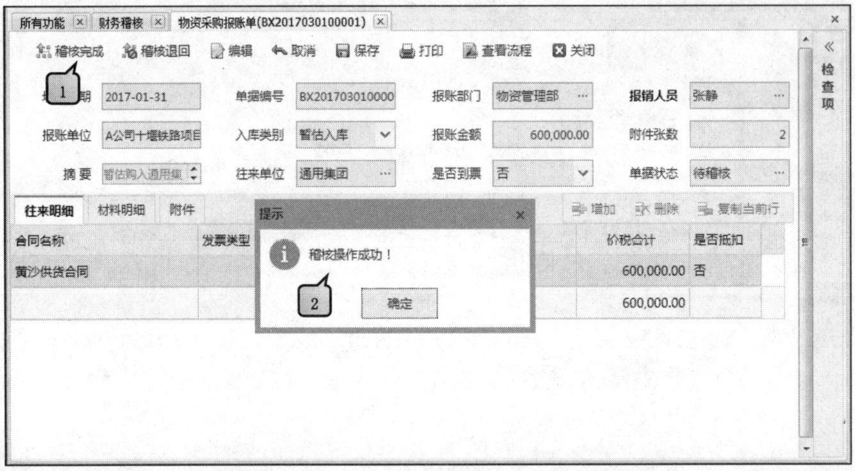

图 3-78　“暂估入库”类别物资采购报账单财务稽核完成

第三步：参考购入通用集团黄沙暂估入库报账单财务稽核的操作步骤，将购入新丰集团水泥暂估入库报账单稽核完成。

(5)将财务稽核通过的“暂估入库”类别的物资采购报账单生成财务凭证(如表 3-49 所示)。

登录日期为 2017 年 1 月 31 日，以“17 张磊”用户登录系统，进行如下操作。

第一步：执行【共享中心】-【业务操作平台】-【制证】-【凭证生成】，打开凭证生成窗口，单击右侧“查询”，会将待生成凭证的单据列示出来，包括购入通用集团黄沙和购入新丰集团水泥暂估入库的报账单，逐个单据进行生成。例如，首先选择购入通用集团黄沙报账单，单击“生成凭证”，如图 3-79 所示。

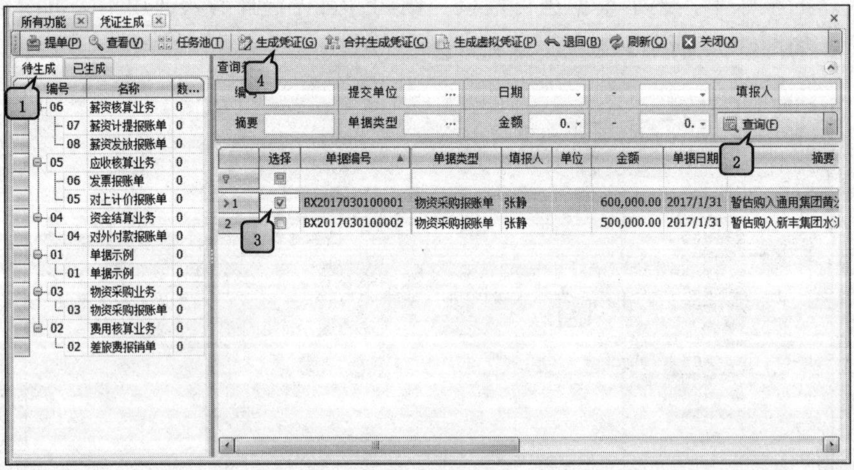

图 3-79　“暂估入库”类别物资采购报账单生成凭证第一步

第二步：在图 3-79 单击“生成凭证”后，在新打开的凭证生成预览窗口中，对凭证分录的准确性、完整性按表 3-49 核对完毕后，单击“保存”即可，如 3-80 所示。

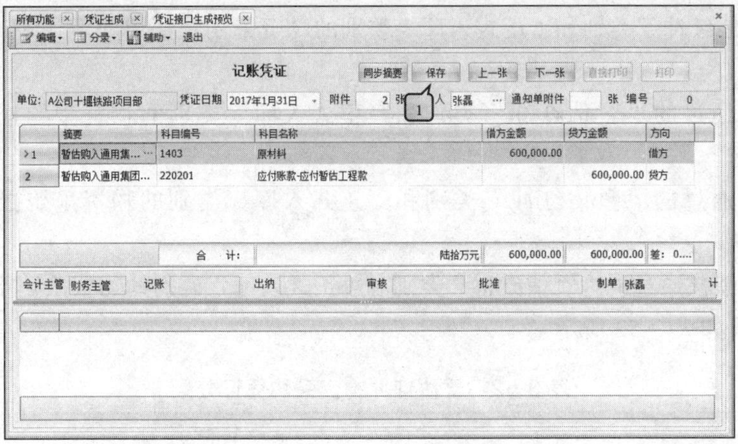

图 3-80 “暂估入库”类别物资采购报账单生成凭证保存

第三步：参考购入通用集团黄沙暂估入库报账单生成凭证的操作步骤，将购入新丰集团水泥暂估入库报账单生成财务凭证。

(6)至此，货到票未到物资采购共享业务处理完成。

3.7.2.4 任务三：票到红冲物资采购报账

1. 任务描述

(1)填写“暂估红冲”类别和对应采购发票“正式入库”类别的物资采购报账单并提交初审，分别如表 3-50、表 3-51 所示。业务场景是上月宏图集团钢材采购业务未收到票，本月到票需要红冲，并进行正式入库。在 GS 软件中，则是通过暂估红冲物资采购报账单进行红冲，然后通过正式入库物资采购报账单进行正式入库。

表 3-50 暂估红冲物资采购报账单(购入宏图集团钢材)

表头信息					
入库类别	附件张数	报账事由		往来单位	是否到票
暂估红冲	2	暂估红冲购入宏图集团钢材		宏图集团	是
表体明细信息 1——往来明细					
合同名称		发票类型		发票号码	是否抵扣
钢材供货合同		增值税专用发票		00195639	否
表体明细信息 2——材料明细					
款项性质	材料类别	不含税金额	税率(%)	税 额	价税合计
应付账款——应付暂估工程款	主材——钢材	−660 000.00	0	0	−660 000.00

表 3-51 暂估红冲后正式入库物资采购报账单(购入宏图集团钢材)

表头信息					
入库类别	附件张数	报账事由		往来单位	是否到票
正式入库	2	暂估后正式入库购入宏图集团钢材		宏图集团	是
表体明细信息 1——往来明细					
合同名称		发票类型		发票号码	是否抵扣
钢材供货合同		增值税专用发票		00195639	是
表体明细信息 2——材料明细					
款项性质	材料类别	不含税金额	税率(%)	税 额	价税合计
应付账款——应付工程款	主材——钢材	720 000.00	17	122 400.00	842 400.00

(2)将“暂估红冲”类别和“正式入库”类别的物资采购报账单初审通过，并提交相关领导审批。

(3)将初审通过的“暂估红冲”类别和“正式入库”类别的物资采购报账单报领导审批通过。

(4)将审批通过的“暂估红冲”类别和“正式入库”类别的物资采购报账单报财务稽核通过。

(5)将财务稽核通过的“暂估红冲”类别和“正式入库”类别的物资采购报账单生成财务凭证，凭证分录如表 3-52 所示。

表 3-52　暂估红冲物资采购凭证分录

序　号	摘　　要	凭 证 分 录			
		方向	科　　目	借 方 金 额	贷 方 金 额
1	暂估红冲购入宏图集团钢材	借	原材料	–660 000.00	
		贷	应付账款——应付暂估工程款		–660 000.00
2	暂估后正式入库购入宏图集团钢材	借	原材料	720 000.00	
			应交税费——应交增值税——进项税额	122 400.00	
		贷	应付账款——应付工程款		842 400.00

2．任务实施

(1)填写“暂估红冲”类别和对应采购发票“正式入库”类别的物资采购报账单并提交初审(如表 3-50、3-51 所示)。

登录日期为 2017 年 1 月 31 日，以“01 张静”用户登录系统，进行如下操作。

第一步：执行【共享中心】-【网上报账平台】-【物资采购业务】-【物资采购报账单】，打开物资采购报账单窗口，单击“新增”，在打开的报账单新增界面，首先填写购入宏图集团钢材暂估红冲报账单内容，包括表头和表体两部分内容。表头必填项有入库类别、附件张数、报账事由和是否到票四项，按表 3-50 内容将其填写完毕，如图 3-81 所示。注意：暂估红冲与暂估入库填入数据差异是“入库类别”为“暂估红冲”。

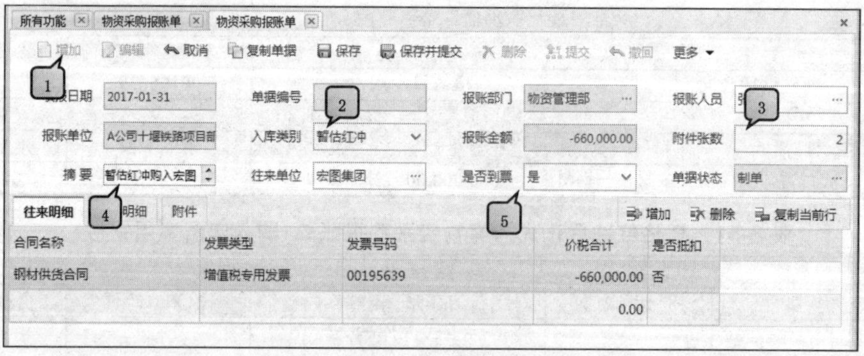

图 3-81　“暂估红冲”类别物资采购报账单表头填写

第二步：填写表体内容，表体必填项包括往来明细和材料明细两项，可通过单击“增加”录入多条明细数据。按表 3-50 内容将所有明细填写完毕后，单击“保存”并单击“提交”，提示提交成功即可，如图 3-82 所示。注意：(1)暂估红冲与暂估入库填入数据的差异点为：金额是负数；(2)表体中“价税合计”是自动计算数据，不需要手工输入。

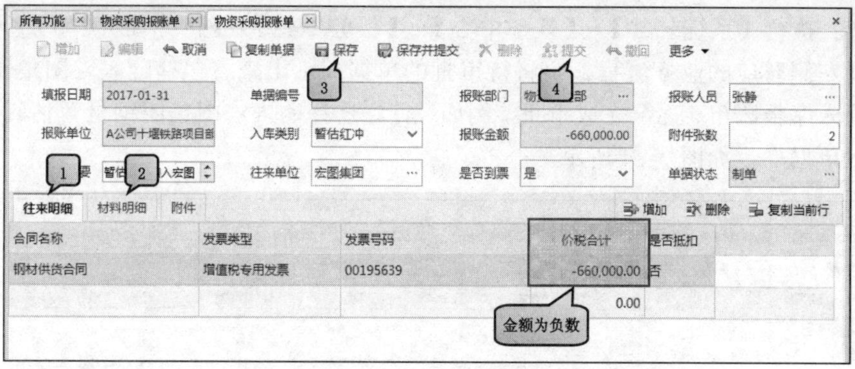

图 3-82 “暂估红冲”类别物资采购报账单表体填写

第三步：同样执行【共享中心】-【网上报账平台】-【物资采购业务】-【物资采购报账单】，打开物资采购报账单窗口，单击“新增”，在打开的报账单新增界面，填写购入宏图集团钢材暂估红冲后的正式入库报账单，按表 3-51 内容将表头和表体必填项填写完毕，最后单击“保存”并单击“提交”，提示提交成功即可。

(2)将“暂估红冲”类别和“正式入库”类别的物资采购报账单初审通过，并提交相关领导审批。

登录日期为 2017 年 1 月 31 日，以“17 张磊”用户登录系统，进行如下操作。

第一步：执行【共享中心】-【网上报账平台】-【单据初审】-【单据初审】，打开单据初审窗口，在左侧“待办”选项下，选择“物资采购业务”类别下的“物资采购报账单”，会将初审待审的单据列示出来，包括购入宏图集团钢材暂估红冲和正式入库报账单，逐个完成初审。例如，首先选择购入宏图集团钢材暂估红冲报账单，单击“初审完成”将该单据完成初审环节，然后单击“提交审批”，将该单据提交相关领导进行审批，如图 3-83 所示。

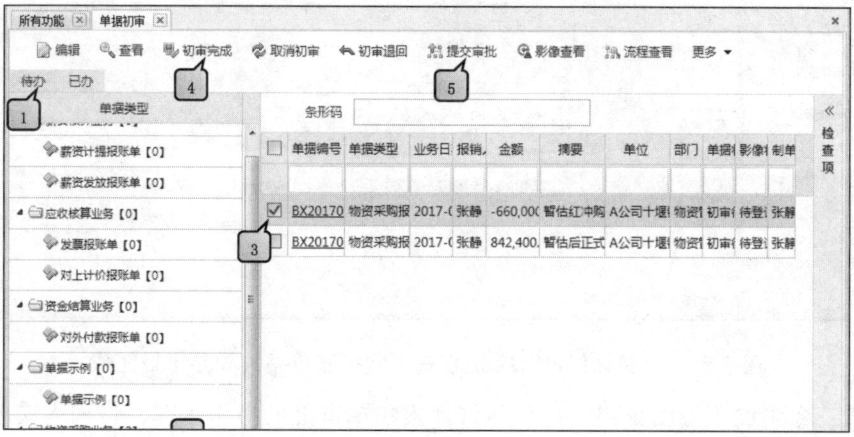

图 3-83 “暂估红冲”类别物资采购报账单初审并提交领导审批

第二步：参考购入宏图集团钢材暂估红冲报账单初审的操作步骤，将购入宏图集团钢材正式入库报账单初审完成，并提交审批。

(3)将初审通过的“暂估红冲”类别和“正式入库”类别的物资采购报账单报领导审批通过。

登录日期为 2017 年 1 月 31 日，以“21 张明”用户登录系统，进行如下操作。

第一步：执行【系统公共】-【任务中心】-【任务中心】-【待办任务】，打开待办任务窗口，选择左侧对应的业务流程，会将待审批的单据列示出来，包括购入宏图集团钢材暂估红冲和正式入库报账单，逐个完成审批。例如，首先选择购入宏图集团钢材暂估红冲报账单，单击“审批单据”，如图 3-84 所示。

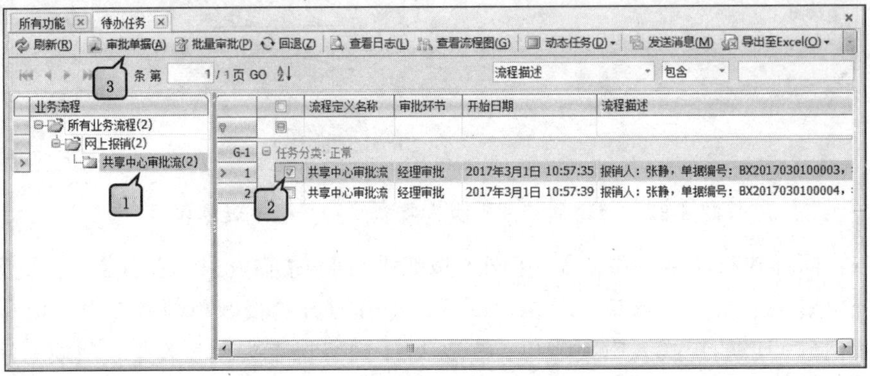

图 3-84　“暂估红冲”类别物资采购报账单相关领导审批第一步

第二步：在图 3-84 单击“审批单据”后，在新打开的审批窗口中，可显示单据的明细信息，对报账单内容的准确性、完整性核对完毕后，单击“审批通过”即可，如图 3-85 所示。

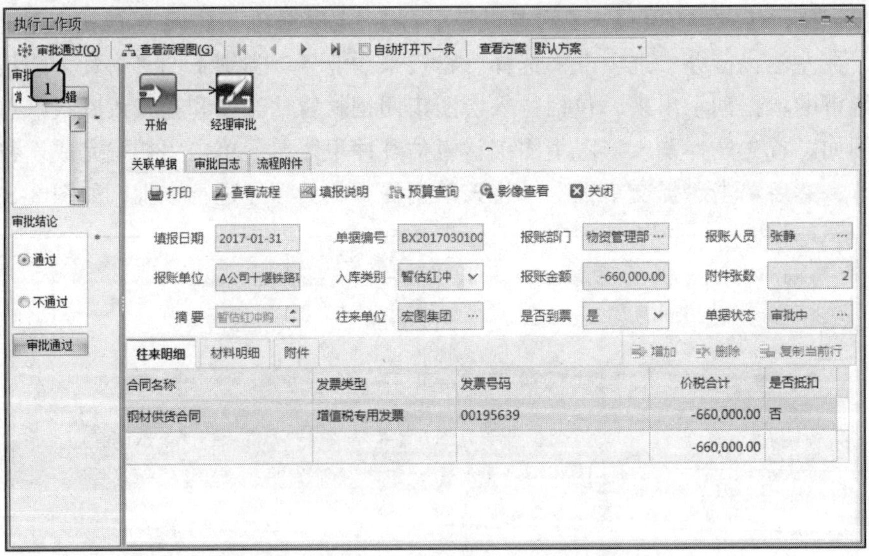

图 3-85　“暂估红冲”类别物资采购报账单相关领导审批完成

第三步：参考购入宏图集团钢材暂估红冲报账单审批的操作步骤，将购入宏图集团钢材正式入库报账单审批完成。

(4)将审批通过的“暂估红冲”类别和“正式入库”类别的物资采购报账单报财务稽核通过。

登录日期为 2017 年 1 月 31 日，以“17 张磊”用户登录系统，进行如下操作。

第一步：执行【共享中心】-【业务操作平台】-【稽核】-【财务稽核】，打开财务稽核窗口，在左侧“待办”选项下，选择“应收核算业务”类别下的“物资采购报账单”，或者单击右侧“查询”，则会将待稽核的单据列示出来，包括购入宏图集团钢材暂估红冲和正式入库报账单，逐个单据进行稽核。例如，首先选择购入宏图集团钢材暂估红冲报账单，单击“稽核”，如 3-86 所示。

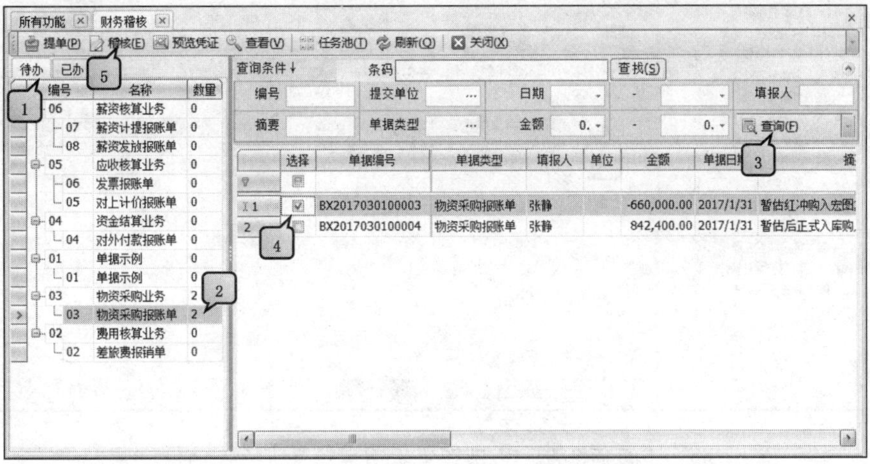

图 3-86 “暂估红冲”类别物资采购报账单财务稽核第一步

第二步：在图 3-86 单击“稽核”后，在新打开的财务稽核报账单明细窗口中，对报账单内容的准确性、完整性核对完毕后，单击“稽核完成”，提示稽核操作成功即可，如图 3-87 所示。

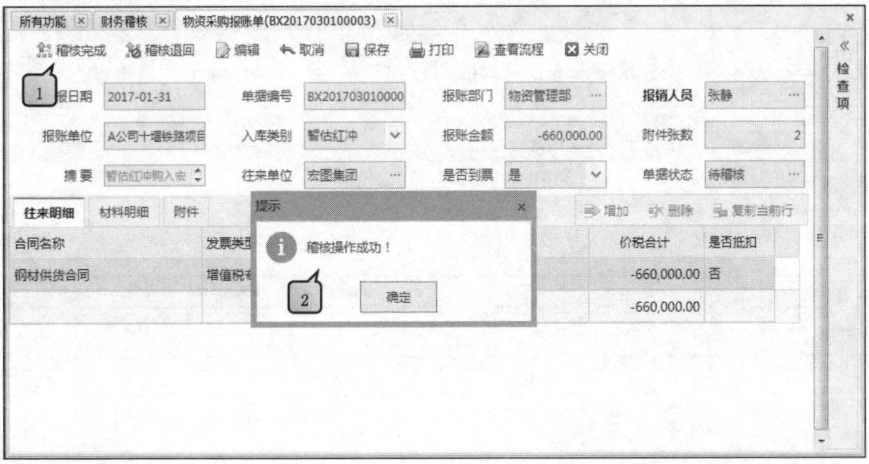

图 3-87 “暂估红冲”类别物资采购报账单财务稽核完成

第三步：参考购入宏图集团钢材暂估红冲报账单财务稽核的操作步骤，将购入宏图集团钢材正式入库报账单稽核完成。

(5)将财务稽核通过的“暂估红冲”类别和“正式入库”类别的物资采购报账单生成财务凭证(如表 3-52 所示)。

登录日期为 2017 年 1 月 31 日，以“17 张磊”用户登录系统，进行如下操作。

第一步：执行【共享中心】-【业务操作平台】-【制证】-【凭证生成】，打开凭证生成窗口，单击右侧“查询”，会将待生成凭证的单据列示出来，包括购入宏图集团钢材暂估红冲和正式入库报账单，逐个单据进行生成。例如，首先选择购入宏图集团钢材暂估红冲报账单，单击“生成凭证”，如图 3-88 所示。

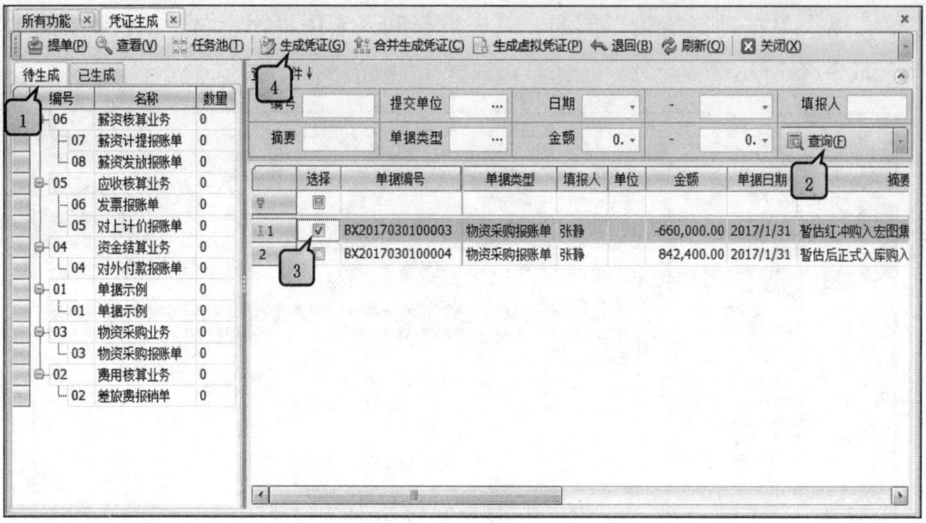

图 3-88　“暂估红冲”类别物资采购报账单生成凭证第一步

第二步：在图 3-88 单击“生成凭证”后，在新打开的凭证生成预览窗口中，对凭证分录的准确性、完整性按表 3-52 核对完毕后，单击“保存”即可，如图 3-89 所示。

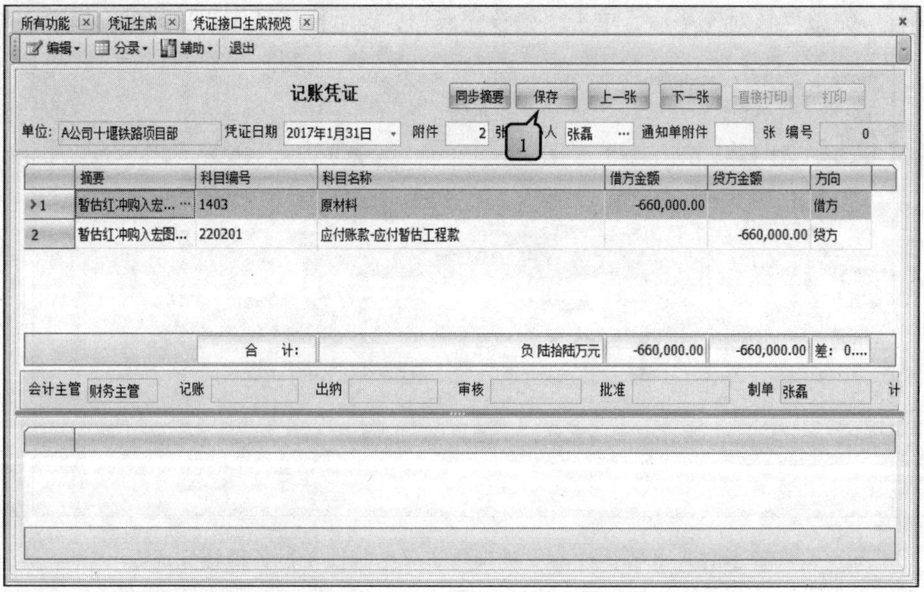

图 3-89　“暂估红冲”类别物资采购报账单生成凭证保存

第三步：参考购入宏图集团钢材暂估红冲报账单生成凭证的操作步骤，将购入宏图集团钢材正式入库报账单生成财务凭证。

(6) 至此，票到红冲物资采购共享业务处理完成。

3.7.2.5　任务四：对外付款报账

1. 任务描述

(1) 填写对外付款报账单并提交初审。包括通用集团水泥款和新丰集团钢材款两笔款项，分别如表 3-53、表 3-54 所示。

表 3-53 对外付款报账单(付通用集团水泥款)

表头信息			
期望付款日期	业务类型	资金付款计划	合同名称
20170110	工程款	2017 年 1 月份经营活动材料类资金支出	水泥采购合同
报账事由	附件张数	支付方式	付款账号
付通用集团水泥款	2	企业付款	6227002331291311658
表体明细信息 1——款项性质			
款项性质			金额
应付账款——应付工程款			450 000.00
表体明细信息 2——支付信息			
往来单位名称	支付方式		付款金额
通用集团	转账		450 000.00

表 3-54 对外付款报账单(付新丰集团钢材款)

表头信息			
期望付款日期	业务类型	资金付款计划	合同名称
20170108	工程款	2017 年 1 月份经营活动材料类资金支出	钢材采购合同
报账事由	附件张数	支付方式	付款账号
付新丰集团钢材款	2	企业付款	6227002331291311658
表体明细信息 1——款项性质			
款项性质			金额
应付账款——应付工程款			320 000.00
表体明细信息 2——支付信息			
往来单位名称	支付方式		付款金额
新丰集团	转账		320 000.00

(2)将所有对外付款报账单初审通过，并提交相关领导审批。

(3)将初审通过的对外付款报账单报领导审批通过。

(4)将审批通过的对外付款报账单报财务稽核通过。

(5)将财务稽核通过的对外付款报账单生成财务凭证，凭证分录分别如表 3-55 所示。

表 3-55 暂估红冲物资采购凭证分录

序号	摘要	凭证分录			
		方向	科目	借方金额	贷方金额
1	付通用集团水泥款	借	应付账款——应付工程款	450 000.00	
		贷	银行存款——建设银行		450 000.00
2	付新丰集团钢材款	借	应付账款——应付工程款	320 000.00	
		贷	银行存款——建设银行		320 000.00

(6)将已生成财务凭证的对外付款报账单进行结算办理完成。

2. 任务实施

(1)填写对外付款报账单并提交初审(如表 3-53、3-54 所示)。

登录日期为 2017 年 1 月 31 日，以“05 徐兵”用户登录系统，进行如下操作。

第一步：执行【共享中心】-【网上报账平台】-【资金结算业务】-【对外付款报账单】，

打开对外付款报账单窗口，单击“新增”，在打开的报账单新增界面，首先填写付通用集团水泥款报账单内容，包括表头和表体两部分内容。表头必填项有期望付款日期、业务类型、资金付款计划、合同名称、报账事由、附件张数、支付方式和付款账号 8 项，按表 3-53 内容将其填写完毕，如图 3-90 所示。

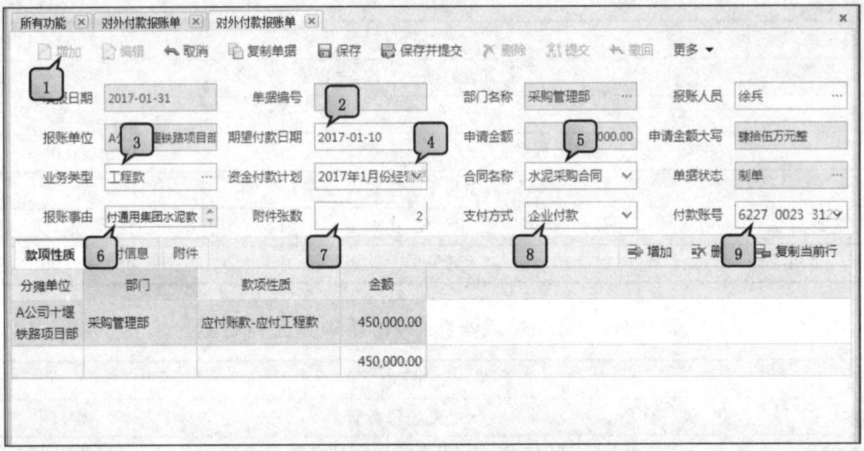

图 3-90 对外付款报账单表头填写

第二步：填写表体内容，表体必填项包括款项性质和支付信息两项，可通过单击“增加”录入多条明细数据。按表 3-53 内容将所有明细填写完毕后，单击“保存”并单击“提交”，提示提交成功即可，如图 3-91 所示。

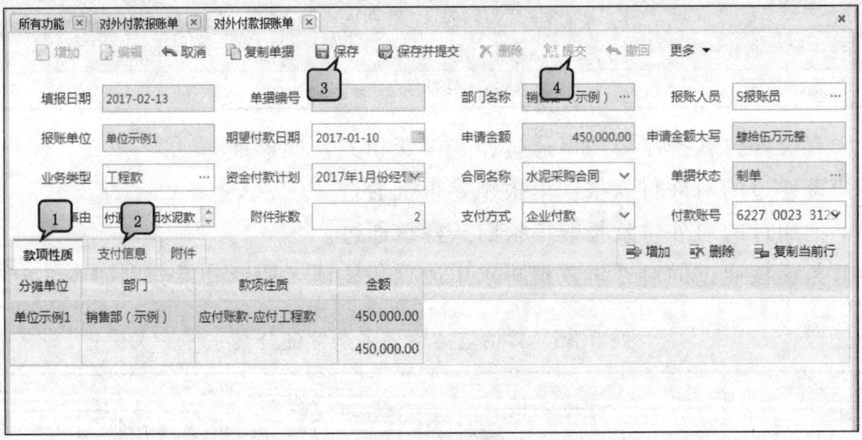

图 3-91 对外付款报账单表体填写

第三步：同样执行【共享中心】-【网上报账平台】-【物资采购业务】-【对外付款报账单】，打开物资采购报账单窗口，单击“新增”，在打开的报账单新增界面，填写付新丰集团钢材款报账单，按表 3-54 内容将表头和表体必填项填写完毕，最后单击“保存”并单击“提交”，提示提交成功即可。

(2)将所有对外付款报账单初审通过，并提交相关领导审批。

登录日期为 2017 年 1 月 31 日，以“20 刘元”用户登录系统，进行如下操作。

第一步：执行【共享中心】-【网上报账平台】-【单据初审】-【单据初审】，打开单据初审窗口，在左侧“待办”选项下，选择“资金结算业务”类别下的“对外付款报账单”，会将初审待审的单据列示出来，包括付通用集团水泥款和付新丰集团钢材款报账单，逐个完成初审。例如，首先选择付通用集团水泥款报账单，单击“初审完成”将该单据完成初审环节，然后单击“提交审批”，将该单据提交相关领导进行审批，如图 3-92 所示。

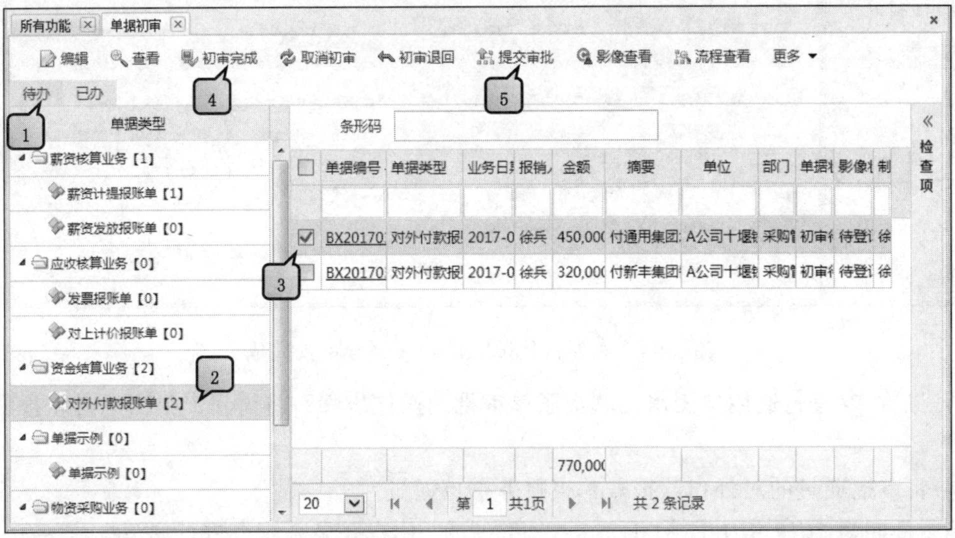

图 3-92　对外付款报账单初审并提交领导审批

第二步：参考付通用集团水泥款报账单初审的操作步骤，将付新丰集团钢材款报账单初审完成，并提交审批。

(3)将初审通过的对外付款报账单报领导审批通过。

登录日期为 2017 年 1 月 31 日，以“21 张明”用户登录系统，进行如下操作。

第一步：执行【系统公共】-【任务中心】-【任务中心】-【待办任务】，打开待办任务窗口，选择左侧对应的业务流程，会将待审批的单据列示出来，包括付通用集团水泥款和付新丰集团钢材款报账单，逐个完成审批。例如，首先选择付通用集团水泥款报账单，然后单击“审批单据”，如图 3-93 所示。

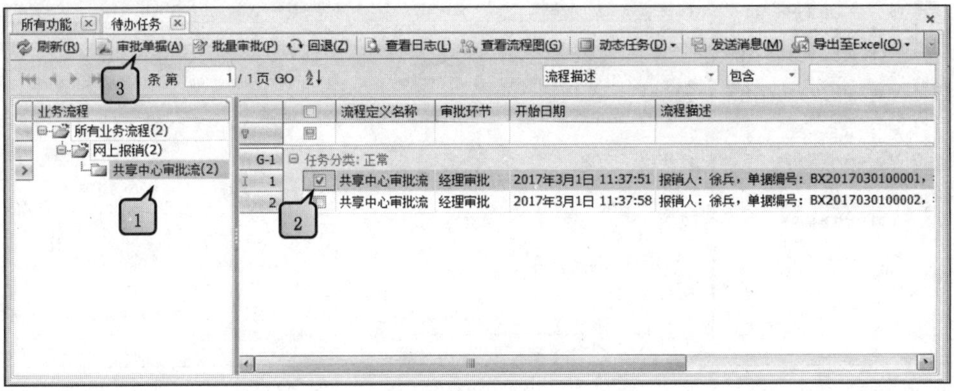

图 3-93　对外付款报账单相关领导审批第一步

第二步：在图 3-93 单击“审批单据”后，在新打开的审批窗口中，可显示单据的明细信息，对报账单内容的准确性、完整性核对完毕后，单击“审批通过”即可，如图 3-94 所示。

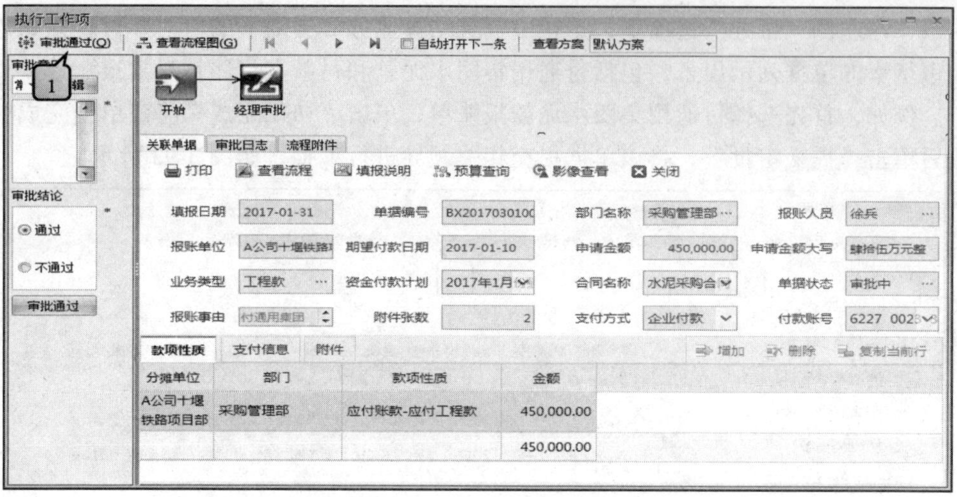

图 3-94　对外付款报账单相关领导审批完成

第三步：参考付通用集团水泥款报账单审批的操作步骤，将付新丰集团钢材款报账单审批完成。

(4)将审批通过的对外付款报账单报财务稽核通过。

登录日期为 2017 年 1 月 31 日，以“20 刘元”用户登录系统，进行如下操作。

第一步：执行【共享中心】-【业务操作平台】-【稽核】-【财务稽核】，打开财务稽核窗口，在左侧“待办”选项下，选择“资金结算业务”类别下的“对外付款报账单”，或者单击右侧“查询”，则会将待稽核的单据列示出来，包括付通用集团水泥款和付新丰集团钢材款报账单，逐个单据进行稽核。例如，首先选择付通用集团水泥款报账单，然后单击“稽核”，如图 3-95 所示。

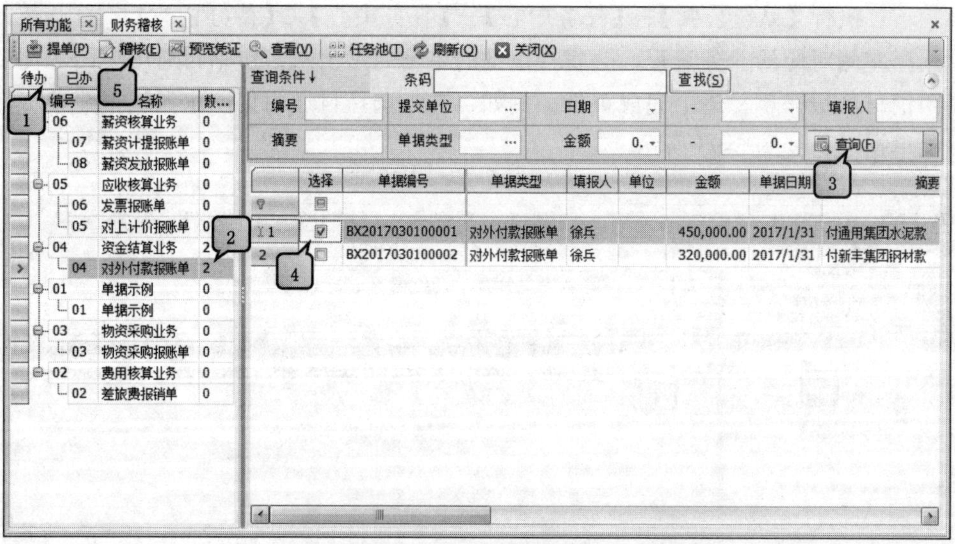

图 3-95　对外付款报账单财务稽核第一步

第二步：在图 3-95 单击“稽核”后，在新打开的财务稽核报账单明细窗口中，对报账单内容的准确性、完整性核对完毕后，单击“稽核完成”，提示稽核操作成功即可，如图 3-96 所示。

图 3-96　对外付款报账单财务稽核完成

第三步：参考付通用集团水泥款报账单财务稽核的操作步骤，将付新丰集团钢材款报账单稽核完成。

(5)将财务稽核通过的对外付款报账单生成财务凭证(如表 3-55 所示)。

登录日期为 2017 年 1 月 31 日，以“20 刘元”用户登录系统，进行如下操作。

第一步：执行【共享中心】-【业务操作平台】-【制证】-【凭证生成】，打开凭证生成窗口，单击右侧“查询”，会将待生成凭证的单据列示出来，包括付通用集团水泥款和付新丰集团钢材款报账单，逐个单据进行生成。例如，首先选择付通用集团水泥款报账单，然后单击“生成凭证”，如图 3-97 所示。

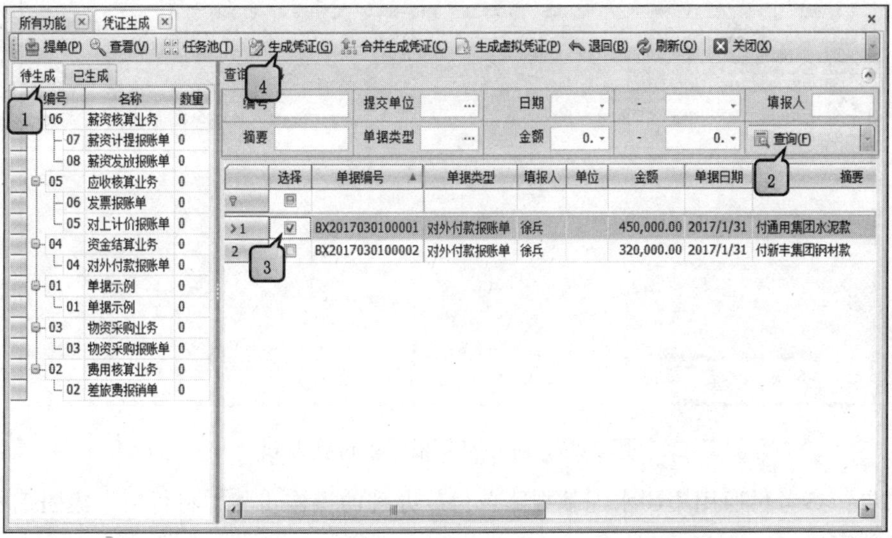

图 3-97　对外付款报账单生成凭证第一步

第二步：在图 3-97 单击“生成凭证”后，在新打开的凭证生成预览窗口中，对凭证分录的准确性、完整性按表 3-55 核对完毕后，单击“保存”即可，如图 3-98 所示。

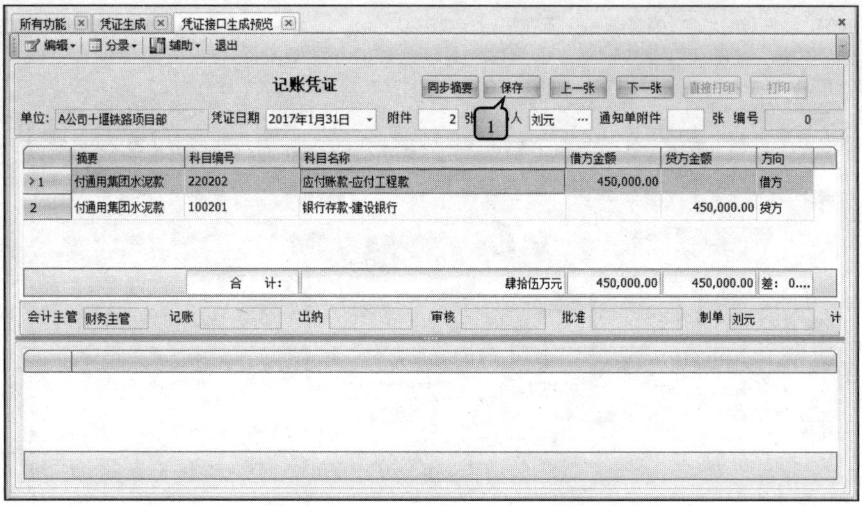

图 3-98 对外付款报账单生成凭证保存

第三步：参考付通用集团水泥款报账单生成凭证的操作步骤，将付新丰集团钢材款报账单生成财务凭证。

(6)将已生成财务凭证的对外付款报账单进行结算办理完成。

登录日期为 2017 年 1 月 31 日，以“19 刘慧”用户登录系统，进行如下操作。

第一步：执行【共享中心】-【业务操作平台】-【结算】-【付款办理】，打开付款办理窗口，会将待付款办理的单据列示出来，包括付通用集团水泥款和付新丰集团钢材款报账单，逐个单据进行操作。例如，首先选择付通用集团水泥款报账单，然后单击“付款办理”，提示付款办理成功即可，如图 3-99 所示。注意：付款办理成功的单据，在此界面不再显示。

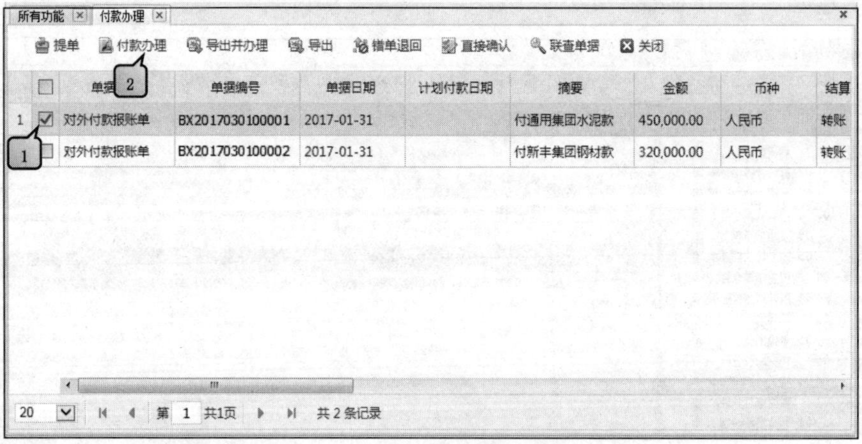

图 3-99 对外付款报账单付款办理

第二步：参考付通用集团水泥款报账单付款办理的操作步骤，将付新丰集团钢材款报账单付款办理完成。

第三步：执行【共享中心】-【业务操作平台】-【结算】-【付款确认】，打开付款确认窗口，选择“单位”为“A 公司十堰铁路项目部”，会将待付款确认的单据列示出来，包括付通用集团水泥款和付新丰集团钢材款报账单，逐个单据进行操作。例如，首先选择付通用集团水泥款报账单，然后单击“确认完成”，提示确认成功即可，如图 3-100 所示。注意：付款确认成功的单据，在此界面不再显示。

图 3-100　对外付款报账单付款确认

第四步：参考付通用集团水泥款报账单付款确认的操作步骤，将付新丰集团钢材款报账单付款确认完成。

(7)至此，对外付款共享业务处理完成。

3.8　主题六：薪资共享业务处理

3.8.1　相关知识

3.8.1.1　业务概述

职工薪酬内容主要包括：职工工资、奖金、津贴和补贴、职工福利费、医疗保险费、养老保险费、失业保险费、工伤保险费、生育保险费、住房公积金、工会经费、职工教育经费、非货币性福利、因解除与职工的劳动关系给予的补偿等。

对于职工薪酬以上相关内容的账务处理，在财务共享中心建设时，通常优先考虑将薪资计提及发放业务纳入共享中心，以实现相关业务的规范化处理、统一结算、提高工作效率等目标。

3.8.1.2　软件实现

1. 依赖平台

GS 共享中心网上报账平台、业务操作平台。网上报账平台主要实现薪资计提及发放单据的填报、提交审批、单据初审等业务；业务操作平台主要实现薪资计提及发放单据的财务稽核、财务复核、凭证生成及付款结算相关业务。

2. 主要流程

薪资计提/发放报账单填写→单据初审→领导审批→财务稽核→财务复核→凭证生成→付款结算。该流程可根据企业管理需要进行合理调整。

3. 流程描述

(1)薪资管理员依据汇总的考勤表、绩效考核表、个人借款明细表等信息，在薪资管理系统中录入该单位所有员工的工资数据，并通过系统自动计算，将员工的所有工资明细表、工资汇总表、工资发放表等数据统计出来，并据此在网上报账平台进行薪资计提及薪资发放报账，网上提交给初审扫描员进行初审，同时将相关实物单据提交给初审扫描员。

(2)初审扫描员对薪资计提及薪资发放报账单进行初审并提交相关领导审批，同时将相关实物单据进行扫描，将其影像上传，便于相关人员审核实物单据影像。

(3)相关领导(如部门经理、人力资源部经理、财务主管等)对报账单及实物单据影像等内容的真实性与完整性进行审批，并提交财务稽核。

(4)财务稽核人员对报账单及实物单据影像等内容的真实性与完整性进行财务稽核，稽核通过后生成财务凭证。

(5)该业务若要求先核算后结算，则结算人员还需对核算完成的报账单进行结算付款。至此，薪资计提及发放共享业务处理完成。

4. 功能菜单

涉及的主要功能菜单，如表 3-56 所示。

表 3-56　薪资共享业务涉及功能菜单

依赖平台	功能菜单
网上报账平台	薪资核算业务：薪资计提报账单
	薪资核算业务：薪资发放报账单
	单据初审：单据初审
业务操作平台	稽核：财务稽核
	制证：凭证生成
	结算：付款办理
	结算：付款确认
系统公共	任务中心：待办任务

3.8.2 案例

3.8.2.1 任务背景介绍

在第一期的财务共享中心建设计划中，S 集团考虑将薪资计提及发放业务纳入财务共享中心。该业务的报账人为薪资管理员，需在共享中心填写薪资计提报账单及薪资发放报账单，并将报账单依次进行单据初审、相关领导审批、财务稽核、生成凭证等流程，最终完成薪资计提及发放业务在共享中心的集中处理。

3.8.2.2 任务一：薪资计提

1. 任务描述

(1)填写薪资计提报账单并提交初审，包括 A 公司十堰铁路项目部正式员工及临时用工的工资、奖金和社保，填写三张报账单，分别如表 3-57、表 3-58、表 3-59 所示。

表 3-57 薪资计提报账单（工资计提）

计提类型										
工资										
附件张数										
1										
报账事由										
A公司十堰铁路项目部正式员工和临时用工工资计提										
HR明细										
序号	费用项目	人员类别	应发合计	单位社保合计	养老保险计提	医疗保险计提	失业保险计提	生育保险计提	工伤保险计提	公积金计提
1	管理费用——职工薪酬——工资	正式员工	18 978 000.00							
2	销售费用——职工薪酬——工资	正式员工	1 800 000.00							
3	研发支出——职工薪酬——工资	正式员工	3 120 000.00							
4	工程施工——职工薪酬——工资	正式员工	852 000.00							
5	管理费用——职工薪酬——工资	临时用工	1 340 000.00							
合计			26 090 000.00							

表 3-58 薪资计提报账单（奖金计提）

计提类型										
奖金										
附件张数										
2										
报账事由										
A公司十堰铁路项目部正式员工和临时用工奖金计提										
HR明细										
序号	费用项目	人员类别	应发合计	单位社保合计	养老保险计提	医疗保险计提	失业保险计提	生育保险计提	工伤保险计提	公积金计提
1	管理费用——职工薪酬——奖金	正式员工	9 479 000.00							
2	销售费用——职工薪酬——奖金	正式员工	890 000.00							
3	研发支出——职工薪酬——奖金	正式员工	1 550 000.00							
4	工程施工——职工薪酬——奖金	正式员工	416 000.00							
5	管理费用——职工薪酬——奖金	临时用工	660 000.00							
合计			12 995 000.00							

表 3-59 薪资计提报账单（社保计提）

计提类型							
社保							
附件张数							
2							
报账事由							
A公司十堰铁路项目部正式员工和临时用工社保计提							
HR明细							
序号	费用项目	人员类别	应发合计	单位社保合计	养老保险计提	医疗保险计提	失业保险计提
1	管理费用——职工薪酬——社保	正式员工		4 433 759.00	2 728 467.10	1 240 212.30	465 079.60
2	销售费用——职工薪酬——社保	正式员工		420 527.30	258 786.00	117 630.00	44 111.30
3	研发支出——职工薪酬——社保	正式员工		728 913.90	448 562.40	203 892.00	76 459.50
4	工程施工——职工薪酬——社保	正式员工		199 049.50	122 492.00	55 678.20	20 879.30
5	管理费用——职工薪酬——社保	临时用工		313 059.20	192 651.80	87 569.00	32 838.40
合计				6 095 308.90	3 750 959.30	1 704 981.50	639 368.10

(2)将工资、奖金、社保计提报账单初审通过，并提交财务稽核。

(3)将初审通过的工资、奖金、社保计提报账单报财务稽核通过。

(4)将财务稽核通过的工资、奖金、社保计提报账单生成财务凭证，凭证分录如表 3-60 所示。

表 3-60　薪资计提凭证分录

序　号	摘　　要	凭证分录			
		方向	科　　目	借方金额	贷方金额
1	A 公司十堰铁路项目部正式员工和临时用工工资计提	借	研发支出——职工薪酬——工资	3 120 000.00	
			工程施工——职工薪酬——工资	852 000.00	
			销售费用——职工薪酬——工资	1 800 000.00	
			管理费用——职工薪酬——工资	20 318 000.00	
		贷	应付职工薪酬——工资		26 090 000.00
2	A 公司十堰铁路项目部正式员工和临时用工奖金计提	借	研发支出——职工薪酬——奖金	1 550 000.00	
			工程施工——职工薪酬——奖金	416 000.00	
			销售费用——职工薪酬——奖金	890 000.00	
			管理费用——职工薪酬——奖金	10 139 000.00	
		贷	应付职工薪酬——奖金		12 995 000.00
3	A 公司十堰铁路项目部正式员工和临时用工社保计提	借	研发支出——职工薪酬——社保	728 913.90	
			工程施工——职工薪酬——社保	199 049.50	
			销售费用——职工薪酬——社保	420 527.30	
			管理费用——职工薪酬——社保	4 746 818.20	
		贷	应付职工薪酬——社保		6 095 308.90

2. 任务实施

(1)填写薪资计提报账单并提交初审(如表 3-57、3-58、3-59 所示)。

登录日期为 2017 年 1 月 31 日，以“02 李勇”用户登录系统，进行如下操作。

第一步：执行【共享中心】-【网上报账平台】-【薪资核算业务】-【薪资计提报账单】，打开薪资计提报账单窗口，单击“新增”，在打开的报账单新增界面，首先填写工资计提报账单，包括表头和表体两部分内容。表头必填项有计提类型、附件张数和报账事由三项，按表 3-57 内容将其填写完毕，如图 3-101 所示。

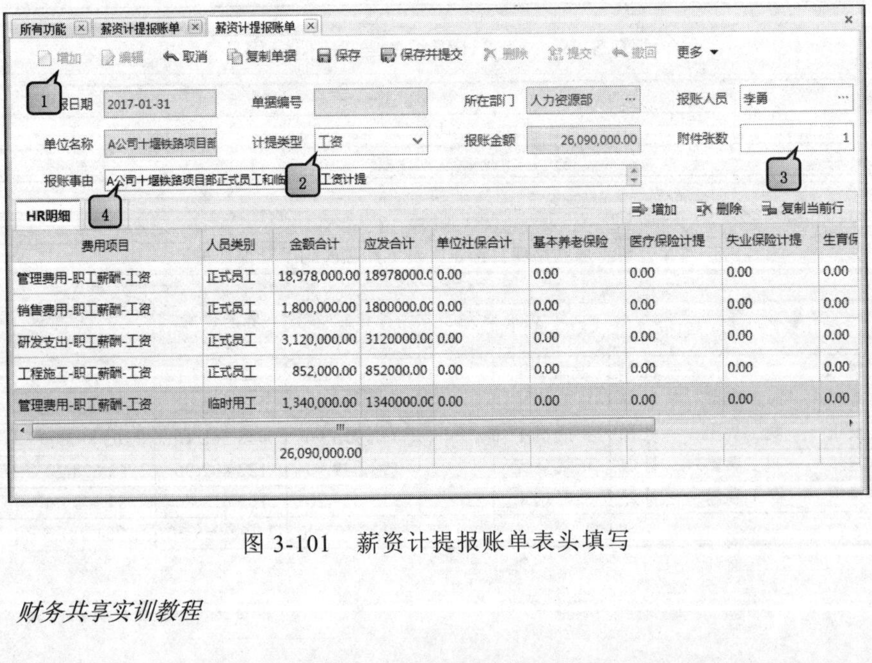

图 3-101　薪资计提报账单表头填写

第二步：填写表体内容，表体必填项主要是HR明细内容，单击“HR明细”，可通过单击“增加”录入多条明细数据。按表3-57内容将HR明细填写完毕后，单击“保存”并单击“提交”，提示提交成功即可，如图3-102所示。注意：表体中“金额合计”与“单位社保合计”两列是自动计算数据，不需要手工输入。

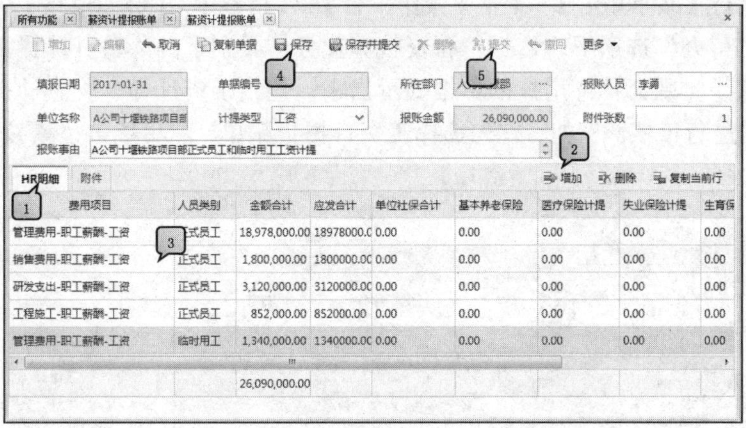

图3-102　薪资计提报账单表体填写

第三步：同样执行【共享中心】-【网上报账平台】-【薪资核算业务】-【薪资计提报账单】，打开薪资计提报账单窗口，单击“新增”，在打开的报账单新增界面，填写奖金计提报账单和社保计提报账单，按表3-58和表3-59内容将表头和表体必填项填写完毕，最后单击“保存”并单击“提交”，提示提交成功即可。

(2)将工资、奖金、社保计提报账单初审通过，并提交财务稽核。

登录日期为2017年1月31日，以“18马涛”用户登录系统，进行如下操作。

第一步：执行【共享中心】-【网上报账平台】-【单据初审】-【单据初审】，打开单据初审窗口，在左侧“待办”选项下，选择“薪资核算业务”类别下的“薪资计提报账单”，会将初审待审的单据列示出来，包括工资计提、奖金计提和社保计提报账单，逐个单据进行初审。例如，首先选择工资计提报账单，单击“初审完成”将该单据完成初审环节，然后单击“提交审批”即可，如图3-103所示。

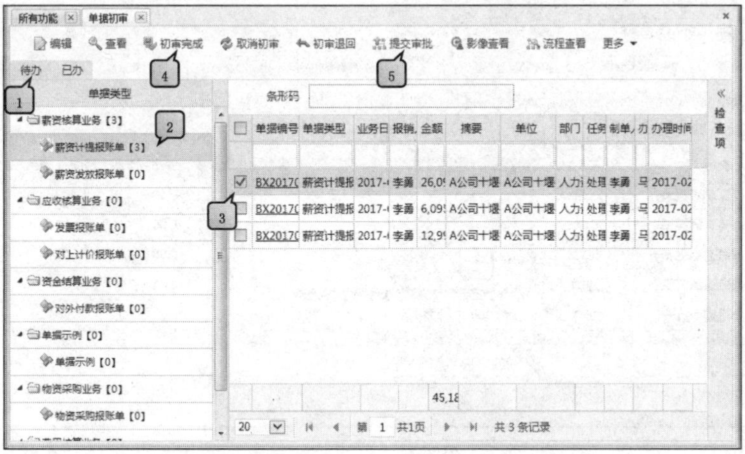

图3-103　薪资计提报账单初审并提交财务稽核

第二步：参考工资计提报账单的初审操作步骤，将奖金计提和社保计提报账单，逐个完成初审，并提交审批。

(3)将初审通过的工资、奖金、社保计提报账单报财务稽核通过。

登录日期为2017年1月31日，以“18马涛”用户登录系统，进行如下操作。

第一步：执行【共享中心】-【业务操作平台】-【稽核】-【财务稽核】，打开财务稽核窗口，在左侧“待办”选项下，选择“薪资核算业务”类别下的“薪资计提报账单”，或者单击右侧“查询”，则会将待稽核的单据列示出来，包括工资计提、奖金计提和社保计提报账单，逐个单据进行稽核。例如，首先选择工资计提报账单，然后单击“稽核”，如图3-104所示。

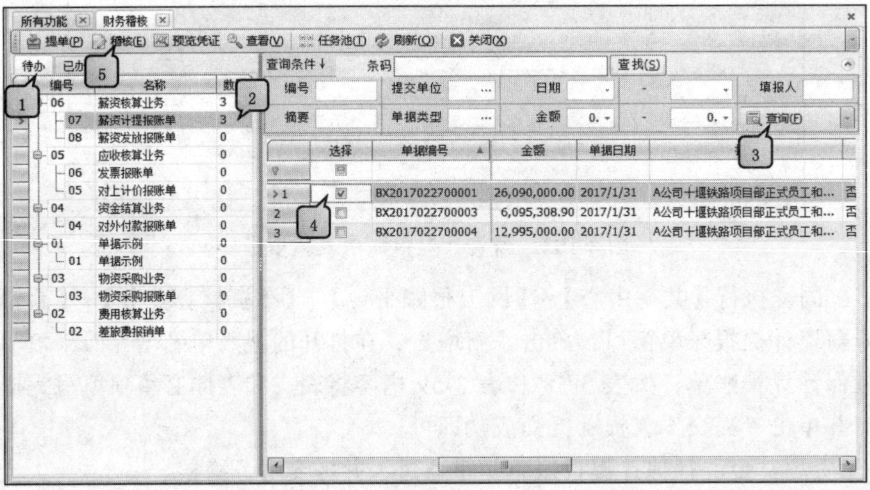

图3-104　薪资计提报账单财务稽核第一步

第二步：在图3-104单击“稽核”后，在新打开的财务稽核报账单明细窗口中，对报账单内容的准确性、完整性核对完毕后，单击“稽核完成”，提示稽核操作成功即可，如图3-105所示。

图3-105　薪资计提报账单财务稽核完成

第三步：参考工资计提报账单稽核操作步骤，将奖金计提和社保计提报账单逐个稽核完成。

(4)将财务稽核通过的工资、奖金、社保计提报账单生成财务凭证(如表 3-60 所示)。

登录日期为 2017 年 1 月 31 日，以“18 马涛”用户登录系统，进行如下操作。

第一步：执行【共享中心】-【业务操作平台】-【制证】-【凭证生成】，打开凭证生成窗口，单击右侧“查询”，会将待生成凭证的单据列示出来，包括工资计提、奖金计提和社保计提报账单，逐个单据进行生成。例如，首先选择工资计提报账单，然后单击“生成凭证”，如图 3-106 所示。

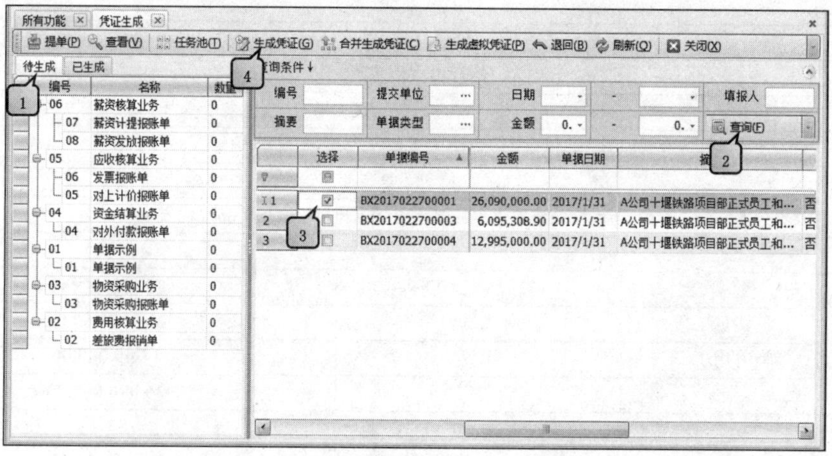

图 3-106　薪资计提报账单生成凭证第一步

第二步：在图 3-106 单击“生成凭证”后，在新打开的凭证生成预览窗口中，对凭证分录的准确性、完整性按表 3-60 核对完毕后，单击“保存”即可，如图 3-107 所示。

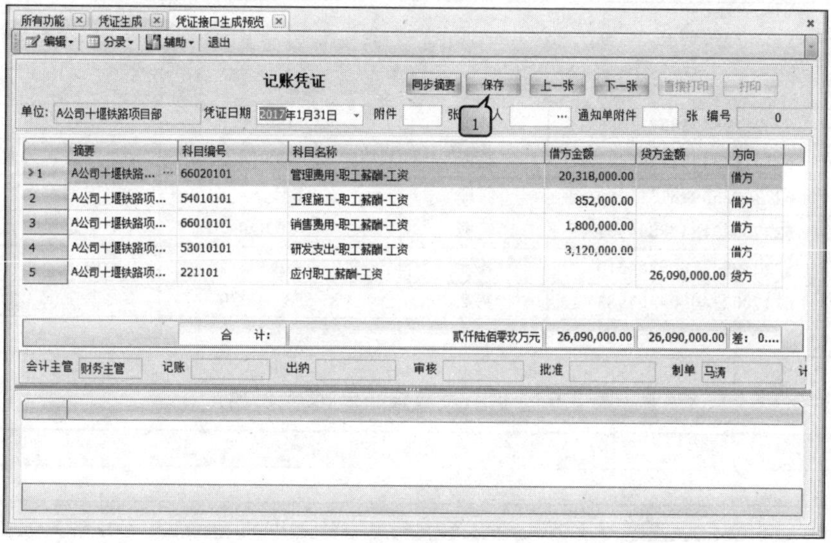

图 3-107　薪资计提报账单生成凭证保存

第三步：参考工资计提报账单生成凭证的操作步骤，将奖金计提和社保计提报账单逐个生成财务凭证。

(5)至此，薪资计提共享业务处理完成。

3.8.2.3　任务二：薪资发放

1. 任务描述

(1)填写薪资发放报账单并提交初审，包括 A 公司十堰铁路项目部正式员工及临时用工的工资和奖金的发放，填写两张报账单，分别如表 3-61、表 3-62 所示。

表 3-61　薪资发放报账单(工资发放)

发放类型
代发工资
付款账户
建行山大路支行
附件张数
2
摘　　要
A 公司十堰铁路项目部正式员工和临时用工工资银行代发
应发工资

序　　号	人员类别	薪酬项目	应发金额
1	正式员工	工资	24 750 000.00
2	临时用工	工资	1 340 000.00
合计			26 090 000.00

扣减项目		
序　　号	扣减项目	扣减金额
1	扣减项目——养老保险	1 295 223.90
2	扣减项目——医疗保险	323 482.50
3	扣减项目——失业保险	80 850.40
4	扣减项目——个人所得税	938 749.20
合计		2 638 306.00

工资明细				
收款人	收款账号	支付方式	金　　额	开户银行
李勇	6222119349588731985	转账	32 456.00	中国建设银行龙泉支行
张静	6225712349281295374	转账	20 980.10	招商银行龙泉支行
徐兵	6227002349281311286	转账	8 345.20	中国建设银行龙泉支行
马超	6227002312378894331	转账	10 367.20	中国建设银行龙泉支行
魏雪	6222198432869864310	转账	6 406.80	中国工商银行龙泉支行
其他	6217002340004567983	转账	23 373 138.70	中国工商银行
合计			23 451 694.00	

表 3-62　薪资发放报账单(奖金发放)

发放类型
自发工资
付款账户
建行山大路支行
附件张数
3
摘　　要
A 公司十堰铁路项目部正式员工和临时用工奖金自发

续表

<table>
<tr><th colspan="4">应 发 工 资</th></tr>
<tr><th>序 号</th><th>人员类别</th><th>薪酬项目</th><th>应发金额</th></tr>
<tr><td>1</td><td>正式员工</td><td>奖金</td><td>12 335 000.00</td></tr>
<tr><td>2</td><td>临时用工</td><td>奖金</td><td>660 000.00</td></tr>
<tr><td>合计</td><td></td><td></td><td>12 995 000.00</td></tr>
<tr><th colspan="4">扣 减 项 目</th></tr>
<tr><th>序 号</th><th colspan="2">扣减项目</th><th>扣减金额</th></tr>
<tr><td>1</td><td colspan="2">扣减项目——个人所得税</td><td>2 198 560.90</td></tr>
<tr><td>合计</td><td colspan="2"></td><td></td></tr>
</table>

<table>
<tr><th colspan="5">工资明细</th></tr>
<tr><th>收款人</th><th>收款账号</th><th>支付方式</th><th>金 额</th><th>开户银行</th></tr>
<tr><td>李勇</td><td>6222119349588731985</td><td>转账</td><td>96 300.20</td><td>中国建设银行龙泉支行</td></tr>
<tr><td>张静</td><td>6225712349281295374</td><td>转账</td><td>62 446.30</td><td>招商银行龙泉支行</td></tr>
<tr><td>徐兵</td><td>6227002349281311286</td><td>转账</td><td>24 931.00</td><td>中国建设银行龙泉支行</td></tr>
<tr><td>马超</td><td>6227002312378894331</td><td>转账</td><td>30 947.40</td><td>中国建设银行龙泉支行</td></tr>
<tr><td>魏雪</td><td>6222198432869864310</td><td>转账</td><td>19 165.30</td><td>中国工商银行龙泉支行</td></tr>
<tr><td>其他</td><td>6217002340004567983</td><td>转账</td><td>10 562 648.90</td><td>中国工商银行</td></tr>
<tr><td>合计</td><td></td><td></td><td>10 796 439.10</td><td></td></tr>
</table>

(2)将工资、奖金发放报账单初审通过，并提交相关领导审批。

(3)将初审通过的工资、奖金发放报账单报领导审批通过。

(4)将审批通过的工资、奖金发放报账单报财务稽核通过。

(5)将财务稽核通过的工资、奖金发放报账单生成财务凭证，凭证分录如表 3-63 所示。

表 3-63 薪资发放凭证分录

<table>
<tr><th rowspan="2">序 号</th><th rowspan="2">摘 要</th><th colspan="4">凭 证 分 录</th></tr>
<tr><th>方向</th><th>科 目</th><th>借方金额</th><th>贷方金额</th></tr>
<tr><td rowspan="4">1</td><td rowspan="4">A公司十堰铁路项目部正式员工和临时用工工资银行代发</td><td>借</td><td>应付职工薪酬——工资</td><td>26 090 000.00</td><td></td></tr>
<tr><td rowspan="3">贷</td><td>银行存款——建设银行</td><td></td><td>23 451 694.00</td></tr>
<tr><td>其他应付款——代扣个人款项——社保</td><td></td><td>1 699 556.80</td></tr>
<tr><td>应交税费——应交个人所得税</td><td></td><td>938 749.20</td></tr>
<tr><td rowspan="3">2</td><td rowspan="3">A公司十堰铁路项目部正式员工和临时用工奖金自发</td><td>借</td><td>应付职工薪酬——奖金</td><td>12 995 000.00</td><td></td></tr>
<tr><td rowspan="2">贷</td><td>银行存款——建设银行</td><td></td><td>10 796 439.10</td></tr>
<tr><td>应交税费——应交个人所得税</td><td></td><td>2 198 560.90</td></tr>
</table>

(6)将已生成财务凭证的工资、奖金发放报账单进行结算办理完成。

2. 任务实施

(1)填写薪资发放报账单并提交初审(如表 3-61、3-62 所示)。

登录日期为 2017 年 1 月 31 日，以“02 李勇”用户登录系统，进行如下操作。

第一步：执行【共享中心】-【网上报账平台】-【薪资核算业务】-【薪资发放报账单】，打开薪资发放报账单窗口，单击“新增”，在打开的报账单新增界面，首先填写工资发放报账单，包括表头和表体两部分内容。表头必填项有发放类型、付款账户、附件张数和摘要四项，按表 3-61 内容将其填写完毕，如图 3-108 所示。

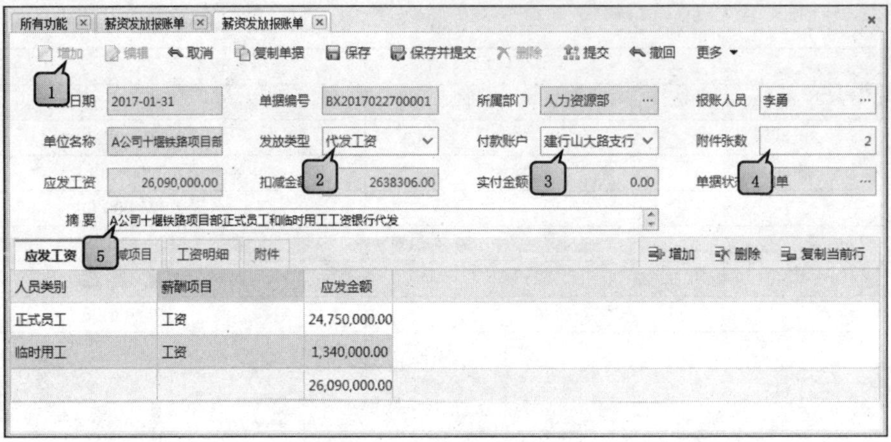

图 3-108　薪资发放报账单表头填写

第二步：填写表体内容，表体必填项有应发工资、扣减项目和工资明细三项，可通过单击“增加”录入多条明细数据。按表 3-61 内容将所有明细填写完毕后，单击“保存”并单击“提交”，提示提交成功即可，如图 3-109 所示。

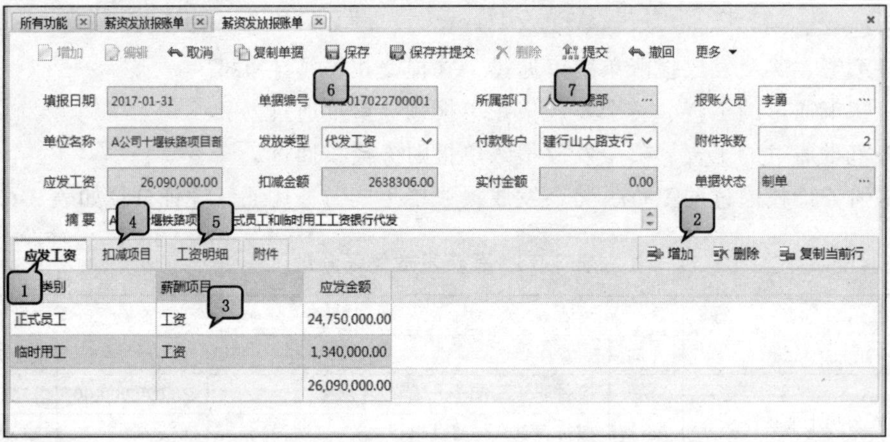

图 3-109　薪资发放报账单表体填写

第三步：同样执行【共享中心】-【网上报账平台】-【薪资核算业务】-【薪资发放报账单】，打开薪资发放报账单窗口，单击“新增”，在打开的报账单新增界面，填写奖金发放报账单，按表 3-62 内容将表头和表体必填项填写完毕，最后单击“保存”并单击“提交”，提示提交成功即可。

(2)将工资、奖金发放报账单初审通过，并提交相关领导审批。

登录日期为 2017 年 1 月 31 日，以“18 马涛”用户登录系统，进行如下操作。

第一步：执行【共享中心】-【网上报账平台】-【单据初审】-【单据初审】，打开单据初审窗口，在左侧“待办”选项下，选择“薪资核算业务”类别下的“薪资发放报账单”，会将初审待审的单据列示出来，包括工资发放、奖金发放报账单，逐个进行初审。例如，首先选择工资发放报账单，单击“初审完成”将该单据完成初审环节，然后单击“提交审批”即可，如图 3-110 所示。

图 3-110　薪资发放报账单初审并提交审批

第二步：参考工资发放报账单初审的操作步骤，将奖金发放报账单初审完成，并提交审批。

(3)将初审通过的工资、奖金发放报账单报领导审批通过。

登录日期为 2017 年 1 月 31 日，以“21 张明”用户登录系统，进行如下操作。

第一步：【系统公共】-【任务中心】-【任务中心】-【待办任务】，打开待办任务窗口，选择左侧对应的业务流程，会将待审批的单据列示出来，包括工资发放和奖金发放报账单，分别选择单据，逐个进行审批。例如，首先选择工资发放报账单，然后单击“审批单据”，如图 3-111 所示。

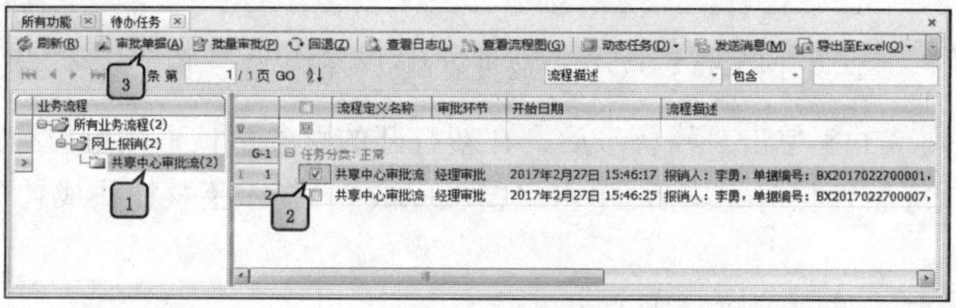

图 3-111　薪资发放报账单领导审批第一步

第二步：在图 3-111 单击“审批单据”后，在新打开的审批窗口中，可显示工资发放报账单的明细信息，对报账单内容的准确性、完整性核对完毕后，单击“审批通过”即可，如图 3-112 所示。

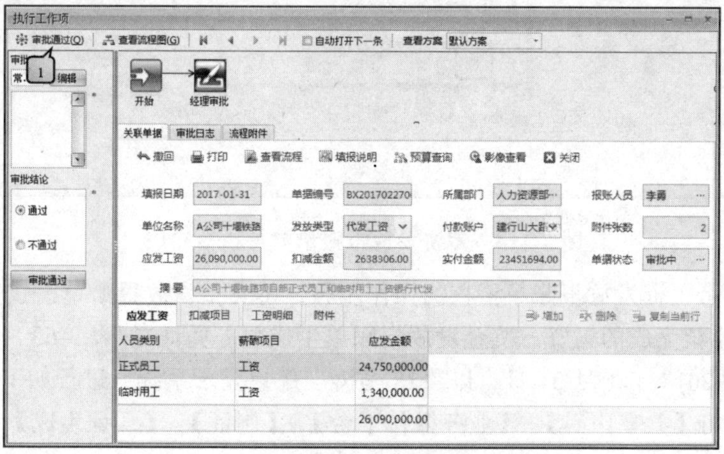

图 3-112　薪资发放报账单相关领导审批完成

第三步：参考工资发放报账单审批的操作步骤，将奖金发放报账单审批通过。

(4)将审批通过的工资、奖金发放报账单报财务稽核通过。

登录日期为 2017 年 1 月 31 日，以“18 马涛”用户登录系统，进行如下操作。

第一步：执行【共享中心】-【业务操作平台】-【稽核】-【财务稽核】，打开财务稽核窗口，在左侧“待办”选项下，选择“薪资核算业务”类别下的“薪资发放报账单”，或者单击右侧“查询”，则会将待稽核的单据列示出来，包括工资发放、奖金发放报账单，逐个单据进行稽核。例如，首先选择工资发放报账单，然后单击“稽核”，如图 3-113 所示。

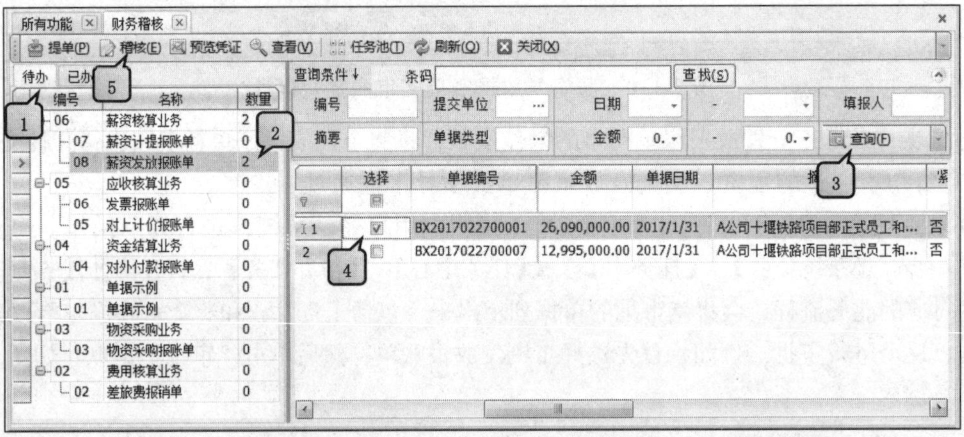

图 3-113　薪资发放报账单财务稽核第一步

第二步：在图 3-113 单击“稽核”后，在新打开的财务稽核报账单明细窗口中，对报账单内容的准确性、完整性核对完毕后，单击“稽核完成”，提示稽核操作成功即可，如图 3-114 所示。

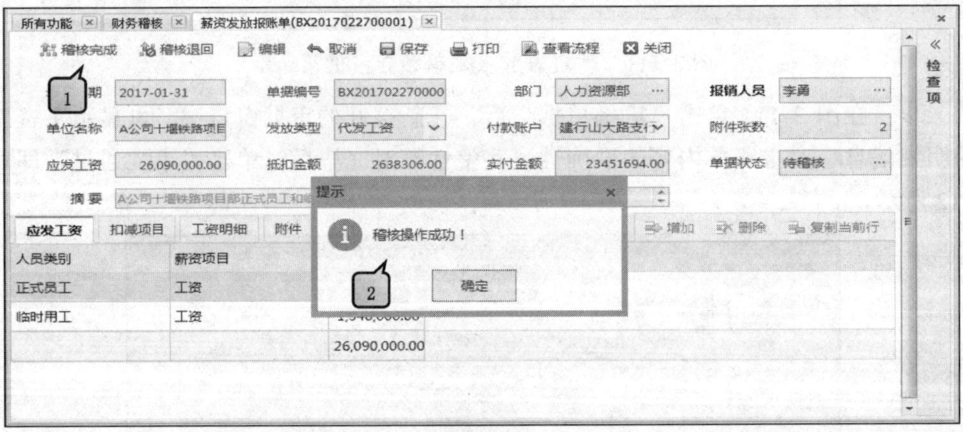

图 3-114　薪资发放报账单财务稽核完成

第三步：参考工资发放报账单稽核的操作步骤，将奖金发放报账单稽核完成。

(5)将财务稽核完成的工资、奖金发放报账单生成财务凭证(如表 3-63 所示)。

登录日期为 2017 年 1 月 31 日，以“18 马涛”用户登录系统，进行如下操作。

第一步：执行【共享中心】-【业务操作平台】-【制证】-【凭证生成】，打开凭证生成窗口，单击右侧“查询”，会将待生成凭证的单据列示出来，包括工资发放、奖金发放报账单，逐个单据进行生成。例如，首先选择工资发放报账单，然后单击“生成凭证”，如图 3-115 所示。

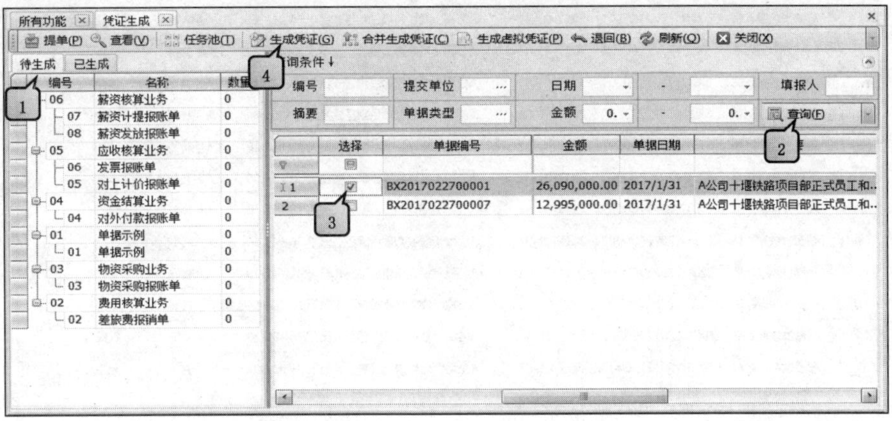

图 3-115　薪资发放报账单生成凭证第一步

第二步：在图 3-115 单击“生成凭证”后，在新打开的凭证生成预览窗口中，对凭证分录的准确性、完整性按表 3-63 核对完毕后，单击“保存”即可，如图 3-116 所示。

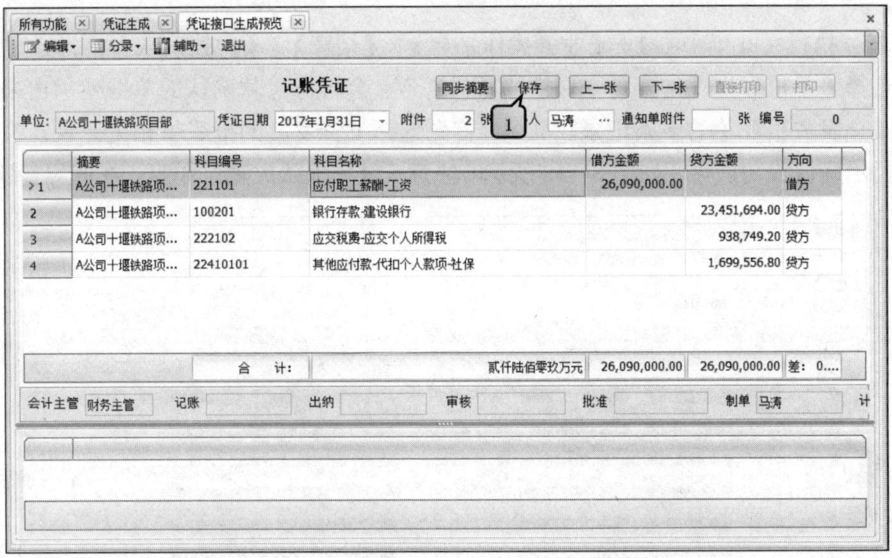

图 3-116　薪资发放报账单生成凭证保存

第三步：参考工资发放报账单生成凭证的操作步骤，将奖金发放报账单生成财务凭证。

(6)将已生成财务凭证的工资、奖金发放报账单进行结算办理完成。

登录日期为 2017 年 1 月 31 日，以“19 刘慧”用户登录系统，进行如下操作。

第一步：执行【共享中心】-【业务操作平台】-【结算】-【付款办理】，打开付款办理窗口，会将待付款办理的单据列示出来，包括工资发放、奖金发放报账单的记录，按收款人信息列示多条记录。例如，首先选择工资发放的报账单相关记录，然后单击“付款办理”，提示付款办理成功即可，如图 3-117 所示。（注意：付款办理成功的单据，在此界面不再显示。）

图 3-117　薪资发放报账单付款办理

第二步：参考工资发放报账单付款办理的操作步骤，将奖金发放报账单相关记录付款办理完成。

第三步：执行【共享中心】-【业务操作平台】-【结算】-【付款确认】，打开付款确认窗口，首先选择“单位”为“A 公司十堰铁路项目部”，会将待付款确认的单据列示出来，包括工资发放、奖金发放报账单的多条记录。例如，首先选择工资发放的报账单相关记录，单击“确认完成”，提示确认成功即可，如图 3-118 所示。注意：付款确认成功的单据，在此界面不再显示。

图 3-118　薪资发放报账单付款确认

第四步：参考工资发放报账单付款确认完成的操作步骤，将奖金发放报账单确认完成。

(7) 至此，薪资发放共享业务处理完成。

3.9 主题七：总账与报表业务处理

3.9.1 相关知识

3.9.1.1 业务概述

通过对总账凭证的查询，可对本教材通过所有报账单生成的凭证进行查看并核对，核对无误后，再通过结转凭证生成，对所有损益科目的余额生成结转至本年利润的凭证。所有凭证准确无误后，对凭证进行审核并记账，在此基础上，进行报表的计算及核对，可以实现对企业财务的集中核算处理。

3.9.1.2 软件实现

1. 依赖平台

GS 总账管理、报表管理。总账管理主要实现凭证的手工制单、查询、审核及记账等操作。报表管理通过对总账凭证数据的归集，实现企业报表数据的计算及分析等操作。

2. 主要流程

凭证查询→结转凭证生成→审核→记账→报表计算。

3. 功能菜单

涉及的主要功能菜单，如表 3-64 所示。

表 3-64 总账与报表业务涉及功能菜单

依赖平台	功能菜单
总账管理	月末处理：结转凭证生成
	凭证：凭证查询
	凭证：审核
	凭证：记账
报表管理	报表操作：打开报表
	报表操作：报表分析

3.9.2 案例

3.9.2.1 任务背景介绍

财务共享中心核算岗位相关人员将所有报账单统一生成财务凭证后，会自动保存至对应核算单位的总账管理中，然后可在总账管理中对凭证信息进行跟踪查询，进而出具相关报表。

3.9.2.2 任务一：凭证生成及查询

1. 任务描述

(1) 首先核对系统预置的和本教材所有报账单生成的凭证信息，共 23 张凭证，如表 3-65 所示。

表 3-65　A公司十堰铁路项目部1月份凭证列表

序　号	凭 证 摘 要	金　额
01	系统预置凭证	83 490 000.00
02	A公司十堰铁路项目部正式员工和临时用工工资计提	26 090 000.00
03	A公司十堰铁路项目部正式员工和临时用工社保计提	6 095 308.90
04	A公司十堰铁路项目部正式员工和临时用工奖金计提	12 995 000.00
05	A公司十堰铁路项目部正式员工和临时用工工资银行代发	26 090 000.00
06	A公司十堰铁路项目部正式员工和临时用工奖金自发	12 995 000.00
07	物资管理部张静杭州项目出差差旅费报销	346.00
08	财务部魏雪南京出差差旅费报销	969.00
09	人力资源部李勇重庆项目出差差旅费报销	1 880.00
10	北京万红建材工程款暂估入账	1 000 000.00
11	傅山建材工程尾款暂估入账	2 000 000.00
12	宏图集团质量保证金暂估入账	175 500.00
13	北京万红建材工程款应收入账	1 170 000.00
14	傅山建材工程尾款应收入账	2 340 000.00
15	新丰集团沪昆铁路建筑工程质量保证金应收入账	351 000.00
16	购入通用集团水泥	936 000.00
17	购入新丰集团钢材	819 000.00
18	暂估购入通用集团黄沙	600 000.00
19	暂估购入新丰集团水泥	500 000.00
20	暂估红冲购入宏图集团钢材	——660 000.00
21	暂估后正式入库购入宏图集团钢材	842 400.00
22	付通用集团水泥款	450 000.00
23	付新丰集团钢材款	320 000.00

(2)将所有的损益类科目余额结转至本年利润，通过“结转凭证生成”功能操作，凭证分录如表3-66所示。

表 3-66　损益结转凭证分录

序　号	摘　要	凭 证 分 录			
		方向	科　目	借 方 金 额	贷 方 金 额
1	结转收入至本年利润	借	主营业务收入	73 000 000.00	
			其他业务收入	10 490 000.00	
		贷	本年利润		83 490 000.00
2	结转成本费用至本年利润	借	本年利润	38 317 540.50	
		贷	销售费用——职工薪酬——工资		1 800 000.00
			销售费用——职工薪酬——奖金		890 000.00
			销售费用——职工薪酬——社保		420 527.30
			管理费用——职工薪酬——工资		20 318 000.00
			管理费用——职工薪酬——奖金		10 139 000.00
			管理费用——职工薪酬——社保		4 746 818.20
			管理费用——差旅费		3 195.00

(3)在表3-65和表3-66所有凭证信息正确的基础上，核对科目余额表数据，包括期初数、本期发生数和当前余额数，如表3-67所示。

表 3-67　A 公司十堰铁路项目部 1 月份科目余额表

科 目 名 称	期　初		本 期 发 生		余　额	
	方向	金　额	借　方	贷　方	方向	金　额
库存现金	借	509 556.20	0.00	0.00	借	509 556.20
银行存款	借	78 093 870.00	0.00	35 021 328.10	借	43 072 541.90
其他货币基金	借	14 291 273.50	0.00	0.00	借	14 291 273.50
应收票据	借	31 299 827.60	0.00	0.00	借	31 299 827.60
应收账款	借	37 751 259.20	90 526 500.00	3 300 000.00	借	124 977 759.20
预付账款	借	65 135 807.70	0.00	0.00	借	65 135 807.70
其他应收款	借	118 749 640.70	0.00	0.00	借	118 749 640.70
坏账准备	贷	4 604 500.40	0.00	0.00	贷	4 604 500.40
原材料	借	81 260 034.00	2 660 000.00	0.00	借	83 920 034.00
固定资产	借	126 733 177.00	0.00	0.00	借	126 733 177.00
累计折旧	贷	4 700 800.70	0.00	0.00	贷	4 700 800.70
在建工程	借	67 200 248.30	0.00	0.00	借	67 200 248.30
短期借款	贷	208 070 000.00	0.00	0.00	贷	208 070 000.00
应付票据	贷	15 043 700.80	0.00	0.00	贷	15 043 700.80
应付账款	贷	63 383 461.00	770 000.00	3 037 400.00	贷	65 650 861.00
预收账款	贷	7 700 204.90	0.00	0.00	贷	7 700 204.90
应付职工薪酬	贷	2 126 885.10	39 085 000.00	45 180 308.90	贷	8 222 194.00
应交税费	贷	703 046.10	377 400.00	3 698 310.10	贷	4 023 956.20
其他应付款	贷	2 140 471.60	0.00	1 699 556.80	贷	3 840 028.40
长期借款	贷	16 000 000.00	0.00	0.00	贷	16 000 000.00
实收资本	贷	120 000 000.00	0.00	0.00	贷	120 000 000.00
资本公积	贷	148 478 659.50	0.00	0.00	贷	148 478 659.50
盈余公积	贷	8 769 733.80	0.00	0.00	贷	8 769 733.80
本年利润	平	0.00	38 317 540.50	83 490 000.00	贷	45 172 459.50
利润分配	贷	19 303 230.30	0.00	0.00	贷	19 303 230.30
研发支出	平	0.00	5 398 913.90	0.00	借	5 398 913.90
工程施工	平	0.00	1 467 049.50	0.00	借	1 467 049.50
工程结算	平	0.00	0.00	3 175 500.00	贷	3 175 500.00
主营业务收入	平	0.00	73 000 000.00	73 000 000.00	平	0.00
其他业务收入	平	0.00	10 490 000.00	10 490 000.00	平	0.00
销售费用	平	0.00	3 110 527.30	3 110 527.30	平	0.00
管理费用	平	0.00	35 207 013.20	35 207 013.20	平	0.00
合计	平	0.00	300 409 944.40	300 409 944.40	平	0.00

2. 任务实施

(1)核对系统预置的和本教材所有报账单生成的凭证信息，共 23 张凭证(如表 3-65 所示)。

登录日期为 2017 年 1 月 31 日，以“29 马骏”用户登录系统，进行如下操作。

第一步：登录 GS 后，需将核算单位切换为“A 公司十堰铁路项目部”，首先在左侧功能列表处，选中【财务会计】-【总账】，然后在右侧核算组织处，单击“01 S 集团”左边的⊞，将所有核算组织显示出来，双击“01005 A 公司十堰铁路项目部”，变为，即切换成功，如图 3-119 所示。

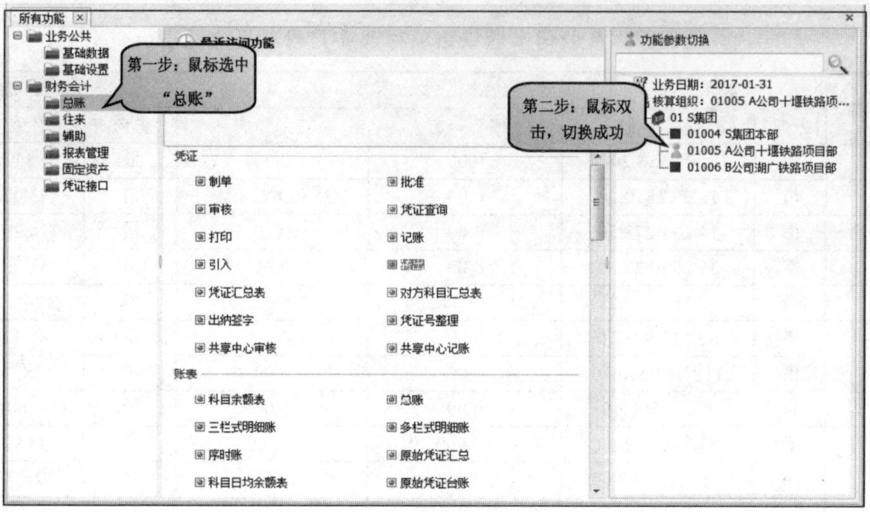

图 3-119　切换核算组织

第二步：执行【财务会计】-【总账】-【凭证】-【凭证查询】，打开凭证查询窗口，需要查询 1 月所有凭证，因此首先设置查询的“会计期间”为 2017 年 01 月至 2017 年 01 月，然后单击“确定”，如图 3-120 所示。

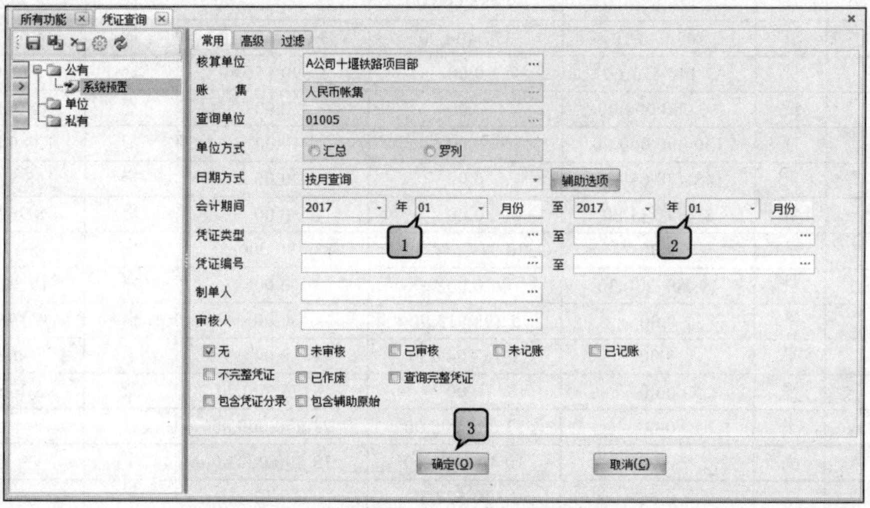

图 3-120　凭证查询第一步

第三步：在图 3-120 单击“确定”后，则会按查询期间将所有凭证信息列示出来，包括凭证编号、摘要、金额、制单人等信息，按表 3-65 内容核对所有的凭证信息，核对无误后关闭即可，如图 3-121 所示。

【注意】：若凭证查询数量缺少，可能原因是个别报账单未生成凭证，则在本教材相关流程中，对该报账单生成凭证即可；若凭证查询个别凭证数据有错误，可能原因是报账单填写金额错误，或凭证分录数据修改错误，则可直接在【财务会计】-【总账】-【凭证】-【制单】中，找到错误凭证，单击制单界面的“编辑”-“修改凭证”，将其修改为正确的凭证数据即可。

(2)将所有的损益类科目余额结转至本年利润(如表 3-66 所示)。

登录日期为 2017 年 1 月 31 日，以“29 马骏”用户登录系统，进行如下操作。

凭证查询

2017.01--2017.01

A公司十堰铁路项目部

凭证日期	凭证编号	摘要	金额	制单人	审核人	记账人	审核否	记账否
20170131	00001	系统预置凭证	83,490,000.00	系统管理员			否	否
20170131	00002	A公司十堰铁路项目部正式员工和临时…	26,090,000.00	马涛			否	否
20170131	00003	A公司十堰铁路项目部正式员工和临时…	6,095,308.90	马涛			否	否
20170131	00004	A公司十堰铁路项目部正式员工和临时…	12,995,000.00	马涛			否	否
20170131	00005	A公司十堰铁路项目部正式员工和临时…	26,090,000.00	马涛			否	否
20170131	00006	A公司十堰铁路项目部正式员工和临时…	12,995,000.00	马涛			否	否
20170131	00007	物资管理部张静杭州项目出差差旅费报销	346.00	李梅			否	否
20170131	00008	财务部魏雪南京出差差旅费报销	969.00	李梅			否	否
20170131	00009	人力资源部李勇重庆项目出差差旅费报销	1,880.00	李梅			否	否
20170131	00010	北京万红建材工程款暂估入账	1,000,000.00	张东			否	否
20170131	00011	傅山建材工程尾款暂估入账	2,000,000.00	张东			否	否
20170131	00012	宏图集团质量保证金暂估入账	175,500.00	张东			否	否
20170131	00013	北京万红建材工程款应收入账	1,170,000.00	张东			否	否
20170131	00014	傅山建材工程尾款应收入账	2,340,000.00	张东			否	否
20170131	00015	新丰集团沪昆铁路建筑工程质量保证金…	351,000.00	张东			否	否
20170131	00016	购入通用集团水泥	936,000.00	张磊			否	否
20170131	00017	购入新丰集团钢材	819,000.00	张磊			否	否
20170131	00018	暂估购入通用集团黄沙	600,000.00	张磊			否	否
20170131	00019	暂估购入新丰集团水泥	500,000.00	张磊			否	否

图 3-121　凭证查询完成

第一步：执行【财务会计】-【总账】-【期末处理】-【结转凭证生成】，打开结转凭证生成窗口，对收入类和成本费用类科目，逐个生成结转至本年利润的凭证。例如，首先选择“结转收入至本年利润”，勾选“包含未记账”，然后单击“生成”，如图 3-122 所示。

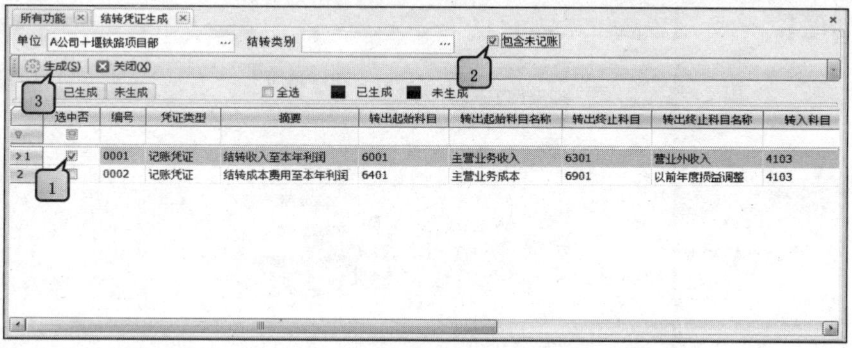

选中否	编号	凭证类型	摘要	转出起始科目	转出起始科目名称	转出终止科目	转出终止科目名称	转入科目
☑	0001	记账凭证	结转收入至本年利润	6001	主营业务收入	6301	营业外收入	4103
☐	0002	记账凭证	结转成本费用至本年利润	6401	主营业务成本	6901	以前年度损益调整	4103

图 3-122　结转凭证生成第一步

第二步，在图 3-122 单击“生成”后，在结转凭证预览界面可以查看凭证分录的信息，与表 3-66 内容核对结转凭证分录信息后，单击“保存”，即可将凭证自动保存到总账管理中，并可以进行凭证的查询，如图 3-123 所示。

第三步：同样的操作方法，将结转成本费用至本年利润凭证生成并保存。【注意】：若结转凭证生成后，分录数据与表 3-66 不一致，则说明本教材所有业务生成的凭证中，存在部分错误的凭证。此时，就需要按照第一步再核对凭证信息，找到错误凭证，并执行【财务会计】-【总账】-【凭证】-【制单】，对应该错误凭证，单击制单界面的“编辑”-“修改凭证”将其修改正确，直至凭证无误后，才可进行结转凭证生成。

(3) 核对科目余额表数据，包括期初数、本期发生数和当前余额数（如表 3-67 所示）。

登录日期为 2017 年 1 月 31 日，以“29 马骏”用户登录系统，进行如下操作。

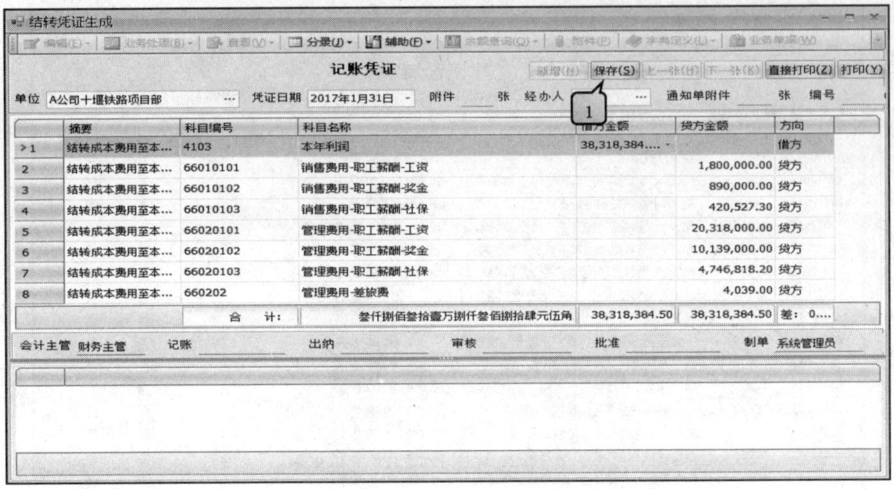

图 3-123　结转凭证生成保存

第一步：执行【财务会计】-【总账】-【账表】-【科目余额表】，打开科目余额表窗口，查询 1 月份有余额科目的余额信息，因此首先需要在“常用”选项下设置查询的“会计期间”为 2017 年 01 月至 2017 年 01 月，然后在“高级”选项下勾选参数“无发生不显示”和“无余额不显示”，设置完毕后单击“确定”，如图 3-124 所示。

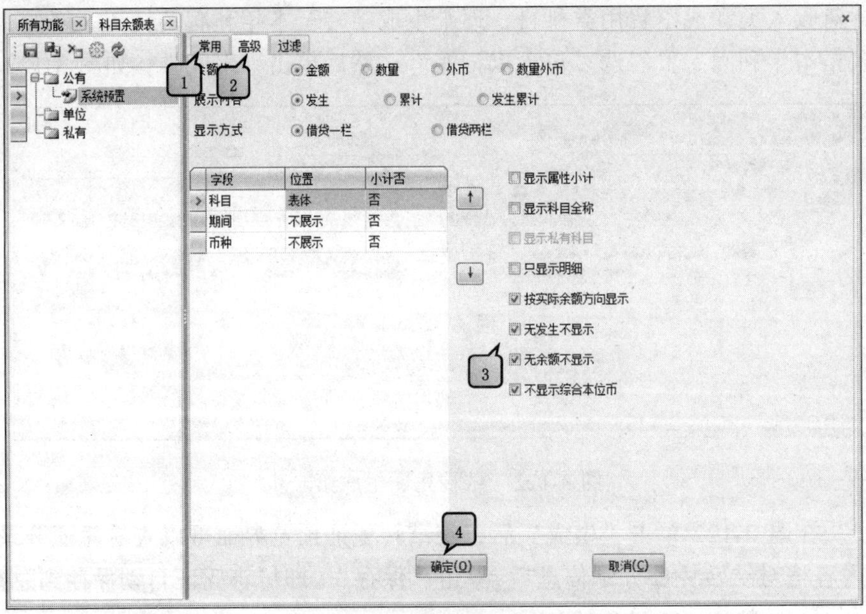

图 3-124　科目余额表查询设置

第二步：在图 3-124 单击“确定”后，则可将相关科目余额结果展示出来，与表 3-67 科目余额数据核对无误即可，如图 3-125 所示。

【注意】：若查询的科目余额表数据与表 3-67 不一致，则说明所有凭证中有部分凭证数据是错误的，则需要按照第一步和第二步，去核对业务生成的凭证和结转凭证。修改错误凭证后，再核对科目余额表，直至正确为止，否则会影响报表计算的数据。

科目余额表

2017.01--2017.01

A公司十堰铁路项目部

科目编号	科目名称	期初		本期发生		余额	
		方向	金额	借方	贷方	方向	金额
1001	库存现金	借	509,556.20			借	509,556.20
1002	银行存款	借	78,093,870.00		35,021,328.10	借	43,072,541.90
1015	其它货币基金	借	14,291,273.50			借	14,291,273.50
1121	应收票据	借	31,299,827.60			借	31,299,827.60
1122	应收账款	借	37,751,259.20	90,526,500.00	3,300,000.00	借	124,977,759.20
1123	预付账款	借	65,135,807.70			借	65,135,807.70
1231	其他应收款	借	118,749,640.70			借	118,749,640.70
1241	坏账准备	贷	4,604,500.40			贷	4,604,500.40
1403	原材料	借	81,260,034.00	2,660,000.00		借	83,920,034.00
1601	固定资产	借	126,733,177.00			借	126,733,177.00
1602	累计折旧	贷	4,700,800.70			贷	4,700,800.70
1604	在建工程	借	67,200,248.30			借	67,200,248.30
2001	短期借款	贷	208,070,000.00			贷	208,070,000.00
2201	应付票据	贷	15,043,700.80			贷	15,043,700.80
2202	应付账款	贷	63,383,461.00	770,000.00	3,037,400.00	贷	65,650,861.00
2205	预收账款	贷	7,700,204.90			贷	7,700,204.90
2211	应付职工薪酬	贷	2,126,885.10	39,085,000.00	45,180,308.90	贷	8,222,194.00
2221	应交税费	贷	703,046.10	377,400.00	3,698,310.10	贷	4,023,956.20
2241	其他应付款	贷	2,140,471.60		1,699,556.80	贷	3,840,028.40

图 3-125　科目余额表查询结果展示

3.9.2.3　任务二：凭证审核、记账

1. 任务描述

(1)将 A 公司十堰铁路项目部所有凭证进行审核。

(2)将 A 公司十堰铁路项目部所有凭证进行记账。

2. 任务实施

(1)将 A 公司十堰铁路项目部所有凭证进行审核。

登录日期为 2017 年 1 月 31 日，以“30 王辉”用户登录系统，进行如下操作。

执行【财务会计】-【总账】-【凭证】-【审核】，打开凭证审核界面，单击“过滤”将当前会计期间的所有可由当前用户审核的未审核凭证记录列示出来，可单击“全选”，选中所有未审核凭证，然后单击“审核”，提示“凭证审核后就不能对所审核的凭证进行修改，是否确认审核选择的凭证”，单击“是”，提示审核成功即可，如图 3-126 所示。

【注意】：若凭证审核后发现错误，需要修改时，则需将凭证取消审核才能修改。操作方法是：由审核人在打开“审核”窗口，单击“过滤”后，取消勾选“仅显示待审核凭证”，则会将已经审核的凭证列示出来，然后将需要取消审核的凭证勾选上，单击“取消审核”即可。取消审核后，可执行【财务会计】-【总账】-【凭证】-【制单】，找到需要修改的凭证，单击制单界面的“编辑”-“修改凭证”，将其修改为正确的凭证数据即可。

(2)将 A 公司十堰铁路项目部所有凭证进行记账。

登录日期为 2017 年 1 月 31 日，以“30 王辉”用户登录系统，进行如下操作。

第一步：执行【财务会计】-【总账】-【凭证】-【记账】，打开凭证记账界面，单击“过滤”将当前会计期间的所有的未记账凭证记录列示出来，可单击“全选”，单击“记账”，提示“是否对选择的凭证进行记账处理”，单击“是”，如图 3-127 所示。

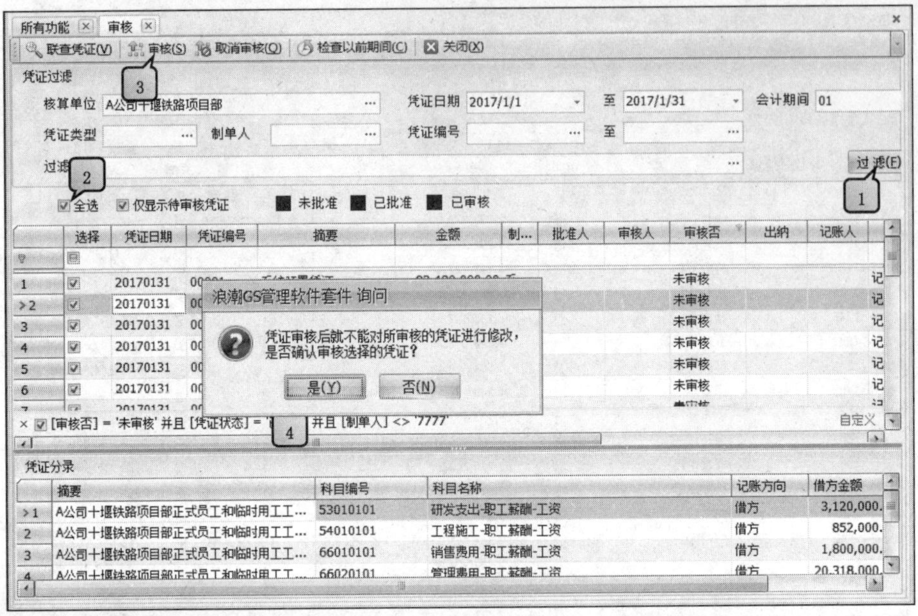

图 3-126　凭证审核

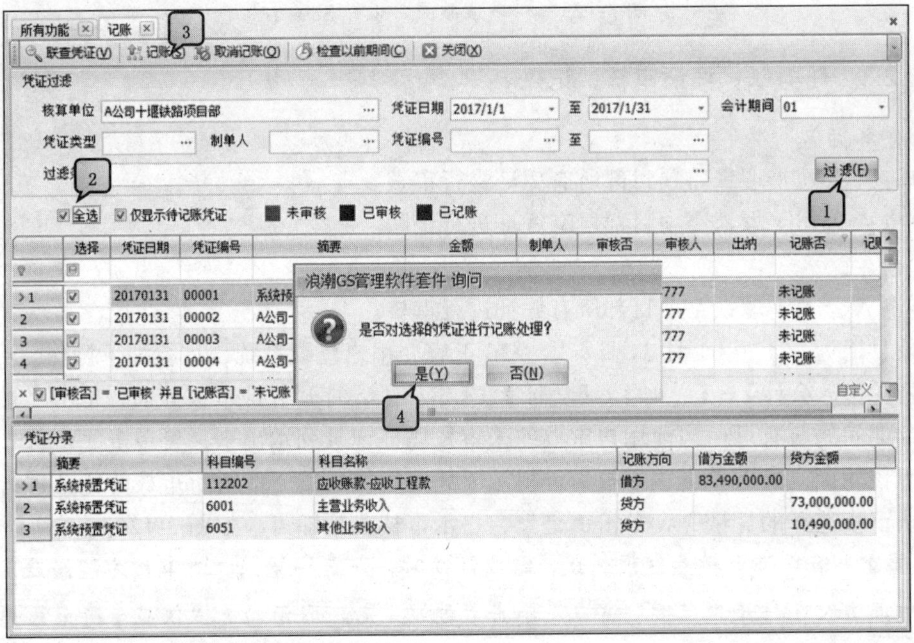

图 3-127　凭证记账第一步

第二步：初次记账会有平衡检查的提示，单击右上角 ✖ 关闭，提示记账成功即可，如图 3-128 所示。【注意】：若凭证记账后发现错误，需要修改时，则需将凭证取消记账和取消审核才能修改。操作方法是：由记账人在打开“记账”窗口，单击“过滤”后，取消勾选“仅显示待记账凭证”，则会将已经记账的凭证列示出来，勾选需要取消记账的凭证，单击“取消记账”；然后同样方法执行【财务会计】-【总账】-【凭证】-【审核】，将凭证取消审核后即可修改。

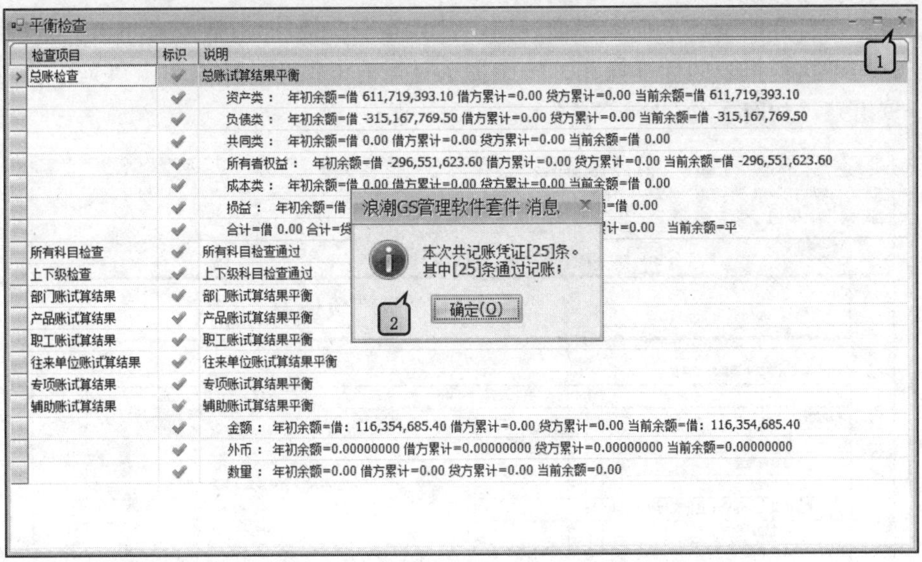

图 3-128　凭证记账完成

3.9.2.4　任务三：报表计算

1. 任务描述

计算 A 公司十堰铁路项目部 2017 年 1 月资产负债表，核对资产合计数等于负债和所有者权益合计数。

2. 任务实施

登录日期为 2017 年 1 月 31 日，以“30 王辉”用户登录系统，进行如下操作。

第一步：执行【财务会计】-【报表管理】-【报表操作】-【打开报表】，在打开报表界面，选择资产负债表，单击“确定”即可，如图 3-129 所示。

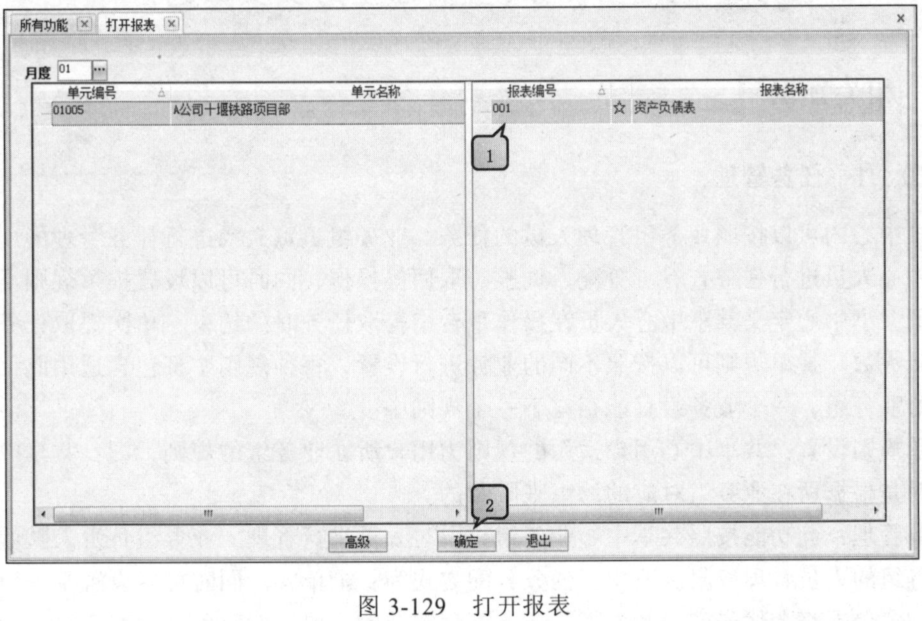

图 3-129　打开报表

第二步：在打开的资产负债表界面，单击计算本表快捷图标 或者单击“数据”-“计算本表”，均可执行报表的计算操作，按照提示对当前未保存的数据单击“是”，则可将报表数据计算出来，如图 3-130 所示。

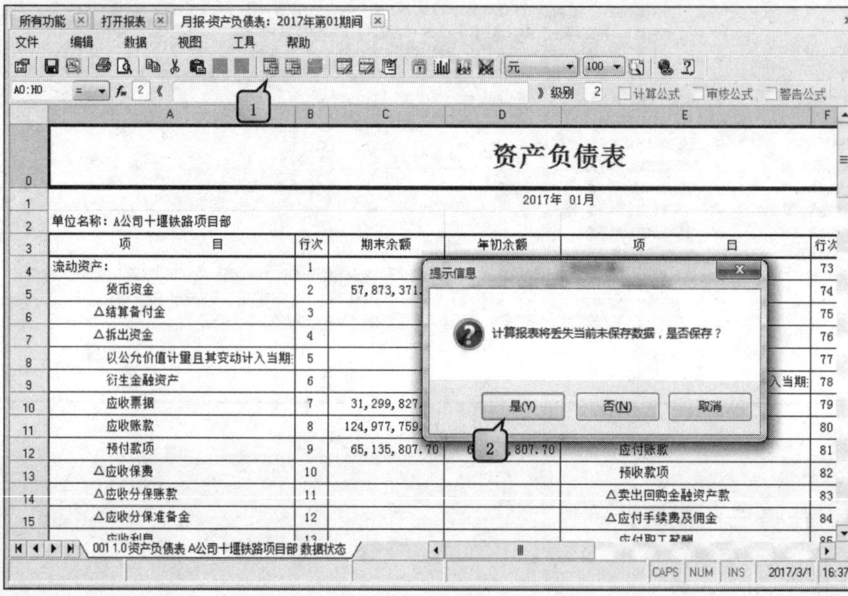

图 3-130　报表计算

【注意】：若凭证数据修改，则按照本步骤重新计算报表即可。

第三步：报表数据计算完成后，检查数据是否计算出来，以及资产合计数是否等于负债和所有者权益合计数。

3.10　主题八：共享中心任务及质量管理

3.10.1　相关知识

3.10.1.1　任务管理

共享中心内可以按照业务组管理人员的任务。业务组负责人或进行任务管理的用户可以对共享中心人员进行任务查看、分配、调整、取回等操作，同时可以设置提单规则 。

按照共享中心定义共享中心人员在操作平台中提取任务时的约束：单次提取任务数及在手任务最大数。提单规则可以按照不同的业务进行设置，每种规则中都包含适用此种规则的共享中心业务组，一个业务组只能存在于一个规则中。

提单规则设置：共享中心用户适用的规则为用户所在业务组的规则，即：共享中心人员在提单时是根据所在业务组对应的约束来限制的。

任务管理：此功能按照共享中心业务组权限对人员进行管理。业务组负责人默认具有所负责业务组的人员管理权限。适用于任务分配方式为：抢单式。同时可以设置某一项任务为加急，加急单据将会优先推送并处理。任务管理涉及的主要功能菜单，如表 3-68 所示。

表 3-68　任务管理涉及功能菜单

依赖平台	功能菜单
运营支撑平台	组织定义：用户管理
	系统设置：单据类型设置
运营管理平台	任务管理：提单规则设置
	任务管理：任务管理

3.10.1.2　质量管理

共享中心作为一个服务提供机构，通过服务水平协议(SLA)为集团下属单位提供财务会计服务，通过制定服务水平协议(SLA)提供以客户为中心(customer-focus)的服务，为服务设定明确的目标，建立标准化和可度量的服务水平，制定评估服务的条件，为不断改善客户满意度创造有利条件。SLA 的成功实施，必须建立在关键绩效指标(Key Performance Indicators，KPI)和有效的信息汇报机制设定之上。

根据制定的 KPI 指标，对共享中心人员的服务进行质量管理，定期通过单据的质量抽检，了解共享中心服务过程的不足，从而不断优化共享中心运营。质量管理设置单据与凭证的检查项，支持单据的抽样与质量检查，针对不合规的单据进行整改和复检，保证共享中心的高效率运营。质量管理涉及的主要功能菜单，如表 3-69 所示。

表 3-69　质量管理涉及功能菜单

依赖平台	功能菜单
运营支撑平台	组织定义：用户管理
	系统设置：单据类型设置
运营管理平台	任务管理：提单规则设置
	任务管理：任务管理
	质量管理：单据质量稽查
	质量管理：单据整改
	质量管理：单据复检
	质量管理：单据质检查询

3.10.2　案例

3.10.2.1　任务背景介绍

根据 S 集团共享中心试点运行情况，计划对该集团共享中心稽核任务的派单方式进行调整及优化，2017 年 2 月 1 日先以“共享中心示例”中的业务进行试点运行。在任务管理方面，由原先权限分配稽核任务的管理方式，更改为共享中心员工根据自身实际工作量领取任务的方式。同时对共享中心员工单次提取稽核任务数及在手任务最大数进行定义及规范，以便提升工作效率；各业务组组长可根据共享中心员工实际工作量进行强制的分配及调整，均衡内部资源，对部分特殊业务各业务组长可进行加急标识，由共享中心业务人员优先处理。

根据 S 集团制定的 KPI 指标，在浪潮 GS 系统内对“共享中心示例”的稽核业务每月至少进行一次定期抽检及复检，抽检对象主要对报账单据及对应凭证进行抽检，抽检内容主要对单据的发票合规性、补助准确性、分摊项目准确性进行抽检，对抽检不合格业务给予整改措施并计入考核指标。

3.10.2.2 任务一：调整共享中心设置

1. 任务描述

调整“共享中心示例”的相关参数，分别如表 3-70、表 3-71、表 3-72 所示。

表 3-70 共享中心任务分配方式

共享中心	任务分配方式
共享中心示例	抢单式

表 3-71 单据类型任务分配方式

单据类型	任务分配方式
单据示例	抢单式

表 3-72 用户管理

业务组	用户名称	接受派单
费用核算组(示例)	S 稽核员(示例)	是
费用核算组(示例)	王强	是
费用核算组(示例)	张默	是

2. 任务实施

(1)共享中心参数调整(如表 3-70 所示)。

登录日期为 2017 年 1 月 31 日，以“8888 系统管理员”用户登录系统，进行如下操作。

执行【共享中心】-【运营支撑平台】-【系统设置】-【共享中心参数设置】，打开共享中心参数设置窗口，选择“共享中心示例”，单击 “编辑”，按表 3-70 内容将任务分配方式修改为“抢单式”后单击保存即可，如图 3-131 所示。

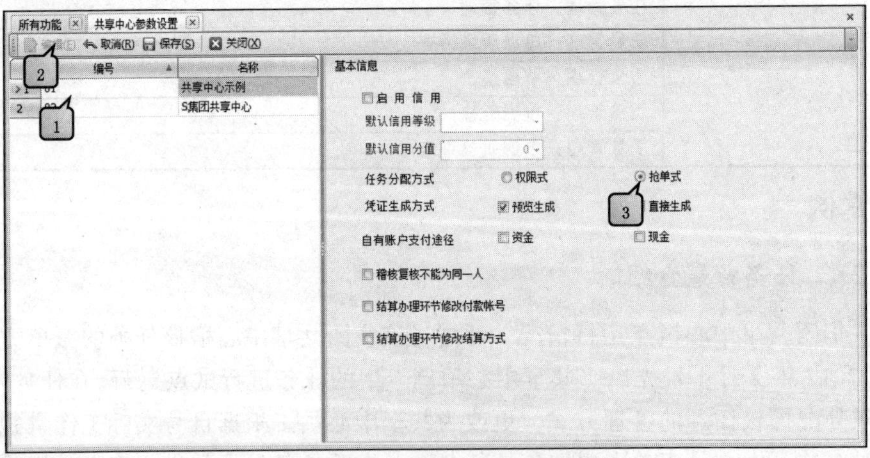

图 3-131 共享中心参数设置

(2)调整单据类型设置(如表 3-71 所示)。

以“8888 系统管理员”用户登录系统，进行如下操作。

执行【共享中心】-【运营支撑平台】-【系统设置】-【单据类型设置】，打开单据类型设置窗口，选择“单据示例”明细项，单击 “编辑”，按表 3-71 内容将任务分配方式修改为“抢单式”后单击保存即可，如图 3-132 所示。

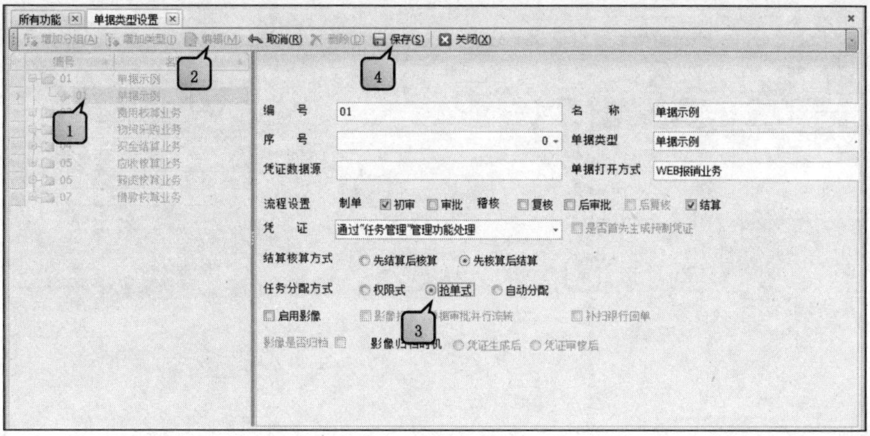

图 3-132　单据类型设置

(3)调整用户派单方式(如表 3-72 所示)。

以“8888 系统管理员”用户登录系统，进行如下操作。

执行【共享中心】-【运营支撑平台】-【组织定义】-【用户管理】，打开用户管理窗口，选择“共享中心示例”，选择“费用核算组(示例)”，单击 “编辑”，按表 3-72 内容将用户是否接受派单勾选为“是”，单击“保存”即可，如图 3-133 所示。

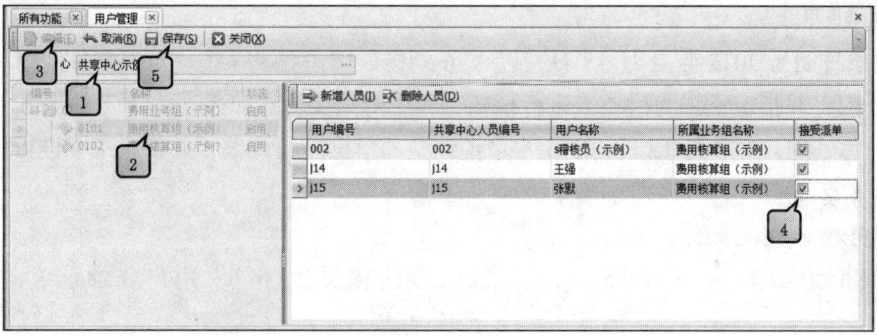

图 3-133　用户管理

3.10.2.3　任务二：提单规则设置

1. 任务描述

提单规则设置内容，如表 3-73 所示。

表 3-73　提单规则设置

共享中心	编号	名称	每次抢单数	在手任务数	对应业务组
共享中心示例	01	共享中心提单规则	10	20	费用核算组(示例)

2. 任务实施

登录日期为 2017 年 1 月 31 日，以“26 刘杨”用户登录系统，进行如下操作。

执行【共享中心】-【运营管理平台】-【任务管理】-【提单规则设置】，打开提单规则设置窗口，选择“共享中心示例”，单击左上角“新增”，按表 3-73 内容录入“编号”、“名称”、“每次抢单数”和“在手任务数”，然后单击下方的“新增”，在打开的帮助窗口选择“费用核算组(示例)”，确定后单击“保存”，如图 3-134 所示。

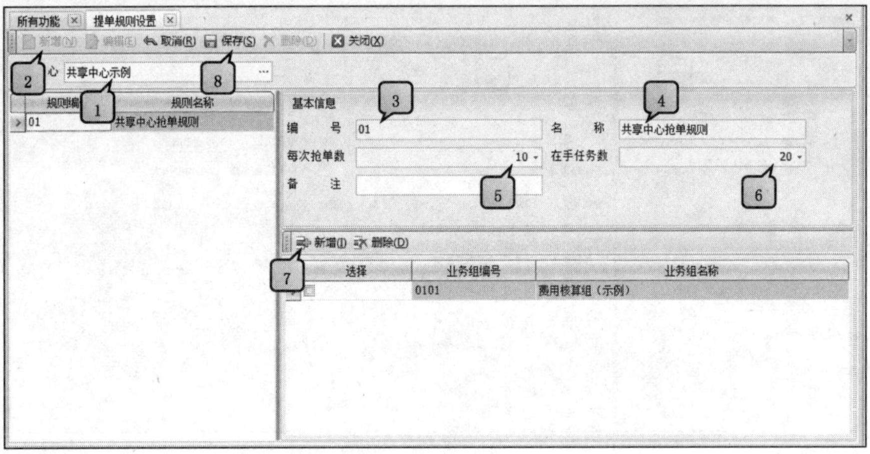

图 3-134　提单规则设置

3.10.2.4　任务三：抢单操作

1．任务描述

(1)登录日期为 2017 年 2 月 15 日，以“002 S 稽核员(示例)”用户登录系统。分两次随机提取 10 张“单据示例”报账单,并将摘要为“出差至沈阳”的报账单或其他报账单申请转由他人进行处理。

(2)登录日期为 2017 年 2 月 18 日，以“26 刘杨”用户登录系统。对当前日期内所有待分配单据进行分配，并指定王强为稽核人进行稽核，其中对摘要为“出差至太原”的报账单或其他报账单进行加急处理；对 2 月 15 日 002 用户申请调整的单据进行调整，并指定王强进行稽核。

2．任务实施

(1)财务稽核相关操作。

登录日期为 2017 年 2 月 15 日，以“002 S 稽核员(示例)”用户登录系统，进行如下操作。

第一步：执行【共享中心】-【业务操作平台】-【稽核】-【财务稽核】，打开财务稽核窗口，单击“任务池”，查看“共享中心示例”内所有报账单据，如图 3-135 所示。

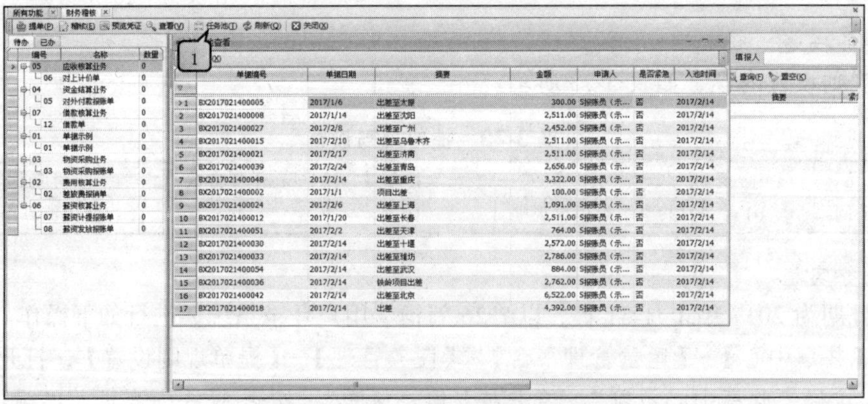

图 3-135　财务稽核任务池查看

第二步：在财务稽核界面，分两次单击“提单”，领取相应任务，如图 3-136 所示。

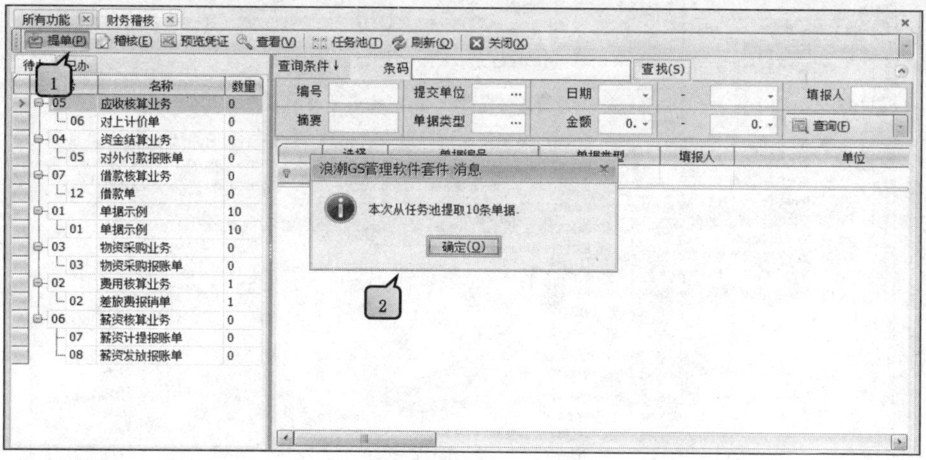

图 3-136　任务提取

第三步：提取任务完成后，在左侧“待办”选项下，选择“单据示例”类别下的“单据示例”，可查看该类型下待稽核的相关单据，如图 3-137 所示。

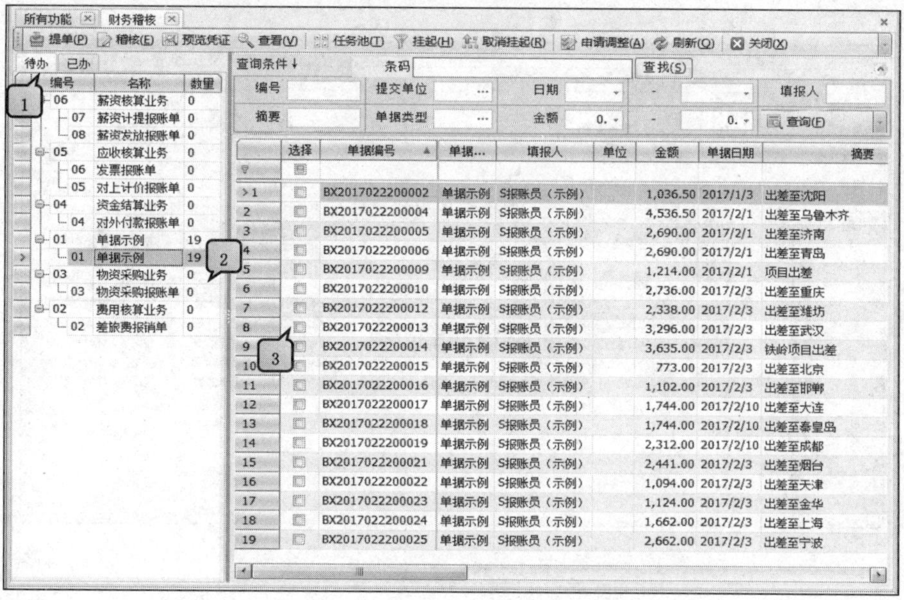

图 3-137　查询提单列表

第四步：对“出差至沈阳”报账单，或其他报账单，选择勾选后，单击“申请调整”，在打开的调整原因录入界面输入“转由王强处理”，单击“确定”即可，如图 3-138 所示。

(2)任务管理相关操作。

登录日期为 2017 年 2 月 18 日，以“26 刘杨”用户登录系统，进行如下操作。

第一步：执行【共享中心】-【运营管理平台】-【任务管理】-【任务管理】，打开任务管理窗口，首先对摘要为“出差至太原”的单据或其他单据进行加急处理。在“待分配”选项下，选择该单据，单击“加急”，提示加急成功即可，如图 3-139 所示。

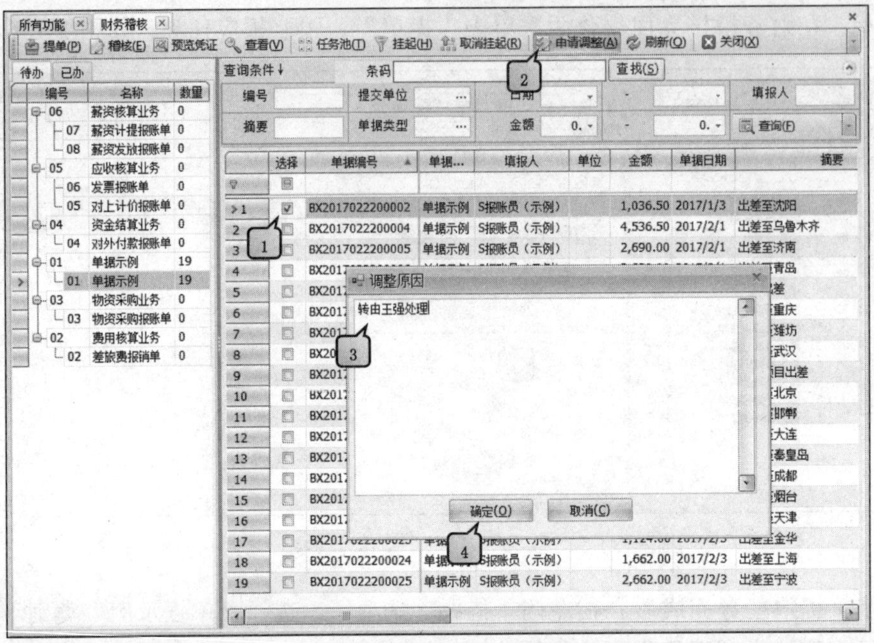

图 3-138　申请调整

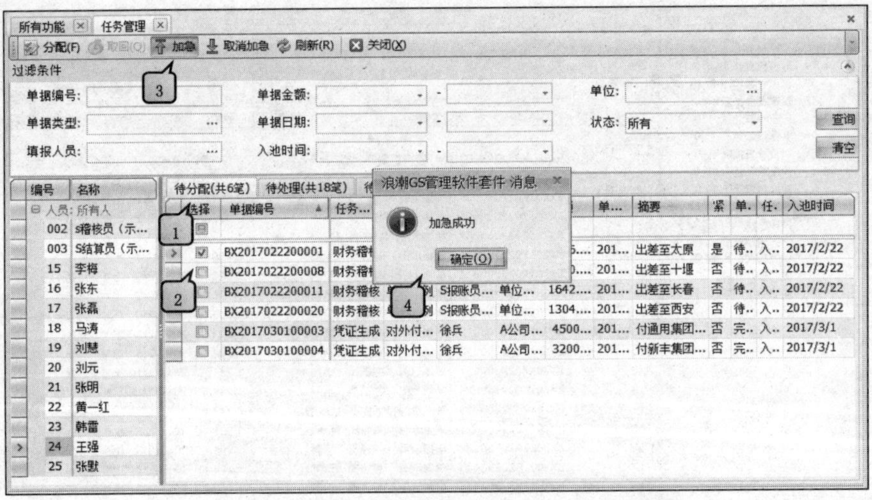

图 3-139　加急处理

第二步：在“待分配”选项下，选择任务类型相同的剩余单据，单击“分配”按钮，设置分配人为王强，单击“确定”即可，如图 3-140 所示。

第三步：在“待调整”选项下，选择待调整单据，单击“分配”，设置分配人为王强，单击“确定”即可，如图 3-141 所示。

3.10.2.5　任务四：质量管理

1. 任务描述

2017 年 2 月底由“共享中心示例”的监察稽核人员，对该共享中心 2 月份已经处理的稽核单据进行随机抽样检查及质量分析。

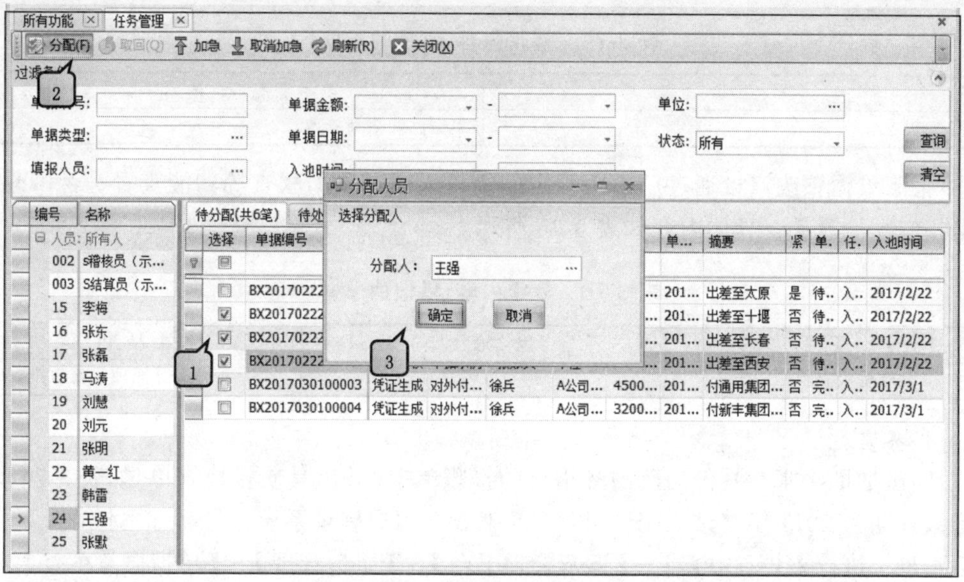

图 3-140 分配处理

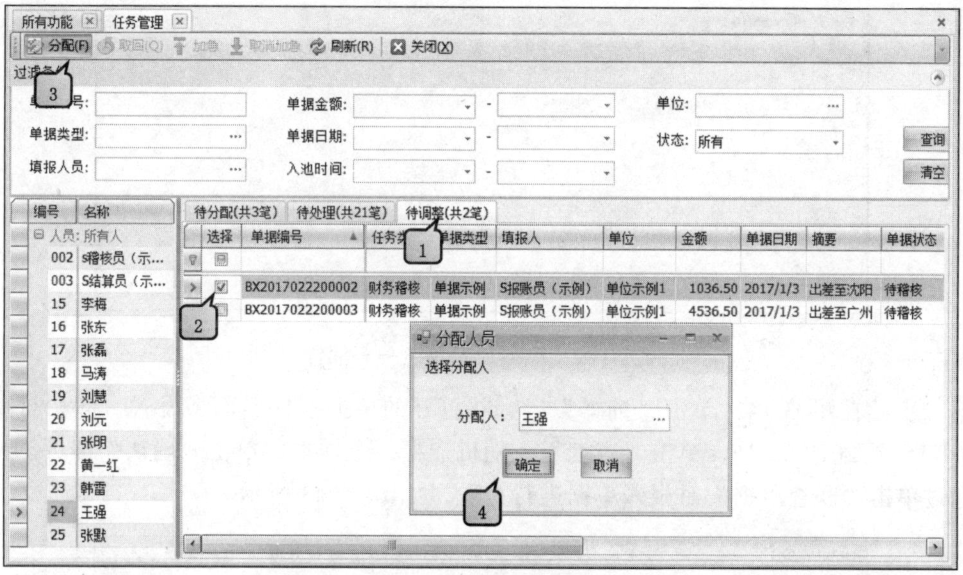

图 3-141 调整处理

(1)随机抽取 1 张 2 月份的已财务稽核的报账单据，并出具质量检查单，如表 3-74 所示。

表 3-74 质量检查单(稽核的单据)

指定复检人	质检结论	需要整改	指定整改人	质检意见	整改建议	计划整改完成日期	质检项目	是否合规	需要整改
刘芳	不合规	是	张默	重新稽核	重新稽核	2017 年 2 月 27 日	发票是否合规	是	否
							补助是否准确	否	是
							分摊项目是否准确	否	是

(2)把抽检不合格的报账单据退回并重新稽核，并按表 3-75 在质量管理模块登记整改内容，提交监察稽核负责人审批。

表 3-75　整改内容（稽核的单据）

单　　据	整 改 内 容
质量检查单	单据已经重新修改

(3)报账单据整改审批通过后，由指定的复检人通过单据联查等功能查看是否修改准确，并给出相应复检意见，具体内容如表 3-76 所示。

表 3-76　复检内容（稽核的单据）

单　　据	复　检　人	复 检 内 容
质量检查单	刘芳	补助、分摊项目修改准确

2. 任务实施

(1)随机抽取 1 张 2 月份的已财务稽核的报账单据，并出具质量检查单（如表 3-74 所示）。

登录日期为 2017 年 2 月 15 日，以“28 王慧”用户登录系统，进行如下操作。

第一步：执行【共享中心】-【运营管理平台】-【质量管理】-【单据质量稽查】，打开单据质量稽查窗口，首先单击“抽样”，如图 3-142 所示。

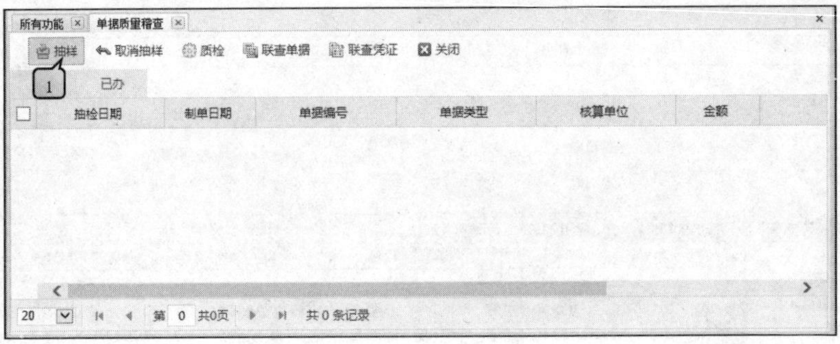

图 3-142　单据质量稽查——抽样

第二步：在图 3-142 单击“抽样”后，在打开的单据抽样界面，设置“起始日期”为 2017-01-15 至 2017-02-15，单击“查询”，随机选择一个样本，单击“确认”即可。另外，还可通过单击“联查单据”对报账单据进行查看，如图 3-143 所示。

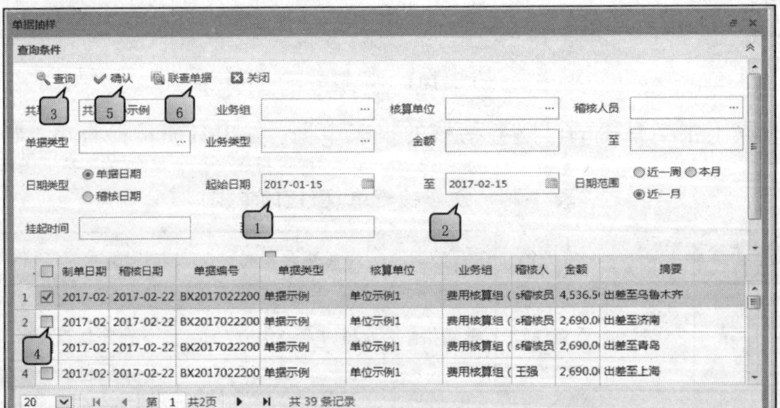

图 3-143　单据质量稽查——样本选取

第三步：在图 3-143 单据抽样完成后，返回单据质量稽查界面，勾选样本，单击“质检”对样本进行质检，如图 3-144 所示。

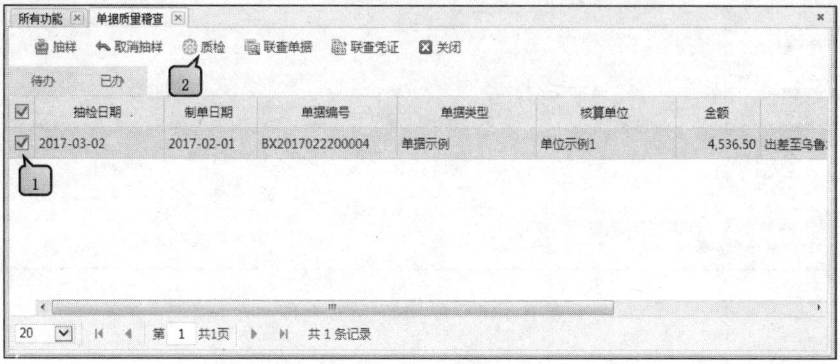

图 3-144　单据质量稽查——样本质检

第四步：在图 3-144 单击“质检”后，在打开的单据质量检查单界面，单击“编辑”，按表 3-74 设置相关内容，包括：①质检结论：不合规；②需要整改：是；③指定整改人：张默；④质检意见：重新稽核；⑤计划整改完成日期：2017 年 2 月 27 日；⑥整改建议：重新稽核；⑦发票是否合规：“是否合规”勾选；⑧补助是否计算准确、分摊项目是否准确：“需要整改”勾选，设置完毕后，单击“质检完成”即可，如图 3-145 所示。

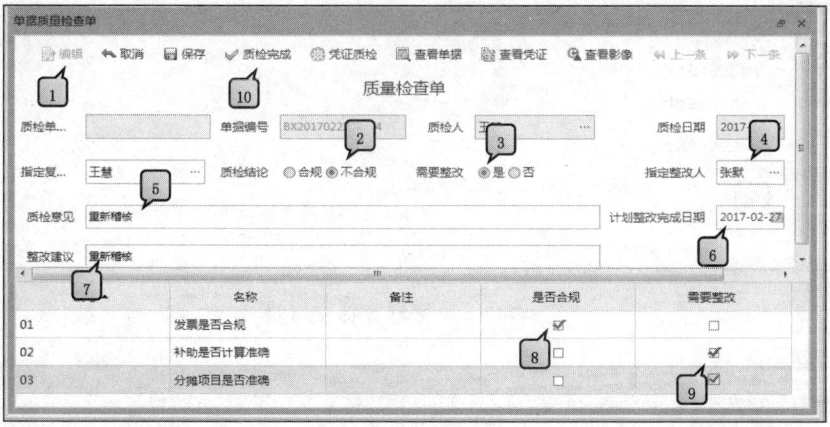

图 3-145　单据质量稽查——质量检查单

(2)把抽检不合格的报账单据退回并重新稽核，并在质量管理模块登记整改内容，提交监察稽核负责人审批(如表 3-75 所示)。

第一步：登录日期为 2017 年 2 月 25 日，以“25 张默”用户登录系统，张默对问题单据处理完毕后，执行【共享中心】-【运营管理平台】-【质量管理】-【单据整改】，打开单据整改窗口，选择相应质检单，首先单击“整改”，如图 3-146 所示。

第二步：在图 3-146 单击“整改”后，在打开的整改完成界面，按表 3-75 录入整改内容后，单击“整改完成”提交审批即可，如图 3-147 所示。

第三步：以“26 刘杨”用户登录系统，进行审批操作。执行【系统公共】-【任务中心】-【任务中心】-【待办任务】，打开待办任务窗口，对整改单据审批，勾选单据，单击“审批单据”，如图 3-148 所示。

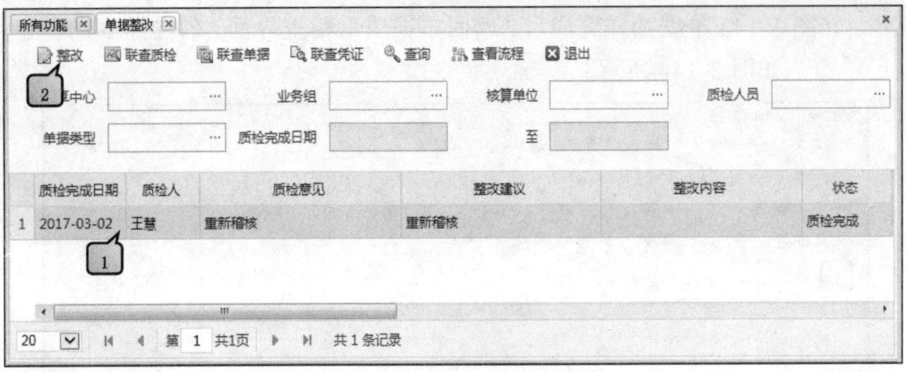

图 3-146　单据整改第一步

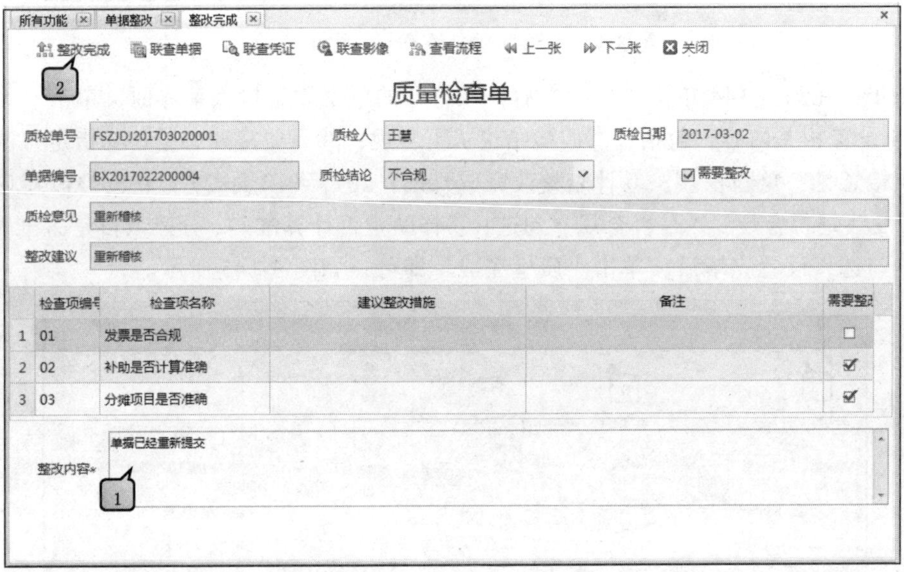

图 3-147　单据整改提交审批

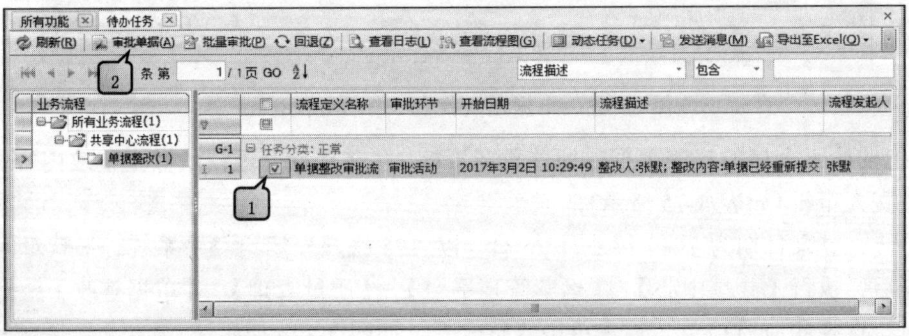

图 3-148　单据审批第一步

第四步：在图 3-148 单击“审批单据”后，在新打开的审批窗口中，可显示单据的明细信息，对质量检查单的内容的准确性、完整性核对完毕后，单击“审批通过”即可，如图 3-149 所示。

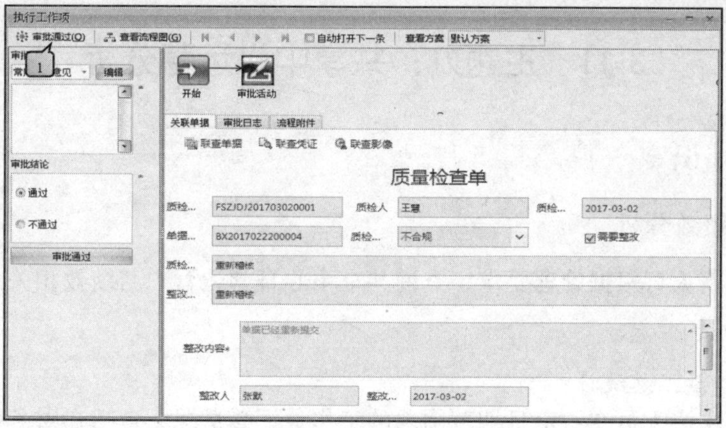

图 3-149　单据审批完成

(3)报账单据整改审批通过后，由指定的复检人通过单据联查等功能查看是否修改准确，并给出相应复检意见(如表 3-76 所示)。

登录日期为 2017 年 2 月 27 日，以“27 刘芳”用户登录系统，进行如下操作。

第一步：执行【共享中心】-【运营管理平台】-【质量管理】-【单据复检】，打开单据复检窗口，选择相应质检单，单击“复检”。另外，还可通过单击“联查单据”对报账单据进行查看，如图 3-150 所示。

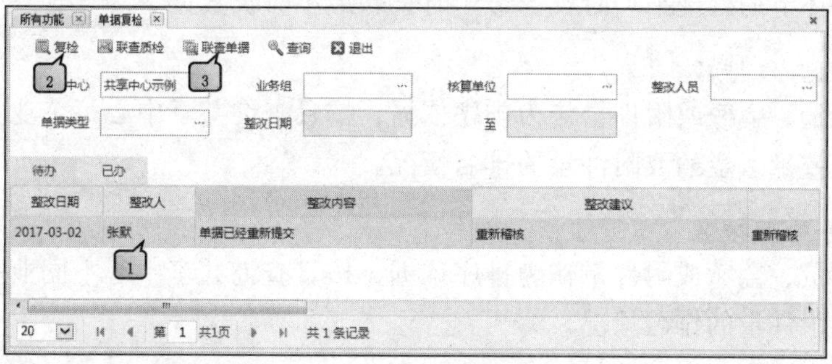

图 3-150　单据复检第一步

第二步：在图 3-150 单击“复检”后，在打开的复检界面，按表 3-76 录入复检内容，单击“复检通过”即可，如图 3-151 所示。

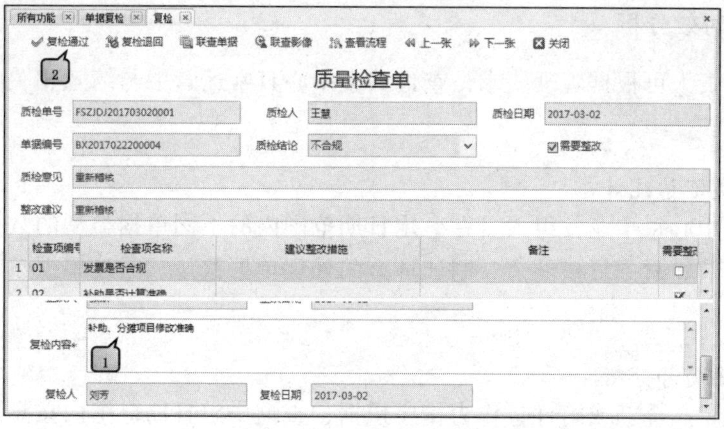

图 3-151　单据复检通过

3.11 主题九：共享中心运营分析

3.11.1 相关知识

3.11.1.1 绩效分析

各业务组负责人可根据管理要求，查询共享中心日常运营中与绩效相关的分析数据，主要包括如下内容。

1. 个人工作量汇总统计

可查询共享中心人员在一定日期范围内的工作量汇总情况，包括在财务稽核环节、财务复核环节、制证环节的处理单据数量、通过单据数量、退回单据数量和金额汇总数。

2. 单据处理日报

可按共享中心的人员、业务组或单位作为统计依据，按日查询在初审环节、稽核环节、复核环节、制证环节的处理单据数量、附件量和金额合计数。

3. 单据处理时长日报

可按共享中心的人员、业务组或单位作为统计依据，按日查询在初审环节、稽核环节、复核环节、制证环节的处理平均时长、最大时长和最小时长数据。

4. 每日个人工作排名

可按单据数量、金额或附件量作为排序依据，按日查询共享中心每个业务组内所有操作人员处理的单据数量、金额或附件量的排名情况。

5. 每日业务处理排名

可按单据数量、金额或附件量作为排序依据，按日查询共享中心不同业务类型处理的单据数量、金额或附件量的排名情况。

6. 每日工作情况汇总

可在初审、稽核、复核、制证环节中，按日查询共享中心每个业务组新增的、库存的、完成的单据数量、金额和附件量数据。

3.11.1.2 时效分析

各业务组负责人可根据管理要求，查询共享中心日常运营中与绩效相关的分析数据，主要包括如下内容。

1. 单据分类汇总统计

可查询共享中心每个业务组人员在一定日期范围内的不同单据类型的数据汇总情况，包括在财务稽核环节、财务复核环节、制证环节的处理单据数量、通过单据数量、退回单据数量和金额汇总数。

2. 单据入池趋势分析

可按单据数量、金额或附件量作为排序依据，查询一定日期范围内按日展示的，在初审环节、稽核环节、复核环节和制证环节单据入池的整体趋势情况。

3. 单据处理完成趋势分析

可按单据数量、金额或附件量作为排序依据，查询一定日期范围内按日展示的，在初审环节、稽核环节、复核环节和制证环节单据处理完成的整体趋势情况。

4. 单据流转时间查询

可查询一定日期范围内每个单据类型下所有单据的流转时间情况，包括单据对应的单位、报账人、单据状态，以及每个单据在审批环节、稽核环节和制证环节的开始日期、截止日期和对应的流转天数。

3.11.2 案例

3.11.2.1 任务背景介绍

S 集团内各共享中心业务处理完毕后，根据 1、2 月的试点运行情况，集团相关领导希望能从以下几个维度获取共享中心的运营数据，以便更好地进行资源的调配及管理。

(1)提供 1、2 月份共享中心各业务组员工的工作量汇总统计，并根据每个员工的工作量情况制定合理的绩效奖励。

(2)提供按日统计的绩效看板，反映员工每日工作排名、业务处理排名以及每日工作汇总等信息。

(3)提供按时段显示的接收任务量、完成任务量、库存任务量的趋势分析，掌握每月任务量的分布时间区间，合理调配相关资源，确保效率及满意度的提升。

(4)提供单据流转时间等分析数据，管理人员可以根据该数据提升相应环节业务单据的处理效率，缩短报账周期，提升报账人员满意度。

3.11.2.2 任务一：绩效分析

1. 任务描述

各业务组负责人以 2017 年 2 月 28 日登录系统，分别进入个人工作量汇总统计、单据处理日报、单据处理时长日报、每日个人工作排名、每日业务处理排名、每日工作情况汇总等功能菜单，对各业务组内员工的绩效情况进行分析。

2. 任务实施

(1)个人工作量汇总统计。

登录日期为 2017 年 2 月 28 日，以“26 刘杨”用户登录系统，进行如下操作。

执行【共享中心】-【运营管理平台】-【运营分析】-【个人工作量汇总统计】，打开个人工作量汇总统计窗口，单击“查询”，可将每个操作人员在财务稽核、复核和制证环节，对处理单据数量、通过单据数量、退回单据数量和金额汇总数据进行统计，如图 3-152 所示。

(2)单据处理日报。

登录日期为 2017 年 2 月 28 日，以“26 刘杨”用户登录系统，进行如下操作。

执行【共享中心】-【运营管理平台】-【运营分析】-【单据处理日报】，打开单据处理日报窗口，查询 2017 年 2 月 22 日的单据处理情况。需要设置起止日期为“2017-02-22”，将默认的“业务组”费用核算组(示例)信息删除清空，然后单击“查询”，可将每个操作人员 2 月 22 日在初审、财务稽核、复核和制证环节，不同单据类型的单据数量、附件量和金额合计数据进行统计，如图 3-153 所示。

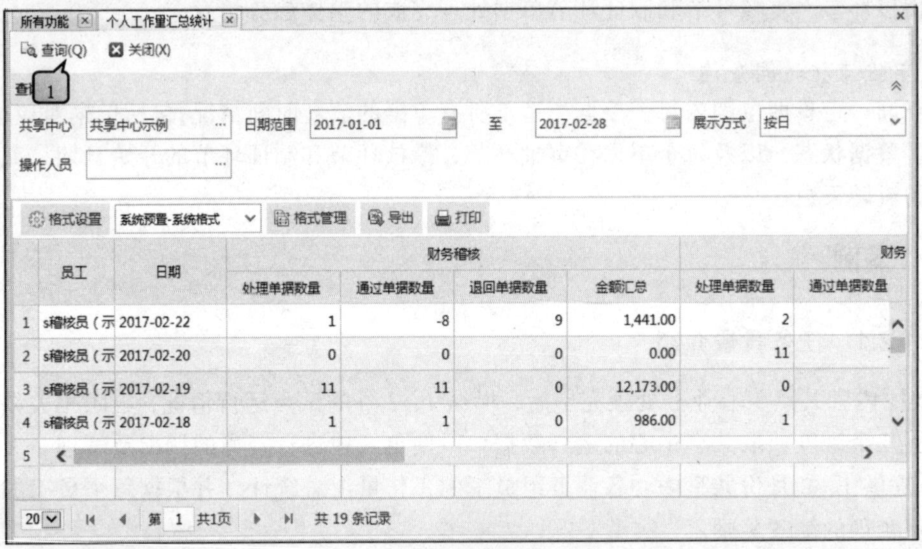

图 3-152　个人工作量汇总统计

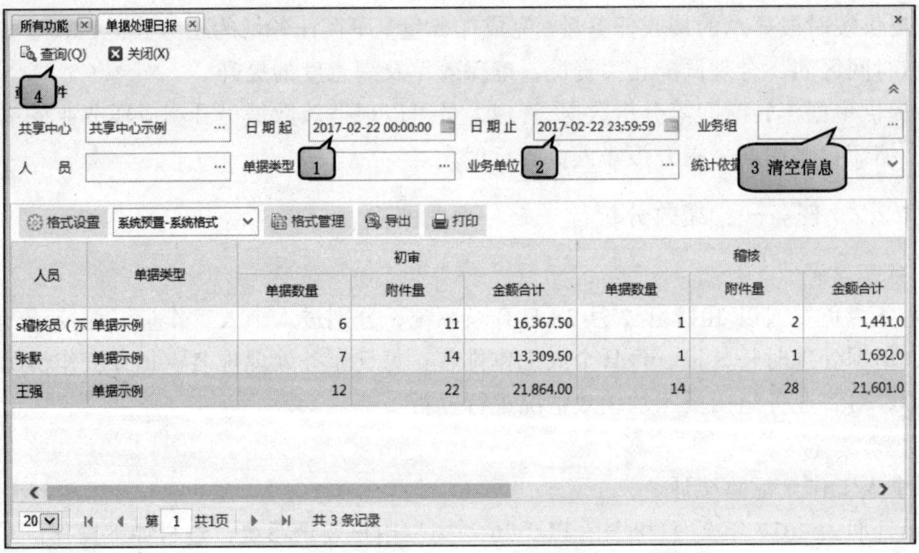

图 3-153　单据处理日报

(3) 单据处理时长日报。

登录日期为 2017 年 2 月 28 日，以“26 刘杨”用户登录系统，进行如下操作。

执行【共享中心】-【运营管理平台】-【运营分析】-【单据处理时长日报】，打开单据处理时长日报窗口，查询 2017 年 2 月 22 日的单据处理时长情况。需要设置起止日期为“2017-02-22”，然后单击“查询”，可将每个操作人员 2 月 22 日在初审、财务稽核、复核和制证环节，对不同单据类型的处理平均时长、最大市场和最小时长数据进行统计，如图 3-154 所示。

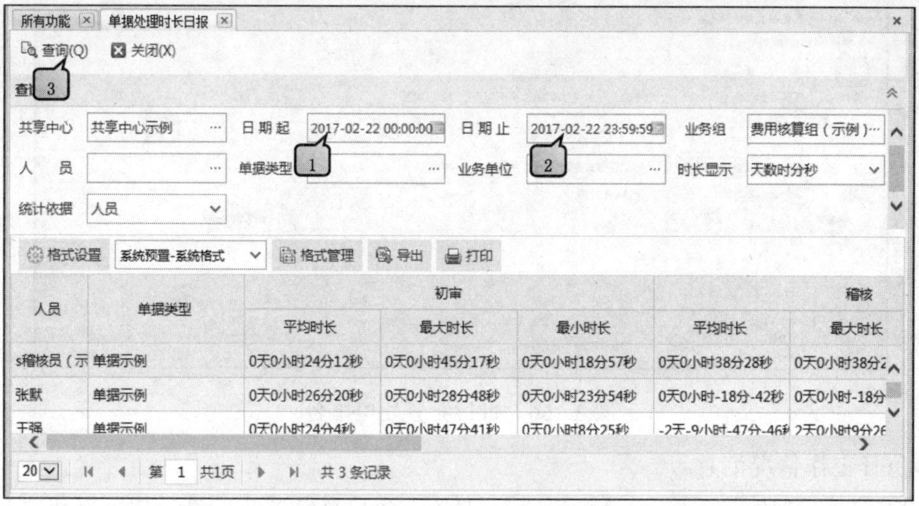

图 3-154　单据处理时长日报

(4)每日个人工作排名。

登录日期为 2017 年 2 月 28 日，以“26 刘杨”用户登录系统，进行如下操作。

执行【共享中心】-【运营管理平台】-【运营分析】-【每日个人工作排名】，打开每日个人工作排名窗口，查询 2017 年 2 月 22 日的工作排名情况。需要设置日期为“2017-02-22”，然后单击“查询”，可将每个操作人员 2 月 22 日处理的单据数量、附件量及金额进行统计，如图 3-155 所示。

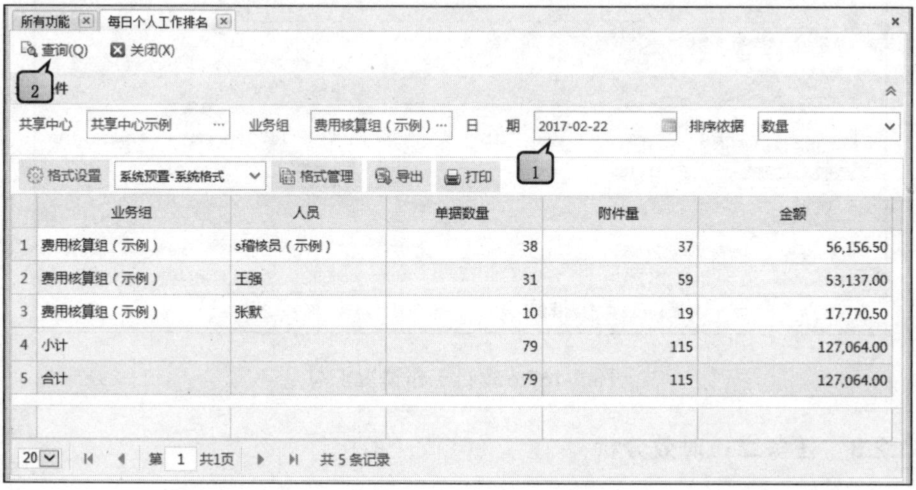

图 3-155　每日个人工作排名

(5)每日业务处理排名。

登录日期为 2017 年 2 月 28 日，以“26 刘杨”用户登录系统，进行如下操作。

执行【共享中心】-【运营管理平台】-【运营分析】-【每日业务处理排名】，打开每日业务处理排名窗口，查询 2017 年 2 月 22 日的业务处理排名情况。需要设置日期为“2017-02-22”，然后单击“查询”，可将 2 月 22 日处理的不同业务类型的单据数量、附件量及金额进行统计，如图 3-156 所示。

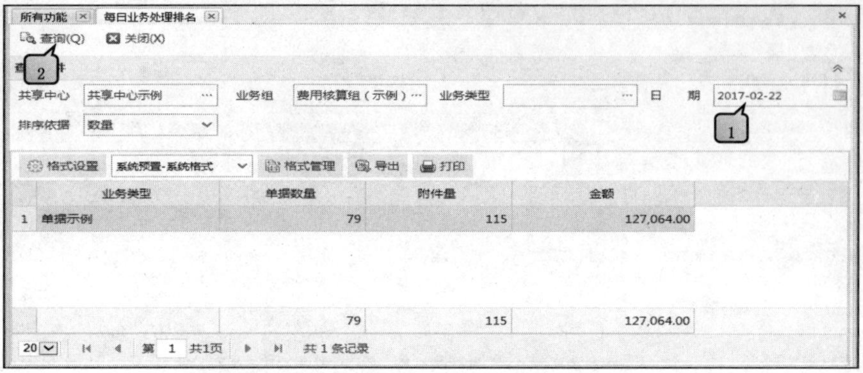

图 3-156　每日业务处理排名

(6)每日工作情况汇总。

登录日期为 2017 年 2 月 28 日，以“26 刘杨”用户登录系统，进行如下操作。

执行【共享中心】-【运营管理平台】-【运营分析】-【每日工作情况汇总】，打开每日工作情况汇总窗口,查询 2017 年 2 月 22 日的工作汇总情况。需要设置日期为“2017-02-22”，然后单击“查询”，可将每个业务组 2 月 22 日在初审、财务稽核、复核和制证环节，对新增、库存以及完成的数量、金额和附件量进行统计，如图 3-157 所示。

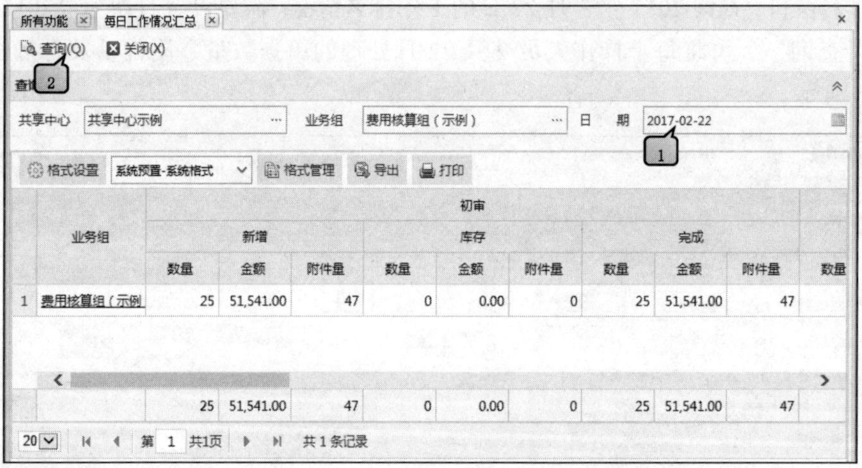

图 3-157　每日工作情况汇总

3.11.2.3　任务二：时效分析

1. 任务描述

各业务组负责人以 2017 年 2 月 28 日登录 GS 系统，分别进入单据分类汇总统计、单据入池趋势分析、单据处理完成趋势分析、单据流转时间查询等功能菜单进行时效分析。

2. 任务实施

(1)单据分类汇总统计。

登录日期为 2017 年 2 月 28 日，以“26 刘杨”用户登录系统，进行如下操作。

执行【共享中心】-【运营管理平台】-【运营分析】-【单据分类汇总统计】，打开单据分类汇总统计窗口，首先将默认的“人员”刘杨信息删除清空，单击“查询”，可将每个业务组不同操作人员 2 月 1 日至 2 月 28 日期间在财务稽核、复核和制证环节，对不同类型的单据处理单据数量、通过单据数量、退回单据数量和金额汇总数据进行统计，如图 3-158 所示。

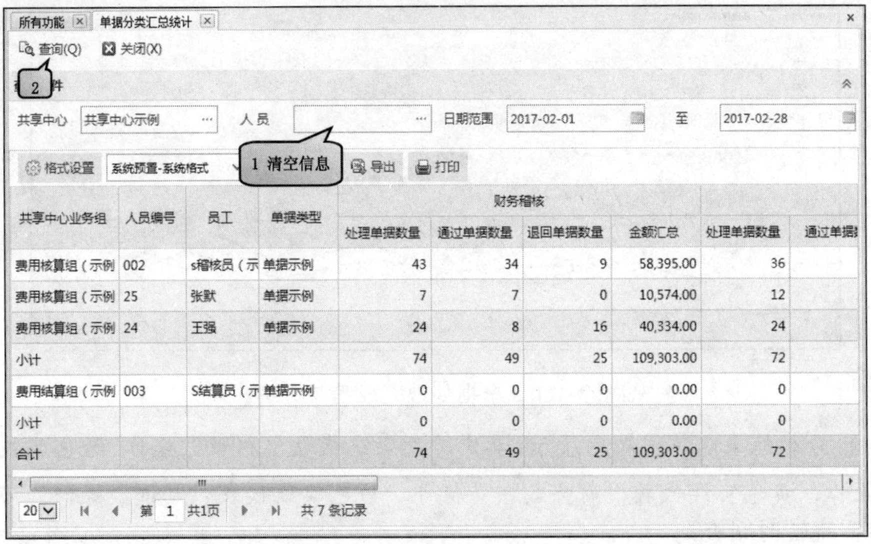

共享中心业务组	人员编号	员工	单据类型	财务稽核					
				处理单据数量	通过单据数量	退回单据数量	金额汇总	处理单据数量	通过单据
费用核算组（示例	002	s稽核员（示	单据示例	43	34	9	58,395.00	36	
费用核算组（示例	25	张默	单据示例	7	7	0	10,574.00	12	
费用核算组（示例	24	王强	单据示例	24	8	16	40,334.00	24	
小计				74	49	25	109,303.00	72	
费用结算组（示例	003	S结算员（示	单据示例	0	0	0	0.00	0	
小计				0	0	0	0.00	0	
合计				74	49	25	109,303.00	72	

图 3-158　单据分类汇总统计

(2)单据入池趋势分析。

登录日期为 2017 年 2 月 28 日，以“26 刘杨”用户登录系统，进行如下操作。

执行【共享中心】-【运营管理平台】-【运营分析】-【单据入池趋势分析】，打开单据入池趋势分析窗口，设置排序依据为“数量”，然后单击“查询”，可将 2 月 1 日至 2 月 28 日期间每日初审、稽核、复核和制证单据入池的数量趋势进行分析，如图 3-159 所示。

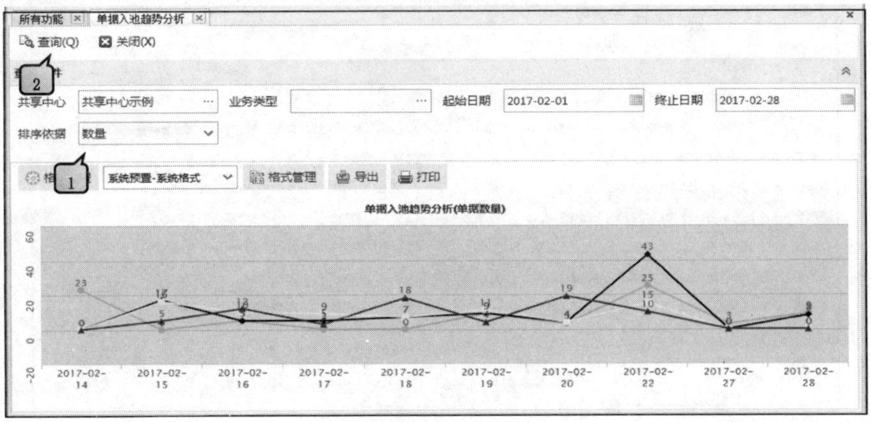

图 3-159　单据入池趋势分析

【注意】：分析结果以不同颜色展示，其中绿色实线代表“初审”操作、蓝色实线代表“财务稽核”操作、黄色实线代表“财务复核”操作、粉色实线代表“制证”操作。

(3)单据处理完成趋势分析。

登录日期为 2017 年 2 月 28 日，以“26 刘杨”用户登录系统，进行如下操作。

执行【共享中心】-【运营管理平台】-【运营分析】-【单据处理完成趋势分析】，打开单据处理完成趋势分析窗口，设置排序依据为“数量”，然后单击“查询”，可将 2 月 1 日至 2 月 28 日期间每日初审、稽核、复核和制证单据处理完成的数量趋势进行分析，如图 3-160 所示。

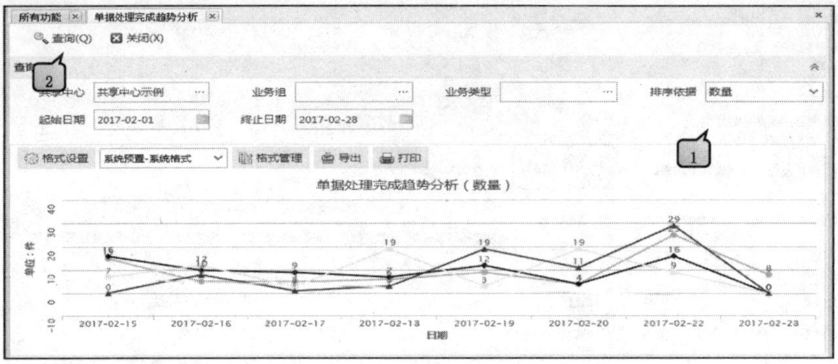

图 3-160　单据处理完成趋势分析

【注意】：分析结果以不同颜色展示，其中绿色实线代表“初审”操作、蓝色实线代表“财务稽核”操作、黄色实线代表“财务复核”操作、粉色实线代表“制证”操作。

(4) 单据流转时间查询。

登录日期为 2017 年 2 月 28 日，以“26 刘杨”用户登录系统，进行如下操作。

执行【共享中心】-【运营管理平台】-【运营分析】-【单据流转时间查询】，打开单据流转时间查询窗口，单击“查询”，可将 1 月至 2 月每个单据流转过程中不同环节对应的起止时间、操作天数进行统计，如审批开始日期、截止日期、审批天数等，如图 3-161 所示。

图 3-161　单据流转时间查询

3.12　主题十：财务共享实践课考核

3.12.1　考核方式

本课程建议采用上机考核的方式评定学员掌握软件的能力。实验教学是教学体系中的重要环节，实验动手能力是学员终身受益的基本功，提高学员实际动手操作能力，也是这门课程开设的核心目标。实验课的考核对提升学员软件学习的效果起着决定性的作用，通过上机考核，可以有效激发学员学习的积极性、主动性和创新精神，可以科学合理地评定学员实际动手能力。

本课程可以从实验内容的完成程度及实验结果的准确性两方面进行评定。

3.12.2 考核内容

本实验课考核标准建议如表 3-77 所示。

表 3-77 实验课考核标准

考核类别	类别占比	章节	考核要点	各章节占比
实验内容	60%	主题 1	(1)GS 产品客户端安装 (2)GS 产品登录 (3)GS 产品用户切换	5%
		主题 2	(1)核算人员新增 (2)共享中心、业务组、用户管理定义 (3)报账类型、报销账户、结算方式定义 (4)共享中心参数、单据类型设置	8%
		主题 3	(1)薪资计提及发放所有报账单录入 (2)薪资计提及发放所有报账单各环节均流转完成	8%
		主题 4	(1)所有费用报销单录入 (2)所有费用报销单各环节均流转完成	8%
		主题 5	(1)暂估应收及应收工程款所有报账单录入 (2)暂估应收及应收工程款所有报账单各环节均流转完成	8%
		主题 6	(1)正式入库、暂估入库及暂估红冲入库所有物资采购报账单录入 (2)正式入库、暂估入库及暂估红冲入库所有物资采购报账单各环节均流转完成	8%
		主题 7	(1)结转凭证生成 (2)凭证审核、记账完成 (3)报表计算	5%
		主题 8	(1)共享中心参数调整、业务组用户调整 (2)提单规则设置、抢单及派单业务操作 (3)单据质检查询结果	5%
		主题 9	(1)绩效分析表数据 (2)时效分析表数据	5%
实验结果	40%	全部	(1)所有报账单准确生成凭证，凭证查询数量和金额正确 (2)科目余额表数据正确 (3)资产负债表数据正确	40%
合计	100%			

参 考 文 献

[1] 陈虎，孙彦丛. 财务共享服务[M]. 北京：中国财政经济出版社，2014.

[2] 张庆龙，聂兴凯，潘丽靖. 中国财务共享中心典型案例[M]. 北京：电子工业出版社，2016.

[3] 董浩. 技术变革驱动共享升级——2015 安永财务共享服务调查报告[R]. 2015.

[4] 孙彦丛，赵旖旎，常亮. 2017 中国共享服务领域调研报告[R]. 2017.

[5] 北京国家会计学院. 中国企业财务共享调研报告[R]. 2015.

[6] ACCA 德勤管理咨询. 中国企业财务共享服务现状与展望[R]. 2013.

[7] 德勤管理咨询. 德勤全球共享服务调研报告[R]. 2015.

[8] 饶艳超. 财务共享服务沙盘模拟教程[M]. 上海：上海财经大学出版社，2017.

[9] Bryan Bergeron. 共享服务精要[M]. 北京：中国人民大学出版社，2004.